ZHUANXING SHIJIAO XIA XINJIAN BENKE YUANXIAO SHIZI DUIWU PINGJIA TIXI YANJIU

转型视角下新建本科院校师资队伍评价体系研究

陈东冬 著

人民出版社

序：新大学运动与应用型大学发展

新建本科院校不仅仅是新组建的大学，也是一种新型的大学。在近现代世界高等教育史中，曾经出现过影响深远的“英国新大学运动”。

19 世纪 30 年代，以伦敦大学和曼彻斯特学院为首的一批新型大学的兴起改变了以牛津、剑桥为代表的古典大学格局，大学不再只是培养道德高尚、六艺精通的贵族，还需要培养会动手、懂技术的专业人才，这就是著名的 19 世纪“英国新大学运动”。这场运动不仅拓宽了大学的目标与职能，使古典绅士教育与近代科技教育并存，还将大学从由教会主导改变为由社会与政府主导，这个运动有力地推动了高等教育的世俗化、平民化进程，“英国新大学运动”是近现代世界高等教育史上的重要事件。

20 世纪 80 年代末和 90 年代初，广东省成为我国改革开放的排头兵，邓小平提出要用 20 年时间在经济上赶超“亚洲四小龙”。在此背景下，汕头、深圳、东莞、佛山等广东省的中心城市为了适应经济发展的需要，相继组建了汕头大学、深圳大学、东莞理工学院、佛山学院等 11 所高校，这被后来的学者称为 20 世纪“广东新大学运动”。这些大学与地处广州的中山大学、华南理工大学截然不同，建在地方城市，在筹建初期就带有鲜明的指向性，即为所在地区培养应用型人才，以供当地的经济发展之需。这批新办的高校在高等教育改革方面进行了许多大胆的尝试，培养了一大批应用型人才，为广东省的经济腾飞作出了重要的贡献。

20 世纪 90 年代至今，仅仅二十多年的时间，在中国大地上有 400 多所新建的本科院校，加上这个时期成立的 200 多所独立学院，总计有 680 所之多的高校应运而生。从学校数量到学生数量都占据我国高等教育的半壁江山，覆盖了我国 29 个省、市、自治区。这是中国高等教育史和世界高等教育史上的一个奇迹，可以称之为“中国新大学运动”。这场运动直接影响到中国高等教育发展的历史格局，甚至对中国经济社会发展的进程开始产生重要影响，这场“中国新大学运动”也必将成为世界高等教育史上浓墨重彩的一笔。

从规模上看，中国是世界高等教育第一大国。这一大批新建院校如何发展是中国高等教育从做大到做强面临的非常重要的课题。如何引导好这批高校从新建院校到新型大学健康发展，按照教育部部署，教育部评估中心从2009年开始对这一批新建本科院校进行合格评估，其主旨是引导这批高校走地方性、应用型的新型办学道路。合格评估强调“两个突出”：即办学定位突出，服务区域（行业）经济和社会发展，人才培养方面突出培养应用型人才。合格评估从2009年开始试点，“十二五”期间全面推开，预计截至2017年年底将有203所学校接受合格评估，占这批高校的半数。合格评估有力地引导这一大批高校健康发展，有力促进高等教育质量的整体提升。持续八年的努力，新建本科院校的办学水平有了明显的提升，最近5年的数据显示：100%的高校把办学类型定位为应用型，参评院校投入教育经费总额超过1300亿元，各级政府向参评院校投入资金总额超过860亿元，获得政府债务化解资金总额超过120亿元，新增土地超过17000亩，校均增加118亩，教授数量增加了52%，双师型教师数量增加了106%。这些对办好应用型大学提供了方向引导、师资保障、物资条件和技术支撑。新建本科院校向应用型办学的发展实践为国家制定政策，将转型发展延展到有条件的地方本科院校提供了经验。2015年，教育部、发改委、财政部联合发文，对此进行了一系列的制度安排和工作部署。

工作实践告诉我们，必须建设一支与办好应用型大学功能、定位相适应、相匹配的教师队伍。如何将应用型的办学思路和办学理念很好地落实在教师的教学模式、教学方法、教学内容、课程体系的设置中，落实在教师服务社会能力的提升上，是应用型大学发展的内在核心要素。因此，如何对教师队伍进行科学合理的评价非常重要。这本书对此问题进行研究，很值得赞赏和鼓励。作者长期在教育部高等教育教学评估中心工作，具有丰富的工作经验，本书是作者在此基础上作出的一些思考和研究探索。书中提出的新建本科院校师资队伍建设不仅是学校的责任也是地方政府的责任、双师双能型教师的内涵与评价内容、关注教师发展和自身诉求、规范兼职教师的合理构成与管理等观点都有一定新意，值得思考。作者提出的新建本科院校师资队伍评价指标体系有别于传统的师资评价体系，力求凸显这类学校的办学特点，对新建本科院校开展师资队伍建设有一定的参考价值。

评估是加强高等教育质量保障体系建设、提升教育质量的重要抓手。教育部评估中心在高等教育质量保障体系建设中扮演着重要角色，正在致力于构建具有中国特色世界水平的高等教育质量保障体系，正在努力走向世界高等教育质量保障舞台中央，从开始的模仿跟随到现在的比肩而行，我们还希望在不久的将来实现率先领跑。因此，这要求评估中心的同志们既要具有组织能力，又要具有较高的研究能力，才能适应高等教育质量保障体系建设的需要。我经常勉励评估中心的同事们要做到“四会”：会干、会说、会写、会研，特别是在会研上要多下功夫，加强对中国理念、中国模式、中国标准、中国方法、中国技术的研究和探索，本书无疑是这些探索中的一朵小花。特别值得肯定的是作者能把所用与所学相结合，找准研究方向，学习中加深对工作的理解，工作中找到进一步研究的新课题，学用结合，研用相长。本书的出版表明作者已经在研究上迈出可喜的一步，期待结合工作实际不断深入思考和探索，将更多更好的研究成果呈现给大家。

2017．3．6

目　录

第一章　新建本科院校转型发展与师资队伍建设面临的问题

百年大计，教育为本。教育大计，教师为本。一所大学是否拥有优质的师资队伍，决定了其人才培养质量的高低和学科专业水平，决定了学校的生存和发展。国家教育规划纲要明确要求，办学要以育人为本，以教师为主导。师资队伍建设对于高等学校，特别是新建本科院校来说，是全面提升教育质量，提升整体办学水平的重要保障。

第一节　新建本科院校转型发展的核心问题

一、研究背景

我国已经步入高等教育大众化时期，成为高等教育大国，但伴随经济发展进入新常态，高等教育结构性矛盾问题凸显出来。为此，国家于 2014 年提出了引导部分普通本科高校向应用型高校转变的工作方针，以加速推进高校转型发展的工作进程。

2014 年 5 月国务院印发了《关于加快发展现代职业教育的决定》，为落实决定精神，教育部、发改委、财政部制定了《现代职业教育体系建设规划（2014—2020 年）》，指出支持定位于地方经济社会和行业发展的本科高等学校实行改革，转型为应用技术类型高等学校①。

2015 年 10 月，教育部、发改委、财政部正式印发了《关于引导部分地

---

① 《现代职业教育体系建设规划（2014—2020 年）》. 中华人民共和国教育部网站. 2014. 6. 16. http：//www. moe. edu. cn/publicfiles/business/htmlfiles/moe/moe_ 630/201406/170737. html.

方普通本科高校向应用型转变的指导意见》（教发［2015］7号）（以下简称三部委转型发展文件），在建设“双师双能型”教师队伍、培养应用型人才、建立和完善校内评价机制等方面提出了明确要求①。这一文件的出台进一步推动地方本科院校转型发展的步伐，学校人才培养方向和方式需作出调整，适应转型发展的师资队伍建设和质量评价成为这类学校共同而紧迫的任务。

二、转型发展的核心

学校转型发展的核心在于教师的转型，源于以下几个原因。

（一）教师是学校办学的主体

师资是立教之基、兴教之本、强教之源，学校办学成功与否关键在于教师。教师是办学的主要力量，是育人的主要实施者；教师也是科学研究、社会服务、文化传承与创新的主要承担者。对高校而言，教师资源是第一资源，拥有一支素质优良、数量充足的师资队伍是高校生存和发展的保障。

在《高校本科教学评估及其改进》报告中对117名地方高校领导进行的问卷调查显示，师资队伍在影响高等教育质量的众多因素中排在第一位②。

（二）教师是质量保障的关键

质量是高等教育的生命线，教师则是质量保障的关键要素。法国教育家爱弥儿·涂尔干说：“教育的成功取决于教师，教育的不成功也取决于教师”③。教师队伍的整体水平标志着学校的办学水平。师资队伍的质量，直接决定了人才培养的质量，是学校能否可持续发展的关键因素。

高校的首要任务是人才培养，教师是教育教学活动的设计者和实施者。在人才培养过程中，如何处理好专业学习与人格培养的关系，如何处理好知识传授与能力培养的关系，如何处理好教学内容与教学方法的关系等，每一个方面都离不开教师的参与。教师的水平决定着高校的办学水平；教师的教学质量决定着人才培养的质量，教师在质量保障中起着重要的作用。

---

① 关于引导部分地方普通本科高校向应用型转变的指导意见．教育部网站．2015. 11. 16. http：//www. gov. cn/xinwen/2015－11/16/content_ 5013165. htm.

② 张婕．高校本科教学评估及其改进——对117名地方高校领导的问卷调查．教育研究．2010. 8.

③ 爱弥儿·涂尔干．教育思想的演进［M］．李康，译．上海人民出版社．2003.

（三）教师是形成核心竞争力的根本

在人口红利不断减少的今天，大学不仅面临着国内的激烈竞争，还要承受来自国外高校的生源争夺，大学要在激烈的竞争中取胜，必须拥有核心竞争力①。

清华大学老校长梅贻琦先生说："所谓大学者，非谓有大楼之谓也，有大师之谓也"，指出大学的核心竞争力是高水平教师。

（四）学校转型发展的核心是教师的转型发展

2015 年全国教育工作会议提出，教育应为国家的经济转型和发展提供人才与知识的保证，要调整结构、提高质量，大力推动地方本科高校的转型发展②。

以新建本科院校为对象的合格评估方案明确了这类学校要走地方性、应用型的发展道路，明确了学校要为区域和行业经济社会发展服务的办学目标。从 2009 年试点到 2015 年年底，合格评估已完成 168 所学校。对 2013 年评估的 43 所新建本科院校合格评估结果显示，在培养应用型人才的办学定位方面专家投票合格率为 96. 23%，说明绝大多数新建本科院校明确了向应用型转型这一发展目标，已经迈上了或正在迈向转型发展之路；但是，专家普遍认为大多数的新建本科院校并未完成真正的转型，学校办学定位并未真正落实到办学实践中，例如，"人才培养思路"这一观测点的合格率为 89. 97%，而"产学合作教育"观测点的合格率仅为 61. 65%③，这说明学校办学定位与办学理念更多体现在学校顶层设计层面，而并未落实到每一个教学环节中。教师是教学过程的主要实施者，是顶层设计的具体落实人，学校应用型办学定位如何向应用型人才培养方案和课程教学中转化，需要教师对本科应用型人才培养的观念、目标、模式具有清晰的认识。因此，学校的转型，关键在于教师的转型。

---

① 别敦荣．论大学核心竞争力及其提升路径．复旦教育论坛．2004（1）．55 ~ 60.

② 教育部：全面深化综合改革，全面加强依法治教加快推进教育现代化．2015. 1. 23. http：//www. moe. edu. cn/publicfiles/business/htmlfiles/moe/moe_ 1485/201501/183322. html.

③ 教育部高等教育教学评估中心．全国新建本科院校合格评估报告（2013 年度）．2014. 4.

第二节　新建本科院校师资队伍建设的重要地位

一、师资队伍建设的重要地位

党中央、国务院高度重视教师工作，把它放在极其重要的战略地位。2012 年国务院印发了《关于加强教师队伍建设的意见》（国发［2012］41 号），对全国各级各类的教师队伍建设明确了指导性意见①。

习近平总书记自 2013 年起连续 3 个教师节向教师们祝贺，勉励教师要“做党和人民满意的好老师”②。

2014 年教育部在全国高等教育工作大会上明确了今后一个时期高等教育以内涵发展为主，核心是提高质量，印发了《全面提高高等教育质量的若干意见》（教高［2012］4 号）（简称高教三十条）。其中，师资队伍建设是第五部分内容，第 26 条、27 条、28 条分别提出了高等学校师德师风建设，提高教师业务水平和教学能力，完善教师分类管理等具体要求③。

在今后相当长的高等教育发展过程中，师资队伍建设将处于重中之重的地位。

二、新建本科院校最突出的问题

表 1. 1—表 1. 3 分别是 2012—2014 年度教育部评估中心组织专家对当年合格评估学校“教师队伍”一项的打分情况。从中可以看出，“教师队伍”连续三年位于 7 个一级指标的最后一位，其下的“数量与结构”、“培养培训”均位于 20 个二级指标的倒数前三位，观测点“队伍结构”连续三年位列倒数第一，“生师比”、“教师培养培训”均排在最后几位。

---

① 《教育部国家发展改革委财政部关于深化教师教育改革的意见》（教师［2012］13 号）. 中华人民共和国教育部网站 . 2012. 9. 6. http：//www. moe. edu. cn/publicfiles/business/htmlfiles/moe/s3735/201212/xxgk_ 145544. html.

② 习近平北师大讲话：做党和人民满意的好老师 . 光明日报 . 2014. 9. 10.

③ 《全面提高高等教育质量的若干意见》（教高［2012］4 号）. 中华人民共和国中央人民政府网站 . 2012. 4. 20. http：//www. gov. cn/zwgk/2012 －04/20/content_ 2118168. htm.

表 1.1 2012 年 43 所合格评估学校“师资队伍”打分表①

一级指标	合格率排位（共 7 个）	二级指标	观测点	合格率排位（共 40 个）
教师队伍	7	数量与结构	生师比	35
			队伍结构	40
		教育教学水平	师德水平	6
			教学水平	24
		培养培训	教师培养培训	33

表 1.2 2013 年 41 所合格评估学校“师资队伍”打分表②

一级指标（共 7 个）	一级指标合格率排位	二级指标（共 20 个）	二级指标合格率排位	观测点（共 40 个）	观测点合格率排位
教师队伍	7	数量与结构	20	生师比	32
				队伍结构	40
		教育教学水平	8	师德水平	5
				教学水平	22
		培养培训	19	教师培养培训	36

表 1.3 2014 年 22 所合格评估学校“师资队伍”打分表③

一级指标（共 7 个）	一级指标合格率排位	二级指标（共 20 个）	二级指标合格率排位	观测点（共 40 个）	观测点合格率排位
教师队伍	7	数量与结构	20	生师比	33
				队伍结构	40
		教育教学水平	5	师德水平	11
				教学水平	12
		培养培训	18	教师培养培训	35

① 资料来源：《全国新建本科院校合格评估报告（2012 年度）》.
② 资料来源：《全国新建本科院校合格评估报告（2013 年度）》.
③ 资料来源：《全国新建本科院校合格评估报告（2014 年度）》.

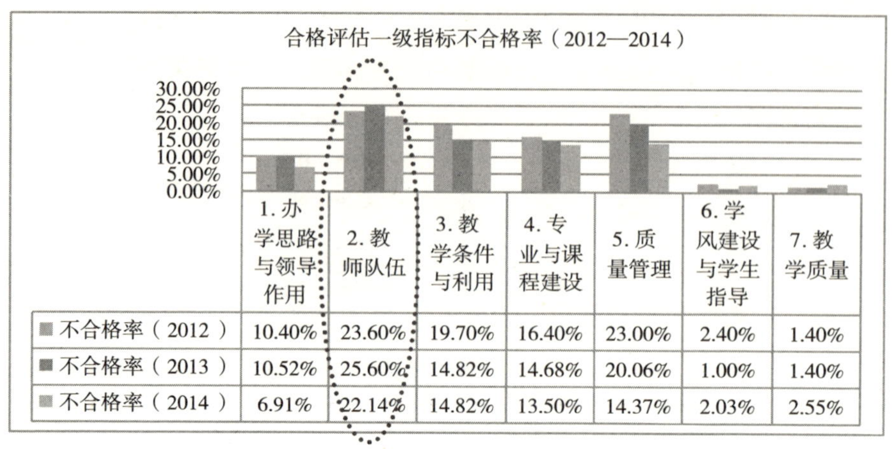

	1. 办学思路与领导作用	2. 教师队伍	3. 教学条件与利用	4. 专业与课程建设	5. 质量管理	6. 学风建设与学生指导	7. 教学质量
不合格率（2012）	10.40%	23.60%	19.70%	16.40%	23.00%	2.40%	1.40%
不合格率（2013）	10.52%	25.60%	14.82%	14.68%	20.06%	1.00%	1.40%
不合格率（2014）	6.91%	22.14%	14.82%	13.50%	14.37%	2.03%	2.55%

图 1.1　2012—2014 年合格评估一级指标不合格率

图 1.1 所示，师资队伍的不合格率在七个一级指标中连续三年位列第一位，说明师资队伍已经成为制约新建本科院校发展的“瓶颈”。

第三节　新建市科院校师资队伍评价的意义

伴随着我国经济结构调整的需要，高等教育的结构性调整成为当务之急，而首当其冲需要解决的是教师的调整。相当一部分高校担负着培养应用型技术技能型人才的职责，需要教师具备相应的能力和水平。本研究即是在此大背景下，对占据我国普通本科高校（不含独立学院）三分之一份额的新建本科院校师资队伍进行深入调研，提出适应转型发展需要的应用型本科院校师资队伍建设的思路、路径与评价方法。

对新建本科院校的师资队伍进行评价研究具有三方面的重要意义。

一、有助于丰富和完善多元化教师评价体系

根据多元智能理论，人的智能是多元的，人的能力也是多种的，不同的人其聪明才智表现在不同的方面，因此，对人的评价也应是多元的，不但评价的内容多元，评价的方法也应多元。以往对教师的评价方法比较单一，主要是用学术型的标准来衡量，虽然很多学校对教学型教师和科研型教师有一

定区分，但针对以能力为导向的应用型人才培养所需的师资并没有制定相应的评价标准。因此，研制适应于应用型本科院校教师的师资队伍评价标准对于丰富和完善多元化教师评价体系起重要的支撑作用。

二、有助于为应用型本科院校师资队伍建设提供参考路径

三部委转型发展文件提出，应建立适应转型发展需要的人才培养、科学研究质量标准、内部监控体系和外部评估制度，但目前国内还没有适应应用型本科院校师资的专门的评估指标体系。每一所新建本科院校如何应对转型发展的要求，制定出适合学校自身发展的师资队伍的建设原则、建设内容、建设重点、建设途径和评价方法是这类学校要共同面对的问题。本研究的成果可以为这类学校有针对性地开展师资队伍建设提供可资参考的路径，为学校开展自评自建工作引领方向。

三、有助于为政府分类指导、宏观管理提供价值判断

国家教育规划纲要（2010—2020）提出，要发挥政策指导和资源配置的作用，引导高等学校在不同层次、不同领域争创一流，办出特色。研究型大学主要为国家培养研究型、复合型的人才；地方本科院校更多的是要培养大量应用型、技能型人才，政府和教育行政部门针对不同类型的高校要分类指导、分类评价。本研究有助于为政府今后制定分类指导、分类评价政策提供预研究，有助于为政府宏观管理提供参考和借鉴。

第二章　师资队伍评价的理论基础与方法

第一节　师资队伍评价的基础理论

一、核心概念界定

（一）新建本科院校

关于新建本科院校的界定目前有两种不同观点。一种是：1999 年以后由不同层次和类型的学校合并或专科学校独立升本而成的普通本科高等学校称为新建本科院校①。另一种是：2000 年后成立的不含独立学院的新建普通本科高等学校②。本研究中的新建本科院校特指第二种。

新建本科院校是在我国高等教育急速扩张的大背景下产生的，主要由三种类型的学校形成：一是以工科为主的高职高专院校独立升本而成；二是由师范类专科学校升本而成；三是由若干高职高专院校联合升本而成。

目前，对新建本科院校的“新”有两种解释：一是“新建”，办本科的历史比较短，相对老本科大学而言是新的；二是“新型”，这批学校在办学方向、人才培养模式等方面与老本科大学不同，可以走出一条新路③。

（二）师资队伍

本研究中师资是指从事学校教学活动的教师，包含专任教师、兼职教师

---

① 王前新．新建本科院校运行机制研究［M］．刘欣．北京科学出版社．2007.

② 教育部高等教育教学评估中心．普通高等学校本科教学工作合格评估参评学校培训讲义．2013. 11.

③ 顾永安．新建本科院校转型发展论［M］．中国社会科学出版社．2012.

及外聘教师。对师资队伍的研究是指对学校师资情况的整体性研究，包括教师的数量与结构、教学水平（含教学内容与教学的方式方法）、科研水平以及教师发展等方面。

（三）合格评估

合格评估全称为“普通高等学校本科教学工作合格评估”，是国家对2000年以来未参加过教学工作评估的各类新建普通本科院校（包括经国家正式批准独立设置的民办普通本科学校）开展的一种本科教学评估。所有新建本科院校在规定期限内必须参加，合格评估方案有七个一级指标，分别是：办学思路与领导作用、教师队伍、教学条件与利用、专业与课程建设、质量管理、学风建设与学生指导、教学质量，下设20个二级指标、39个观测点（民办院校40个观测点）。合格评估结论分为：通过、暂缓通过、不通过①。

（四）转型发展

“转型”在社会学研究中一般是指涵盖结构与形态方面的变化②。“转型发展”是从一种结构与形态向另一种结构与形态进行的转变③。本研究中的转型发展特指向应用型转型，即从传统的办学形态向应用型办学转型，从本科的办学形式向本科的办学内涵转型。

新建本科院校需要主动应对高等教育大众化背景下社会对应用型人才的需求④，明晰自身的特色与优势，确定科学的战略目标，合理定位，努力实现从传统的以学术型为主向以应用型为主转变，这关系到学校的生存与发展⑤。新建本科院校大多由专科升本而成，虽然形式上升格为本科院校，但是大量的师资仍然是过去专科学校的师资，应在教学、科研等方面适应本科教育的要求，在办学层次上实现内涵上的跃升。

（五）教育评价

评价是在定量或者质性描述的基础上进行的一种价值判断的活动⑥。教

---

① 教育部高等教育教学评估中心．合格评估36问．2013. 11.

② 王凤玉．试论美国师范教育的转型．单中慧．教育研究．2006. 1.

③ 顾永安．新建本科院校转型发展论［M］．中国社会科学出版社．2012.

④ 王立人等．国际视野中的本科应用型人才培养［M］．浙江大学出版社 2008.

⑤ 顾永安．新建本科院校转型发展研究的几个重要结论．常熟理工学院学报．Dec.，2012 No. 12.

⑥ 陈玉琨．教育评价学［M］．人民教育出版社，1999.

育评价是根据一定的教育价值观或教育目标，运用可行的科学手段，通过系统地收集信息资料和分析整理，对教育活动、教育过程和教育结果进行价值判断，为提高教育质量和教育决策提供依据的过程①。

二、人力资源理论

（一）人力资源理论的发展历程

人力资源（human resource，简称 HR）是在组织中能够创造价值的人的知识和体力的总和。自亚当·斯密 1776 年出版《国富论》以后的 200 多年时间里，人力资源管理的理论思想经历了五次大的飞跃和创新历程②：

亚当·斯密（Adam Smith）（1723—1790）提出了劳动价值理论，他认为，劳动是创造财富的主要源泉。

彼得·德鲁克（Peter F. Drucker）（1909—2005）的人力资源理论认为，企业的资源包括很多，但真正的资源只有一项，就是人力资源。人是具有不同行动模式的有机体，具有生理上和心理上的不同特点，且人的需求是多重的。因此，管理者要从多个维度去满足职工的多重要求，如责任、权利、报酬等多个方面。

西奥多·W. 舒尔茨（Theodore W. Schultz）（1902—1998）的人力资本理论认为，“人口质量和知识投资在很大程度上决定了人类未来的前景”，人力资本，主要指劳动者本身的知识、技能和劳动能力，是当今时代促进国民经济增长的主要原因，是社会进步的决定性因素。

戴维·沃尔里奇（Dave Ulrich）提出了人力资源管理角色理论，他认为，组织若要提高竞争力，人力资源管理者不应只关注工作过程，还应该更加重视成果产出。

爱德华·劳勒（Edward E. Lawler）提出了期望激励理论。他认为，一个人工作是否努力取决于两个要素：一是工作所得到的薪酬；二是对发展前景的期望。他还认为，一个人的工作产出既与其努力程度有关，也与其自身的能力和所处的环境相关；一个人对工作的满意度与其期望值直接相关。

---

① Stufflebeam，D. L. & Shinkfield，A. J.，Systematic Evaluation，1985.

② 吴冬梅．人力资源的五次创新．企业经济．2012. 11.

（二）高校人力资源概念的引入

西奥多·W. 舒尔茨认为，教育具有生产功能，培养适应社会经济发展所需要的人才，能够显著提高劳动生产率，促进经济增长，同时还能使受教育者提高个人收入。因此，对教育的投资可以起到事倍功半的作用。随着对人力资源理论认识的深入，人们也在潜移默化地改变了对教育的传统看法。

高校人力资源的特征主要有三个方面：一是人力资源的增值主要取决于教育；二是教育的投资回报率远高于物质设备的投资回报率，因此，应高度重视人力资源的投入；三是教育投资也应该与市场需求相挂钩。

（三）高校教师人力资源的特征

与其他组织的人力资源相比，高校教师有其特殊性，教师的知识、能力、水平、思想、经验等都是人力资源，有以下几方面特点。

一是学历层次高。高校教师普遍具有较高的文化程度，有较好的理论基础和科研能力。

二是追求宽松的学术氛围。高校教师不希望受到过多的管理与限制，一般希望工作时间比较灵活，希望拥有宽松自由的学术环境。

三是重视自我价值的实现。高校教师更愿意尝试具有挑战性、开创性的工作，更注重他人对自己的认可。

四是善于学习和思考。高校教师这一岗位需要经常更新知识，因此，教师对学习、培训具有较强的愿望。

（四）人力资源理论应用于师资队伍建设

人力资源理论应用于高校师资队伍建设应坚持人本化的管理理念，教师是办学的主体，学校要更多地关心教师的需求，全方位、多角度地调动教师的积极性，激发教师的创造活力。此外，还应该注意优化教师人力资源配置：

首先，应根据学校的办学需要增加教师数量，达到国家办学标准，同时要调整现有教师队伍结构，通过引进、培训和合理流动达到优化人才结构的目的。优化结构重点在职称结构、年龄结构、学历结构、学缘结构、知识结构等①。

其次，应以学科建设和专业建设为依据配置人力资源。高校应该根据办学方向和发展目标，结合学科和专业优势，调整、优化人才结构。

最后，重视市场机制在高校人力资源配置方面的作用。人力资源配置有两种方式，计划性配置和市场调节。高校教师的人力资源配置应在宏观计划调控下，以市场需求为导向。

（五）人力资源理论在本研究中的应用

人力资源理论在本研究中应用于两个方面。

应用之一，人力资源理论与现实相结合，探索出适合转型发展的师资队伍建设的路径与方法。主要体现在以下四个方面：

一是引入市场机制，因需设岗。岗位设置应按照高校自身发展的需求综合考虑，岗位人数和师资结构要科学合理地规划和调整。

二是尊重教师个体需求，设定合理目标。引导教师结合学校的发展目标和自身工作设定切实可行的个人目标，力求个体目标与组织目标相统一，短期目标与长期目标相统一。学校在目标实施的过程中应加强过程性引导与监控。

三是完善考核制度，建立激励机制。根据教师的差异和不同个体需求，选择相应的激励方法。学校对教师应建立定期考核制度，制定完善的考核机制，保证统一的奖惩标准，将教师的薪酬待遇和贡献度紧密联系起来。奖惩相结合，物质激励与精神激励相结合，实施有效的激励机制。

四是关注教师发展。教师的专业能力和综合素质是学校生存和发展的基础，要重视教师发展的经费投入，加强对教师的培训，为教师继续教育创造条件，不断提高其专业能力和综合素质以适应工作的需要和个人的发展。

应用之二，运用人力资源理论，构建师资队伍评价指标体系，主要体现在以下四个方面：

一是教师数量、教师结构等方面的人力资源合理配置。

二是教师考核、教师评价等方面的人力资源效能最大化。

三是教师发展等人力资源的持续增值。

---

① 王娟．论人力资源理论视野下高校师资队伍管理机制的创新．电子制作，2014.10.

四是以人为本的管理，充分调动教师内在积极性、尊重教师的创造性和差异化发展。

三、四代教育评价理论

美国人泰勒的教育评价思想被普遍认为是现代教育评价学的基础，教育评价理论的现代发展众说纷纭，但20世纪80年代提出的“四代论”，却受到大家广泛认可。库巴和林肯在《第四代评价》中将教育评价理论的发展分为四个时代①。

第一代教育评价理论：测量时代（Measurement Generation）

流行于19世纪末至20世纪30年代，以测验或测量的方式来测定学生对知识的记忆状况，追求评价结果的数量化、客观化。其主要标志是测量理论的形成和测量技术、测量手段的大量应用。第一代评价主要关注客观工具。

第二代教育评价理论：描述时代（Description Generation）

流行于20世纪30年代至20世纪50年代，评价不再局限于测量结果，而是扩展到整个评价过程，评价者通过“描述”目标与结果的一致程度来进行评价。其标志是泰勒评价模式的产生和应用。第二代评价主要关注目标达成。

第三代教育评价理论：判断时代（Judgment Generation）

流行于20世纪50年代至20世纪70年代末，“判断”是这个时期评价理论的特色。在第三代评价理论中重视“价值判断”，评价者依据预设目标制定评价标准，使用测量手段。第三代评价主要关注标准。

第四代教育评价理论：建构时代（Construction Generation）

兴起于20世纪80年代，以库巴和林肯等人为代表，“协商”和“构建”是重要标志。评价应考虑各个利益相关方的意见，通过收集资料，运用协商的方式，协调各方意见分歧，最后达成共识。第四代评价主要关注协商共建。这一代教育评价理论主要有以下三个特点：

---

① Egon, G. Guba & Yvonna, S. Lincoln. Fourth generation evaluation. Newbury Park, Calif.: Sage Publications, 1989. 148.

一是关注各利益相关方意见，协调各方矛盾，统一看法；二是参与评价的不仅仅是评价的组织者、实施者，而应延展到所有利益相关者；三是评价者与被评价者不再是对立的两方，所有利益相关方和谐共处、协商共建，形成合力。

本研究综合考虑了各代教育评价理论，特别结合新建本科院校特点，以第三代和第四代评价理论的理念和思想来设计转型发展期新建本科院校师资队伍的评价方案。例如，第三代评价理论突出“价值判断”和过程控制，针对新建本科院校的特点，本书在研究师资队伍建设时充分考虑国家、政府和学校的需求，做到强调重点，突出重点。第四代评价理论强调利益相关者的价值诉求和协商共建，本研究通过查阅资料、访谈、观察、走访等方式，收集所有参与评价活动的对象的不同意见，最后形成统一共识。在评估指标体系的内涵中也充分考虑到学生、教师、用人单位、学校举办方等利益相关方的诉求。

四、评价指标体系设计理论

（一）指标体系的结构和相互关系

陈玉琨著《教育评价学》对指标体系的结构和相互关系是这样论述的：按指标系统的形式分，指标体系由目标到指标、由抽象到具体，可以分为不同的层级，一般可以分为两级或三级。每个前一级指标分解成下一级指标的个数一般不超过 6 个。指标系统主要由条件指标、过程指标和成果指标构成。

条件指标是反映实现评价目标所必需的物质基础的指标。一般指基本条件，如教师评价中的教师数量、教师结构等评价指标。

过程指标是反映为实现目标的实际工作表现的指标，如课堂教学、实践指导、课程考核、培养培训等指标。

成果指标是反映评价对象的质量和水平的指标，如培养学生的数量、质量，科研成果数量、质量等。

（二）指标体系的设计原则

指标体系设计有以下六大原则：

1. 目标一致性原则

在教育评估中，评价指标应与教育目标或管理目标一致，也不能把两个具有冲突性的指标项放在同一系统中。例如，既把专业课程的稳定性作为专业评估的指标，又把课程体系的改革措施作为指标。在实践中，这两个指标往往会产生冲突，课程体系的改革必然会破坏专业课程的稳定。

2. 整体完备性原则

整体完备性原则也可以说是全面性原则，这一原则的核心是指设计评估指标体系时，要依据教育目标和管理目标的全面要求，把重要的指标考虑周全，反复推敲论证，不能有遗漏。

3. 指标相互独立性原则

指标体系由若干相互间紧密联系的指标项组成，各指标项相互独立，同一级别的指标项内涵不能重复，也不存在因果关系。这是因为内涵有重复的指标在评价时会被重复计算，无形中加大了它的权重，会影响到整个评估的科学性。

4. 可测性原则

指标评价应具有可操作性，可以通过测量得到结论。例如，“高学历的教师较多”是不好操作的，但是“硕博以上学历教师的比例达到70%以上”就能够反映高学历教师较多这一概念。

5. 可比性原则

指标中的评价对象应具有共同属性，可以进行比较。例如，“双师型教师”要有准确的定义各学校才可比较。只有在内涵的一致基础上，才可以对两个对象进行量的比较。指标的可比性要求规定可度量的尺度。

6. 可接受性原则

有两层含义，一是符合实际情况，从实际出发设计指标才是可接受的；二是按指标进行评估是可操作的，包括有足够的信息可资利用，有切实可行的量化方法可资利用①。

这六大基本原则是设计指标的基本依据。

（三）指标体系的设计步骤

指标体系的设计一般按照以下步骤进行：

---

① 陈玉琨．教育评估的理论与技术［M］．广东高等教育出版社，1987.

1. 确定评估目标，明确所要达到的目的。

2. 明确评估对象，划定评估范围。

3. 依据评估目的，确定评估的具体内容。

4. 提出初拟评估指标，确定层级结构。

5. 提出各项指标评价标准或基本要求。

6. 根据需要，给评估指标分配权数（也可以不设权重）。

7. 制定评估实施办法。

8. 形成评估指标体系初稿。

9. 多次征求专家意见，完善指标体系。

10. 试评估，实证检验。

11. 进一步修改完善评估指标体系。

（四）指标体系的设计途径与方法

指标体系设计应根据评估目标制定指标体系的层级结构，在设计层级结构时应注意以下几方面。

一是指标要体现所实现的目标，可通过逐级分解目标的形式形成指标体系（见图 2.1）。

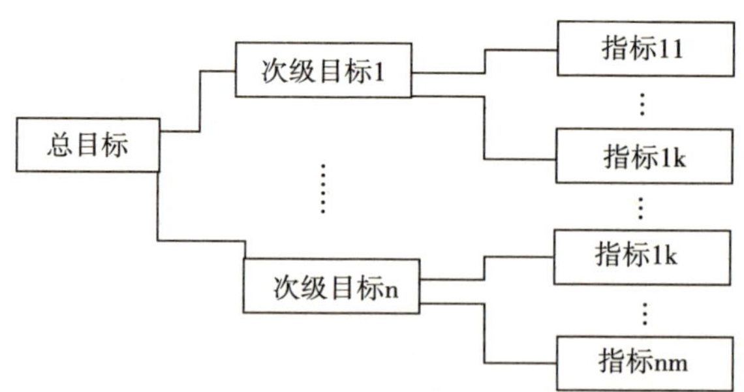

图 2.1　目标、次级目标和指标之间关系图

二是从指标的内涵分析出发改善指标体系。根据整体完备性原则和相对独立性原则，从指标内涵及指标项的相互关系出发，把重复的指标项删除。

三是从实际出发考虑指标的取舍，完善指标体系，提高指标的可行性程度。所设计的指标应保证能收集到相关信息资料，否则无法对此指标进行评估。

第二节　师资队伍评价的基础方法

本研究采用的研究方法主要有六种：文献研究法、词频分析法、抽样调查法、比较研究法、问卷调查法和专家咨询法。

对研究方法的选取参见图 2.2 所示。

- 明确研究方向，确定研究问题——文献研究法
- 梳理转型期新建本科院师资队伍概况——文献研究法
- 借鉴发达国家和地区应用型本科院校师资队伍建设经验——比较研究法
- 分析新建本科院校师资队伍现状与主要问题——抽样调查法、词频分析法
  - ■ 教师课堂教学质量——抽样调查法（专家听课评价、专家试卷评价）
  - ■ 教师实践教学与科研及社会服务——词频分析法
- 构建应用型本科院校师资队伍评价指标体系——问卷调查法、专家咨询法
- 实证分析

图 2.2　研究方法选取

研究初期采用文献研究法，对收集到的大量文献进行梳理，明确研究方向，确定研究问题。

第二阶段沿用文献研究法，对新建本科院校概况、师资队伍建设的“瓶颈”、转型发展的内涵等相关问题进行梳理。

第三阶段采用比较研究法，对德国、英国、台湾等经济发达国家和地区的应用型本科高校的发展脉络进行梳理、比较，为我国转型期新建本科院校的师资队伍建设提供参考和借鉴。

第四阶段采用抽样调查法和词频分析法，详细分析新建本科院校师资队伍现状与主要问题。

第五阶段采用问卷的调查法和专家咨询法，通过问卷调查和访谈，反复征求专家意见，同时参考既有研究成果，如本科教学工作合格评估方案、工程教育专业认证方案、高职高专院校人才培养工作评估方案中对师资队伍的评价内容，初步构建我国转型发展时期新建本科院校师资队伍的评价指标体系。

第六阶段实证分析，对3所应用型本科院校开展评价实测，加以检验。

一、文献研究法

文献研究法是指收集与本研究相关的文献资料，对这些资料进行整理、分析，形成对所研究的问题的科学认识。

本研究使用中国"知网"的数据平台，对包含"新建本科院校"、"转型发展"、"师资队伍"、"应用型人才培养"等关键字的期刊、报刊、学位论文等进行检索，通过对国内外大量文献的梳理，厘清当前我国新建本科院校在转型发展过程中师资队伍建设存在的问题，明确研究的方向。

二、抽样调查法

教师的教学水平是衡量师资队伍的重要指标之一。抽样调查法是指从研究对象的所有样本中抽取部分样本进行研究、分析，并用这部分样本的特征来推断总体样本的特征的一种调查方法。本研究采用抽样调查的方法对新建本科院校教师的课堂教学情况进行评价。

对教师课堂教学情况的评价包括两个方面：一是对教师的教学过程进行评价，从教师的教学态度、教学内容、教学方法手段、教学效果等多个维度进行评判；二是对学生的学习效果进行评价，以学生的学习产出（output）作为对教师课堂教学效果的主要判断依据。

对教师课堂数学评价的第一方面是通过对"专家听课评价表"中教师教学内容、教学态度、教学方法、教学效果、总体评价等五个评测要素与教师职称、年龄等相关因素的研究，分析教师课堂教学水平的情况。

第二方面是通过对学生试卷情况的评测来实现。在国际最新教学评价理论中，以学生学习成果为导向（outcome based），重视学习效果的评价。在我国高校的教学改革中，提倡学生为中心，从过去的教师本位转变为学生本位。本研究正是通过对学生试卷水平的评价分析，了解新建本科院校学生学习效果的整体情况，从而折射出教师的教学水平。

三、词频分析法

词频分析法是一种文献计量学的研究方法，通过统计文献中出现的核心关键词的频次高低，来确定研究的热点问题和发展方向①。通过对关键词或关键词组的使用频次进行统计，按照出现频次的高低，分析高频词的内涵，得到该领域的研究热点与研究问题。

本书主要对专家考察报告进行词频分析。专家考察报告是评估专家评估结束后对学校整体教学工作提出的结论性意见和建议。评估专家来自不同领域，有来自985/211高校，有来自新建本科院校，也有来自行业企业；评估专家中有学校领导，有教学管理干部，也有特色专业的专家。虽然隶属关系、学科定位各异，但所有专家在评估前必须要接受培训，培训教材指出，合格评估应突出服务区域和行业经济社会发展，突出培养应用型人才的办学定位，明确要求专家在评估时应关注新建本科院校要走地方性、应用型的办学道路。

本研究对专家考察报告进行词频分析，对教师在实践教学、科研与社会服务方面出现的问题，通过定量的词频统计与定性的分析相结合，客观、真实地将可能隐藏的问题呈现出来，为后续总结师资队伍建设的重点与途径，为制定应用型本科院校师资队伍评价指标体系奠定基础。

四、比较研究法

比较研究法是根据一定标准，对相互间有联系的事物进行比较，找出其共性和差异性的方法。

我国的新建本科院校是社会经济和科学技术发展到一定阶段的产物，这种应用型大学在许多发达国家和地区并不是新事物，都历经过其形成和发展的全过程。本研究选取具有典型应用型本科教育特质的德国应用技术大学（FH）、英国多科技术院校、台湾科技大学作为比较研究的对象，对它们形成的背景、发展历程、应用型人才培养、师资队伍等方面进行比较和研究，归纳出这些应用型大学在师资队伍建设方面的共性规律，以期对我国转型期新建本科院校的师资队伍建设提供借鉴和指导。

---

① 马费成，张勤．国内外知识管理研究热点—基于词频的通积分［J］．情报学报．2006（2）：163－171.

五、问卷调查法与专家咨询法

本研究在前期对新建本科院校师资队伍现状、新建本科院校转型发展，以及发达国家和地区转型发展过程中师资队伍建设等方面的经验得失进行梳理，从各利益相关者角度对师资队伍面临的困难和问题进行分析。

在此基础上，有针对性地选取30位国内资深评估专家及20余所地方本科院校，采用问卷调查的方法了解专家及应用型本科院校的教师对我国转型期新建本科院校的师资队伍建设如何评价，并在合格评估指标体系、工程教育专业认证标准、高职高专人才培养工作评估方案基础上，参考借鉴境内外应用型高校师资队伍建设的经验，初步构建我国转型发展时期具有应用型特征的新建本科院校师资队伍评价指标体系。

评价体系初步建立后，本研究再一次有针对性地访谈若干核心专家，进一步改进和完善评价指标。

第三章　转型发展对新建本科院校师资队伍建设的要求

第一节　新建本科院校现状

一、新建本科院校总体情况

截至 2015 年，在全国 944 所普通本科院校（不含独立学院）中，新建本科院校已经达到 403 所，占本科高校总数的 42.69%[①]（见图 3.1）。新建本科院校的办学质量会直接影响我国高等教育的整体水平，人才培养质量会直接影响我国经济社会的发展。

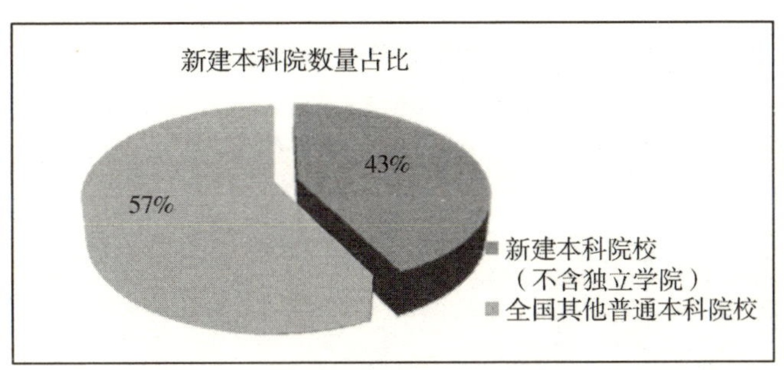

图 3.1　我国新建本科院校数量占比

位于非省会城市的新建本科学校有 208 所，占全部新建本科学校总数的 51%，在全国 339 个地级及以上城市中，新建本科院校分布于其中的 196 个

① 资料来源：教育部发展规划司公布的 2015 年全国高等学校名单，中华人民共和国教育部网站. http：//www. moe. edu. cn/srcsite/A03/moe_ 634/201505/t20150521_ 189479. html.

城市，布点率达到57.82%①。在“引导部分地方普通本科高校向应用型转变”过程中，新建本科院校占据着重要地位。

从地区分布看，东部地区有119所，占比38.1%；中部地区有108所，占比34.6%；西部地区有85所，占比27.2%，见图3.2。

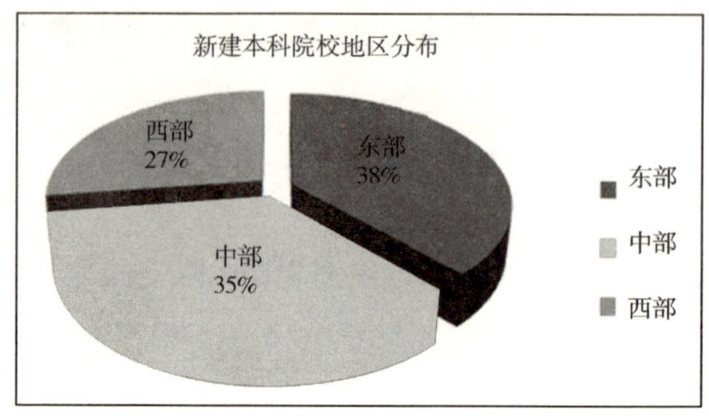

图3.2　新建本科院校地区分布

从学校类型看，综合院校123所，占39.4%；工科院校78所，占25.0%；财经院校34所，占10.9%；师范院校30所，占9.6%；政法院校17所，占5.5%；语言、艺术、农林、医学和民族院校较少，分别占3.2%、2.2%、1.6%、1.6%、1.0%②，见图3.3。

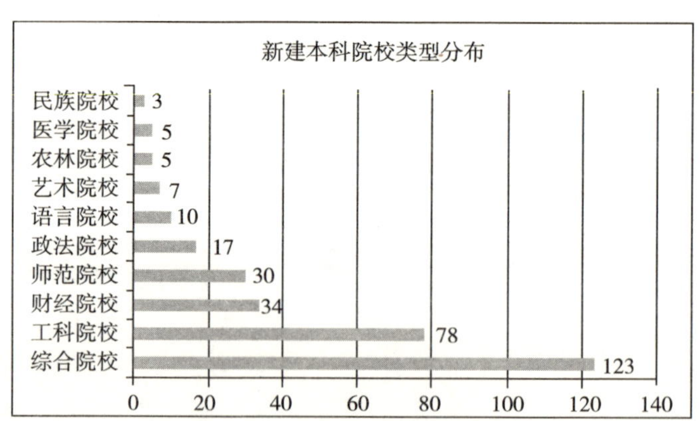

图3.3　新建本科院校类型分布

① 教育部高等教育教学评估中心．全国新建本科院校教学质量监测报告（2014年度）．2016.1.

② 全国新建本科院校合格评估报告（2014年度）．教育部高等教育教学评估中心，2016.1.

表3.1为新建本科院校与全国普通高校及“211工程”高校在师资和办学条件上的对照表，从中可见新建本科院校在主要办学条件方面与全国普通高校相比尚有不小的差距，与“211工程”高校相比差距更大。

表3.1 全国各类型高校办学条件对照表

统计数据	新建本科院校①	全国普通高校②	“211工程”高校③
生师比	20	17.73	16.97
专任教师博士学位比例	8.4%	20.41%	48.04%
专任教师硕士以上学位比例	66.8%	56.43%	79.72%
高职称教师比例	34.2%	41.56%	56.08%
生均教学科研设备值	6976.8元	1.43万元	2.33万元

（数据源自《中国教育事业发展统计简况（2014）》、《全国“211工程”高校本科教学质量报告（2012年度）》、《全国新建本科院校教学质量监测报告（2014年度）》）

二、新建本科院校本科教学工作合格评估概况

根据教育部评估中心的统计，截至2015年年底全国共有168所新建本科院校参加了普通高等学校本科教学工作合格评估。

合格评估的对象是全国新建本科院校，评估的目的是引导新建本科学校建设并完善内部质量保障体系；评估的导向是突出应用型办学定位和应用型人才培养，学校要为区域和行业经济社会发展服务，这也是转型发展的要求；评估的底线是办学条件要基本达标，教学管理要基本规范，教学质量得到基本保证；评估的宗旨是促进学校条件改善、经费投入、管理规范和质量提升④。

合格评估结果显示，评估的目的基本达到，学校的办学定位更加清晰，办学水平和教学质量都比评估前有了较大提升，转型发展的意识和理念基本树立。具体表现在以下几方面：

① 资料来源：《全国新建本科院校教学质量监测报告（2014年度）》。

② 资料来源：统计数据摘自2014年中国教育事业发展统计简况，指标数据根据统计数据计算得出。

③ 资料来源：《全国“211工程”高校本科教学质量报告（2012年度）》。

④ 教育部高等教育教学评估中心．普通高等学校本科教学工作合格评估参评学校培训讲义．2013.11.

第一，合格评估对新建本科院校确立并巩固“应用型”的定位发挥了战略性导向作用，引导学校走上了转型发展之路。截至 2013 年年底已评过的 121 所学校均将“应用型”作为学校的办学定位。在 2013 年评估的 41 所新建本科院校中，专家对“学校定位”这一指标的打分合格率达到了 97.05%①。

第二，合格评估对新建本科院校加大专业改造发挥了促进作用，推动学校办学定位更加“接地气”。在“专业与课程建设”这一指标中，专家打分的合格率达到了 85.32%，比 2012 年提高了三个百分点⑤。

第三，合格评估对学校内部质量保障体系建设发挥了引导作用，推动学校人才培养质量的持续改进。

第四，合格评估对地方政府加大对新建本科院校经费投入和政策支持发挥了约束性作用，促进学校办学条件不断改善。例如，2013 年“经费投入”合格率达到 89.68%，远高于 2012 年的 61.19%②。

评估中发现的一些共性问题，主要有以下几方面：

第一，办学定位尚未完全向人才培养方案和课程教学转化。例如，“人才培养思路”的合格率为 89.97%，而“产学合作教育”的合格率仅为 61.65%①。可见，办学定位和培养方案如何落实到人才培养过程中仍是需要改进的地方。

第二，师资队伍仍然存在结构、总量与培养等几方面的短板。例如，师资的“数量与结构”合格率仅为 56.19%，在所有二级评估指标中排在最后一位。“教师的培养培训”合格率为 66.96%，位列倒数第二位①。

第三，民办院校人才培养模式、师资队伍数量与结构、产学研合作教育等方面与公办院校有差距。例如，在“人才培养思路”、“产学合作教育”的合格率分别低于公办学校 13.09 和 2.57 个百分点。2013 年评估的公办院校平均生师比是 18.84∶1，而民办院校则达到 20.07∶1①。

从以上新建本科院校发展概况、发展水平和合格评估的结果可以看出，新建本科院校在普通本科高校中占有 30% 以上的分量，为中国高等教育大众

---

① 教育部高等教育教学评估中心．全国新建本科院校合格评估报告（2013 年度）．2014. 4.

② 教育部高等教育教学评估中心．全国新建本科院校合格评估报告（2013 年度）．2014. 4.

化作出了重要贡献。在合格评估的推动下，新建本科院校的办学定位更加清晰、准确，办学水平和教学质量正逐年提升。但是，在办学定位的基层落实和师资队伍建设等方面还有着明显的短板，这将是今后要着力加强的地方。

第二节　新建本科院校师资队伍现状

一、教师数量

（一）总量不足

教师数量是否达到要求，可以用生师比来评价。教育部的文件定义生师比是学校专任教师数与折合在校学生数的比例[①]。生师比是本科教学评估中用来衡量高校办学水平是否合格的重要指标。它反映了高校的办学条件及其对办学质量的影响[②]。

《普通高等学校基本办学条件指标》规定，高校专任教师与学生比例、高级职称教师的比例、具有研究生学位教师的比例等办学条件指标是衡量普通高等学校基本办学条件是否达标（不达标将被亮黄、红牌），并由此核定各个高校年度招生规模的重要依据。

教育部评估中心对2014年度采集的新建本科院校的数据统计显示，312所学校平均生师比为20∶1。其中，生师比未达到基本办学条件指标限制招生要求[③]的院校有72所，占23.1%；达到限制招生要求但未达到基本办学条件指标合格要求的院校有157所，占50.3%；达到合格要求的院校仅有83所，占26.6%[④]，见图3.4。

---

① 教育部关于印发《普通高等学校基本办学条件指标（试行）》的通知．中华人民共和国教育部网站．http：//www.moe.edu.cn/publicfiles/business/htmlfiles/moe/s7050/201412/xxgk_180515.html.2004.2.6.

② 孟凡静．高校生师比初探．朱若羽．高校教育研究，2008.13.

③《教育部关于印发〈普通高等学校基本办学条件指标（试行）〉的通知》（教发［2004］2号）规定的生师比限制招生要求：综合、师范、民族院校与工科、农林、医学院校22，语文、财经、政法院校17；生师比合格要求：综合、师范、民族院校与工科、农林、医学院校16，语文、财经、政法院校18，艺术院校11。

④ 教育部高等教育教学评估中心．全国新建本科院校教学质量监测报告（2014年度）．2016.1.

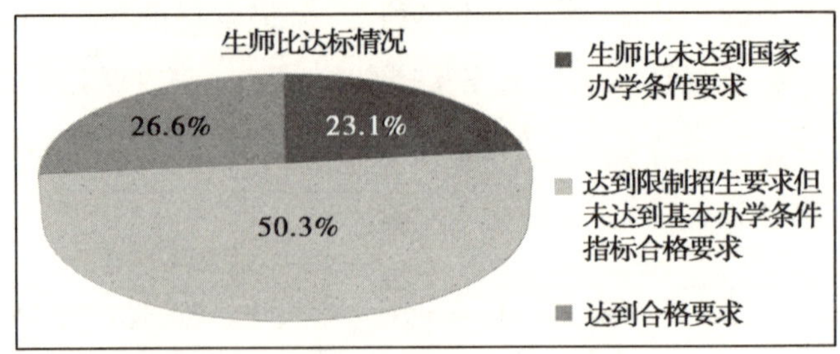

图 3.4　新建本科院校生师比达标情况

《中国教育事业发展统计简况（2014）》显示，同年度全国普通本科院校的生师比为 17.73∶1[①]，《全国“211 工程”高校本科教学质量报告（2012 年度）》的数据显示，2012 年度 112 所“211 工程”高校（不包括军事院校）的生师比为 16.97[②]。

美国官方网站（National Center For Education Statistic）刊载的 354 所院校生师比显示：2009 年这些学校的平均生师比为 13.6[③]。图 3.5 是国内外不同层次大学的生师比对比情况。

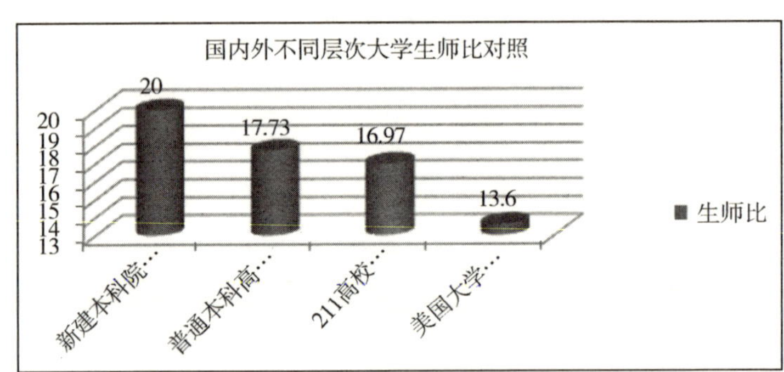

图 3.5　国内外不同层次大学生师比对照[④]

可以看出，新建本科院校生师比明显高于国内各类型高校，和美国大学

① 教育部发展规划司. 中国教育事业发展统计简况（2014）13 页.

② 教育部高等教育教学评估中心. 全国“211 工程”高校本科教学质量报告（2012 年度）. 2013. 6.

③ 吕菊芳. 美国高校“生师比”的实证分析及思考—基于 2009 年《美国与世界报道》排行榜院校的研究. 现代教育科学，2011. 3.

④ 资料来源：《全国新建本科院校质量监测报告（2013 年度）》、《教育统计年鉴（2014）》、《全国“211 工程”高校本科教学质量报告（2012 年度）》、美国教育部官方网站 http：//nces. ed. gov/collegenavigator/（2010－06～2010－08）.

生师比相比更是差距较大，可见新建本科院校师资队伍数量缺口较大。

（二）不同专业教师数量不均衡

专业间专任教师分布不均衡、个别专业教师数量严重短缺的问题在新建本科院校中较普遍存在。评估专家组考察报告显示，东北某高校护理学专业本专科学生与专任教师比例达到96.4：1；陕西某高校本专科在校生2200余人，专任教师只有27人，专科学生与专任教师比例超过80：1。

二、教师结构

（一）年龄结构

新建本科院校中，35岁以下的青年教师（44.7%）是主体，这个比值要高于全国普通高等学校平均值6.9个百分点，见表3.2。

表3.2 新建本科院校与普通高等学校专任教师年龄结构比较

学校类型	35岁及以下	36~45岁	46~55岁	56岁及以上
新建本科院校①	44.7%	29.9%	17.6%	7.9%
普通高等学校②	37.79%	33.86%	21.93%	6.42%

（二）学历结构

与全国普通高等学校相比，新建本科院校高学历教师比例过低，具有博士学位（8.4%）的比例远低于普通高等学校（20.41%），见表3.3。

表3.3 新建本科院校与普通高等学校专任教师学历结构比较

学校类型	博士	硕士	本科	专科及以下
新建本科院校③	8.4%	58.4%	25.9%	7.3%
普通高等学校④	20.41%	36.03%	42.24%	1.32%

① 资料来源：《全国新建本科院校质量监测报告（2014年度）》，对2014年312所新建本科院校提交的数据统计。

② 资料来源：统计数据摘自《中国教育事业发展统计简况（2014）》。

③ 资料来源：《全国新建本科院校质量监测报告（2014年度）》，对2014年312所新建本科院校提交的数据统计。

④ 资料来源：统计数据摘自《中国教育事业发展统计简况（2014）》，指标数据根据38页“专任教师、聘任校外教师学历情况（普通高校）”计算得出。

（三）职称结构

新建本科院校具有正高级职称和副高级职称的专任教师分别为8.5%和25.7%，两者合计34.2%，与全国普通高等学校（分别为12.33%和29.24%，合计41.57%）相比还有不小的差距，见表3.4。

表3.4 新建本科院校与普通本科高校专任教师职称结构比较

学校类型	正高职称	副高职称	高级职称总计
新建本科院校①	8.5%	25.7%	34.2%
普通本科高等学校②	12.33%	29.24%	41.56%

以上对比结果是对全国312所新建本科院校采集的数据进行统计分析得出的。西部地区教师的学历结构、年龄结构较之东部地区更差一些。广西某学院高职称教师仅占专任教师总数的31%，博士学位教师占6.3%，40岁以下教师占教师总数的70%③。这些比例均比全国新建本科院校平均值低许多。

（四）知识和能力结构

《全国新建本科院校教学质量监测报告（2014年度）》显示，双师型专任教师达到20.03%；具有行业背景的专任教师达到12.1%（见表3.5）。

在合格评估的推动下，几年来双师型专任教师在不断增多，具有行业职业资格和行业任职经历的教师占比在不断升高，但必须看到这类教师在专任教师中占比依然较低，目前，大部分教师还停留在理论型教师的层面，双师型教师占比低的结构性问题，使得应用型人才培养受到了影响。

表3.5 全国新建本科院校双师型专任教师④

教师类型	数量（人）	所占比例
双师型专任教师	36801	20.03%
具有行业背景的专任教师	21904	12.1%

① 资料来源：《全国新建本科院校质量监测报告（2014年度）》，对2014年312所新建本科院校提交的数据统计。

② 资料来源：统计数据摘自《中国教育事业发展统计简况（2014）》。

③ 黄宇鸿．新建本科院校转型期师资队伍建设刍论．钦州学院学报．2013.12，Vol. 28 No. 12.

④ 资料来源：《全国新建本科院校教学质量监测报告（2014年度）》47～48页．

三、教学水平

对2013年41所参加合格评估学校的数据统计显示，专家听课情况被评为“好”的比例尚未达到30%，说明教师教学水平总体不高。就授课教师年龄、职称及课程类型来看，教学水平老年教师好于中青年教师，教授好于其他职称教师，基础课好于非基础课。

从被听课教师年龄看，被评为“好”的比例为28.89%，其中，老年教师占37.14%，中年教师占34.16%，青年教师占24.48%。被评为“较差”的中，老年教师占0%，中年教师占1%，青年教师占0.59%。

从被听课教师职称看，被评为“好”的比例为28.47%，其中，教授占46.23%，副教授占28.72%，讲师为27.64%，助教为22.73%。被评为“较差”的中，教授占0%，副教授占0.68%，讲师为0.58%，助教为0%。

从听课课型看，被评为“好”的比例为29.03%，其中，基础课占34.91%，实习实训课占23.08%，实验课为16.22%，专业基础课为30.25%，专业课为25.71%。被评为“较差”的中，基础课占1.09%，实习实训课占0%，实验课为2.70%，专业基础课为0.27%，专业课为0.66%。从中可以看出，基础课好评最多，其次是专业基础课，专业课较差①。

四、科研水平

2013年应用技术大学（学院）联盟发布的“地方本科院校转型发展实践与政策研究报告”认为，新建本科院校整体科研实力尚显薄弱，科研经费不足。2012年来自企、事业单位的横向科研经费仅占新建本科院校总科研经费的29.87%，每校平均不足300万元②。

据北京大学教育学院的调查，海南某新建本科院校60.5%的教师没有主持过校级及以上级别课题，40.7%的教师没有任何科研经历，大多数教师还没有完成从讲课教师向教学研究型教师的转变。

地方院校青年教师在科研中存在的问题主要表现在以下几个方面：一是

① 教育部高等教育教学评估中心．全国新建本科院校合格评估报告（2013年度）．2014.4.

② 应用技术大学（学院）联盟．地方本科院校转型发展实践与政策研究报告．2013.11. http://max.book118.com/html/2014/0415/7691145.shtm.

学历层次低，理论水平低，影响科研的质量与效果；二是应用型研究与地方经济发展相结合不足，应用型研究水平低，无法解决行业、企业的实际问题，很难进行深入的研究；三是功利驱动，重视出版多少本书籍，发表多少篇文章，文章是否在核心期刊上发表，轻视书稿和文章质量，以及它们对教学、对社会的实际意义①。

五、教师发展

《全国新建本科院校合格评估报告（2013 年度）》对 2013 年接受合格评估的 41 所学校的专家打分情况显示，教师培养培训这一观测点的平均合格率仅为 66.96%，相比教师教学水平（92%）、师德水平（99.71%）低许多②，说明新建本科院校现有的教师培养培训体系不能很好地支撑专任教师队伍的长效发展。

教师发展主要存在以下几方面的问题：

一是在学校规模快速发展的过程中，虽然教师数量也在增长，但生师比仍然很高，教师尤其青年教师的教学任务特别繁重，教师很难抽出时间和精力进行培训提升，职业生涯发展受到影响。

二是在学校升本初期的外延式发展过程中，学校重视人才引进，但对自有教师的发展重视不够，培养途径比较单一，培养措施无法跟上，不能适应本科教育的需要。

三是培养培训以理论学习为主，实践应用培训不足。学校对高学历的要求使得新建本科院校的教师大多以提高学历教育为主，致力于从事更精深的理论知识学习。很多青年教师常常是一毕业就当老师，既没有社会实践经验也没有工程实践经验，应用动手能力低，而恰恰是这方面薄弱的应用实践能力的培养常常被忽视。《全国新建本科院校教学质量合格评估报告（2012 年度）》显示，在过去三年，新建本科院校双师型教师由 17% 上升到 19%，略有提升，但还是比较缓慢，且具有行业背景的教师比例低于 10%③。这种状况与培养高素质应用型人才的要求存在较大落差，也反映出培养培训工作内

---

① 刘芳．地方院校青年教师科研现状及对策研究．【期刊】才智，2014－09－05.

② 教育部高等教育教学评估中心．全国新建本科院校合格评估报告（2013 年度）．2014. 4.

③ 教育部高等教育教学评估中心．全国新建本科院校合格评估报告（2012 年度）．2013. 4.

容的局限性。

四是科研素质偏低，应用型研究能力不足。新建本科院校在基础性研究方面不占优势，应用型研究应该是这类学校的特色，但往往由于很多教师缺乏行业、企业的实践经历，无法解决实际问题，难以在应用型研究方面有所建树。

六、新建本科院校师资队伍总体状况

新建本科院校师资队伍的总体状况有以下特征：

1. 体量大。新建本科院校数量接近全国普通本科高校的三分之一，对我国应用型人才的培养与输送，对我国经济建设的作用不可估量。

2. 生师比高。近几年教师数量虽在持续增长，但仍滞后于学校招生规模的扩张速度。

3. 青年教师多，高级职称教师少。新建本科院校建校历史短，大量教师是毕业不久的年轻教师，青年教师培养培训需要关注。

4. 博士学位教师少，本科以下学历教师多。科研实力和科研水平不强。

5. 具有行业背景的双师型教师少。应用型人才培养的实践教学师资力量不足。

6. 教师教学水平总体不高。

7. 应用型科研与地方经济契合度不够。

8. 教学任务繁重，教师发展缺乏后劲。

以上八个特征呈现出师资队伍在需求和现实之间的三重矛盾：

第一是教师发展与精力不足的矛盾。新建本科院校的教师迫切需要在学历层次、实践能力等方面发展提升，然而由于教学任务繁重，他们很难抽出时间和精力。

第二是责任与能力的矛盾。大多数的新建本科院校位于非省会城市，很多是当地唯一的本科院校，担负着服务地方经济社会发展的责任。然而高水平教师少，还有一批承接了过去老专科的教师，科研实力不强，与地方经济发展的契合度不够，难以引领当地经济社会的发展。

第三是教师实践能力缺乏与应用型人才培养的矛盾。新建本科院校的教师中青年教师体量庞大，而且大多是从校门到校门，自身缺乏实践经验，尤其行业、企业的工作经验，教师实践教学能力与实践指导能力都难以满足应用型人才培养的需要。

第三节　新建本科院校转型发展

一、转型发展的动因

法国教育家爱弥儿·涂尔干认为：教育的转型始终是社会转型的具体反映①。要跟上社会经济发展的脚步，需要从转变教育方式做起。

我国高等教育结构性失衡，一方面社会需要大量的技术技能型人才，但另一方面许多本科毕业生却抱怨找不到工作。其主要原因在于许多高校一味追求大而全，热衷学院变大学、专科变综合，盲目照搬重点大学的经验②。

在高等教育大众化时代背景下，高校必须适应高等教育社会化需求变革，摒弃以往精英式、研究型的教育模式，在学校办学层次、办学内涵、办学理念、办学战略，以及专业设置、学科建设、师资队伍建设等方面都要顺应时代需要，以市场为导向，培养满足用人单位需要的人才。2015 年教育部、财政部、发改委三部联合发布的转型发展指导意见是经济社会发展的需要，是国家战略的需求。

新建本科院校是一种地方性的新型大学，截至 2015 年 5 月，51.61% 的新建本科院校位于非省会城市③，很多亦是该地区唯一一所本科院校。作为区域性大学，为区域经济社会服务责无旁贷，这类学校是转型发展的主要力量。但是，由于很多新建本科院校成立时间尚短，办学模式、课程设置、教材选择、教学方法等方面抄搬老本科大学的痕迹还很重，在我国激烈的大学竞争格局中自身的优势没有彰显出来。新建本科院校在如下三类高校的竞争压力中夹缝求生：上有老大学的压力，下有独立学院和高职高专院校的顶

① 爱弥儿·涂尔干．教育思想的演进［M］．李康，译．上海人民出版社，2003.

② 王维坤．应用技术大学：新建本科院校转型发展的现状、动因与路径．温涛．现代教育管理，2014.7.

③ 教育部高等教育教学评估中心．全国新建本科院校教学质量监测报告（2014 年度）．2016.1.

力，横有同类地方本科院校的挤力[①]。转型发展也是其自身生存和发展的需要。

综上可见，新建本科院校转型发展是社会外驱动力和学校内驱动力共同作用下作出的选择。外驱力是经济社会的发展和国家战略的需求；内驱力是学校自身发展的需要。新建本科院校不能照搬传统的本科大学的办学模式，而必须走出一条新型的道路，即办应用型大学的办学之路。

二、转型发展的缘起与进展

（一）转型发展的缘起

新建本科院校是为了改变我国高等教育的区域布局，增强高等教育服务区域（行业）经济社会发展的能力，2000 年以后通过合并、升格、新建等方式组建的普通本科高校。成立初期，这批学校大多数以专科学校、职业大学、教育学院、成人高校等班底为基础，无论教育教学条件、师资配置，还是高校生源都与普通本科高校存在明显差距，且这批学校因为缺乏办本科的经验，往往以复制老本科大学的模式实现层次的跃升和规模的扩张，导致办学无特色、办学水平和人才培养质量难以满足服务地方（行业）经济发展的需要。

高校教学评估具有导向性的作用，合格评估即是针对全国这批新建本科院校开展的本科教学工作评估，通过评估调动学校、政府、社会三方的积极性，促进学校合理定位，强化内涵建设，增强服务社会能力。为了解决新建本科院校的办学方向和发展道路问题，教育部评估中心在设计合格评估方案时，重点在办学定位和具体要求上强调“两个突出”：突出服务区域（行业）经济和社会发展、突出培养应用型人才，这两个突出是区别于老本科大学的核心内容。因此，新建本科院校转型发展的时间起点应从 2009 年合格评估的启动开始计算。2011 年教育部办公厅发布了《关于开展普通高等学校本科教学工作合格评估的通知》（教高厅［2011］2 号），合格评估在全国范围内正式启动，标志着新建本科院校转型发展的正式开始。

（二）转型发展的进展情况

2009 年至 2015 年年底“十二五”结束，共有 169 所新建本科院校完成

---

① 顾永安．新建本科院校转型发展论［M］．许霆，陆正林．中国社会科学出版社．2012.

了合格评估，占比403所新建本科院校的40%。评估报告显示，已完成合格评估的这些高校都把办学定位确立为应用型。合格评估是新建本科院校转型发展的助推器，对这批高校走地方性、应用型的新型发展道路起到了重要的导向性作用。6年来，随着合格评估在全国范围内的全面铺开，新建本科院校已基本完成办学定位向应用型的转变。

2015年10月，教育部、国家发改委、财政部联合下发了《关于引导部分地方普通本科高校向应用型转变的指导意见》。该意见指出，“各地方高校要从适应和引领经济发展新常态、服务创新驱动发展的大局出发，切实增强对转型发展工作重要性、紧迫性的认识，摆在当前工作的重要位置，以改革创新的精神，推动部分普通本科高校转型发展”；李克强总理在2015年政府工作报告中也提出，引导部分地方本科高校向应用型转变。文件的出台使转型发展的对象从新建本科院校进一步延展到一大批地方普通本科院校，转型发展成为中央、地方和高校的共识，上升成为国家战略。

三、新建本科院校转型发展的内涵

综合国内学者关于转型发展的研究，新建本科院校的转型发展主要包含两方面内涵。

一是实现办学层次的转型，从专科向本科转型。新建本科院校大多由过去的专科学校升本而成，在专业设置、课程内容、教材选用上很多学校还脱离不了以前办专科的模式；同时从过去专科学校承接下来的很多教师其自身知识结构、水平、教育方法等并没有随学校升本而提升；学校功能比较单一，以人才培养为主，科学研究普遍较弱，并未完成向人才培养与科学研究并重的转型。

二是实现办学类型的转型，从传统的办学形态向应用型办学转型。新建本科院校的定位不同于以学术研究为主的大学，是具有鲜明区域特色或行业特色的地方本科高校，是以服务地方经济社会为主要任务的应用型大学。这一转变的内涵在转型发展意见中有明确的解释：促使高校办学思路定位在服务地方经济社会发展上；推动高校走校企合作、产教融合之路；着力强调应用型、技术技能型人才培养；强调学生就业创业能力培养；提高学校服务区域经济社会的能力，引领区域新产业、新业态的创新发展。

新建本科院校层次的提升和发展类型上的变化构成了新建本科院校转型发展的两个核心内容，第一个转型关系到学校的生存，如果不能实现专科向本科的转型，这批院校就不能合理地称为“本科”院校；第二个转型关系到学校的发展，学校为地方经济发展服务，地方政府支持学校更好地办教育，两者相辅相成，密不可分，不能很好地实现传统办学形态向应用型的转型，新建本科院校就会失去地方经济需求这一阵地，而变成空中楼阁，会逐渐在激烈的竞争中败退，难以实现科学发展。

四、新建本科院校转型发展面临的问题

综合国内学者的研究结果和新建本科院校合格评估中发现的问题，当前我国新建本科院校在转型发展过程中主要面临以下几方面的问题①：

一是学校的办学定位不够准确，盲目按老本科大学的模式发展。

二是学科专业照搬痕迹明显，与当地的产业结构结合不够紧密。

三是人才培养以知识传授为主，实践动手能力弱。

四是科研以学术型研究为主，横向科研能力不高，服务当地经济发展的意识薄弱。

五是师资队伍重学历、轻能力，实践能力差。

六是办学经费不足，实践教学条件需要改善。

七是封闭式办学为主，与行企业契合度不够紧密。

第四节　转型发展期新建本科院校师资队伍建设的重点

一、转型发展对新建本科院校师资队伍建设的要求

新建本科院校的师资队伍应具备双重能力，既要具有传统大学教师的学

---

① 应用技术大学（学院）联盟．地方本科院校转型发展实践与政策研究报告．2013. 11. http：//max. book118. com/html/2014/0415/7691145. shtm.

术水平，还应具有实践应用能力。前者体现的是本科高校的普遍性要求，后者体现的是新建本科院校转型发展的特殊要求。将两者有机结合就是对新建本科院校师资队伍建设的要求①。

学术水平从来都是衡量高等学校的重要指标②。所有高校都应该承担人才培养、科学研究、社会服务、文化传承创新这几项职能，这是共性要求。有些人在认识上存在误区，认为新建本科院校属于低层次的高校，可以不搞科研或少搞科研，可以不必开展学科建设，可以降低对学术的要求。实际上，高校的四大职能对教师的学术水平、科研能力都提出较高的要求，客观上也与教师的学历水平、职称结构相关联。这反映出一个特别值得重视的问题，新建本科院校的许多教师是从大专或者中专跨入到本科层次的，人才培养、教学能力和知识积累还不能适应本科教学要求。教师开展科学研究不够普遍，科研能力不能满足本科院校的需求，服务社会能力较弱。

实践应用能力是这类院校师资队伍的必备素质。应用型大学的师资队伍建设强调“双能型”和“双师型”。“双能型”教师是指既有较好的教学能力，又有较强的实践应用能力，并具有一定创新精神的教师。“双师型”教师是指既有教师的教学能力、具有教师职称，又有工程师、会计师或其他专业人员的职业素养和能力的教师，这批教师主要从事专业课或专业基础课教学，一般具有职业资格证书。即新建本科院校的教师一方面应具备胜任应用型人才培养的教学能力，同时还应具备实践指导和技术研发、成果转化的能力。

这就要求教师要具有“教学与研发”的双重能力，一方面新建本科院校要像传统高校一样必须重视科学研究，另一方面新建本科院校在科学研究的方向或侧重点上必须偏向应用研究，强调研究成果的应用型，这样才能真正贯彻教学与科研相结合。

综上所述，转型发展对新建本科院校师资的要求是双重的，一是学术水平的要求，新建本科院校的教师要适应本科教育和高校四大职能的需要；二是应用型能力的要求，新建本科院校的教师要适应应用型人才培养的需要。

---

① 许霆．新建本科院校转型发展与队伍建设．常熟理工学院学报（教育科学），2012.6.

② 顾永安．新建本科院校转型发展论［M］．许霆，陆正林．中国社会科学出版社．2012.

二、转型发展期新建本科院校师资队伍建设的重点

（一）思路与重点

新建本科院校师资队伍建设在转型发展这一视角下要体现“本科层次”和“应用型”两个核心要素。新建本科院校教师可分为两类，第一类是从过去的专科学校，承接而来的“老教师”，第二类是从传统大学引进的学术型教师和新引进的博士、硕士。这两类教师的队伍建设可以分层分类地推进，前者迫切需要从专科层次向本科层次转型，而后者迫切需要从学术型向应用型转型①。

此外，一所学校的师资队伍建设要服从于学校的办学定位和发展目标，如安徽某学院提出要办地方性、应用型、国际化的大学，在师资队伍建设上就对应确立了六条思路：树立科学的人才观；强化能力培养；发挥实践师资作用；校企合作；引进国外资源、提升校内教师国际合作交流的能力；师德师风建设②。强调教师的实践能力，加强教师的国际交流能力都是该校师资队伍建设的工作重点，这与学校的定位是相符合的。

（二）内容与方法

关于转型发展视角下新建本科院校师资队伍建设的内容与方法国内学者有以下主要观点：

一是注重师资队伍建设的环境。在环境稳定上提出三个内涵，即良好的硬件环境、和谐的校园软环境、树立教师为本的理念。这些内容对于目前新建本科院校师资队伍建设有一定的参考意义③。

二是注重标准建设。建立“应用型教师评价标准”，为学校转型发展、引进和培养应用型师资提供可以实施的标准④。

三是注重教师发展。引进高层次师资，开展新人教师培训，推动科学研

---

① 顾永安．新建本科院校转型发展论［M］．许霆，陆正林．中国社会科学出版社．2012.

② 缪群道．地方新建本科高校师资队伍建设的思考与实践．许徐．合肥学院网站．2012. 9. 5. http：//www. hfuu. edu. cn/s/85/t/330/65/d6/info26070. htm.

③ 黄宇鸿．新建本科院校转型期师资队伍建设刍论．钦州学院学报．2013. 12，Vol. 28 No. 12.

④ 缪群道．地方新建本科高校师资队伍建设的思考与实践．合肥学院网站．2012. 9. 5. http：//www. hfuu. edu. cn/s/85/t/330/65/d6/info26070. htm.

究能力提升，加强教学能力培养，鼓励青年教师提升学历学位。要求青年教师必须具备“三种经历”锻炼（重点大学进修的经历，担任班主任、辅导员等学生工作的经历和专业对口企业进行社会生产实践的经历）①。

四是注重管理机制建设。强化基层学术组织建设，促进传统学术研究转型；健全师资培训机制，突出实践导向培训；创新师资管理机制，注重引导师资观念转型；加强实践教学管理制度，以制度引导教师行为转型②。

通过对国内学者研究成果的总结和对部分新建本科院校的调查，本书归纳转型发展视角下师资队伍建设的内容与途径主要有以下几方面：

一是明确目标和办学定位，有计划地加强高层次人才引进与培养，优化学历、职称结构。

二是充实数量，使生师比达到全国本科高校的平均水平。

三是“校地共建”，推动教师向双师双能型发展。

四是提升教师教育教学水平，推动教师在教学和科研上向应用型转型发展。

五是加强培训，优化知识结构，提升本科教学水平，特别是老教师的水平。

六是专兼并举，面向社会和海内外聘请符合学校办学需要的兼职教师。

七是加强管理，建立科学、客观、公正的教师考核、评价、激励机制。

八是优化环境，营造有利于工作稳定和教师成长的氛围。

---

① 方丰．新建本科院校师资队伍引进培养与管理方式探索与实践，以重庆科技学院为例．方丰重庆科技学院学报（社会科学版），2013. 10.

② 杨妍．基于应用型人才培养的地方本科院校师资队伍建设策略．李立群．职业技术教育，2014. 5，Vol35.

第四章 发达国家和地区应用型高校师资队伍概况

第一节 德国双元制应用型高校师资队伍特点——以德国应用科技大学（FH）为例

一、产生和发展

德国的应用科技大学，英文译名为 University of Applied Sciences，德文原名为 Fachhochschule（简称 FH），属于本科层次。德国教育界认为 FH 是高等教育的重要组成部分，与普通大学地位相同。

（一）德国应用科技大学的产生和发展

第二次世界大战后，很多战争技术应用到民用领域，推动了第二次工业革命，和平时期需要高等教育适应生产力发展需求，培养满足大众化时期人们生活水平提高所需要的人才。

应对德国经济的飞速发展，德国也在不断调整和完善高等教育体系，扩大高等教育的受众范围，应用型职业技术教育（polytechnic）逐渐被纳入大学（university）的范畴①。

20 世纪 70 年代，德国相继成立了 11 所综合性高等学校，招生人数不断扩大，但在办学的过程中这类学校最终还是逐渐偏向学术，并没有成功②。

---

① 赵晓茜．借鉴德国应用技术大学工程管理专业教学模式，探索现代应用型教育的转型之路．教育视野，2013.9.

② 曹育南．德国高等职业技术教育的特点及其启示［J］．张洁．河南职业技术师范学院学报（职业教育版），2002（5）．

这使人们认识到，要想满足社会对不同类型人才的需求，只有改变单一的高校办学体系，建立由不同类型高校构成的高校办学体系才行。

德国应用科技大学在这样的背景下诞生，它是在高等教育入学人数迅速扩张以及现代工业社会对不同素质人才需求的背景下出现的，它打破了单一的洪堡式传统学术型大学的局面，拓宽了德国人接受高等教育的渠道。

应用科技大学满足了社会对各种高素质应用型人才的需要，推进了德国高等教育大众化进程，为德国经济发展提供了良好的人力基础，被许多人称为德国经济快速发展的秘密武器①。

可以看到，德国在高等教育大众化时期成功地走出了与以往精英化教育不同的应用型人才培养之路。作为第二次世界大战的战败国，德国的经济能够迅速复兴和腾飞与教育发展密不可分。

德国的高等教育目前大致可以分为三种类型：第一类是综合性大学（university）；第二类是应用科技大学（FH）；第三类是艺术学院和音乐学院②。德国官方网站的数据表明，应用科技大学的学生所占高校生的比例近年来在逐年上升，2005 年达到 28.6%③。

（二）德国应用科技大学的作用

应用科技大学和综合性大学是德国高等教育的两大支柱，应用科技大学与综合性大学在德国人看来同样出色，没有所谓的排名区别。应用科技大学培养的学生实践能力较强，能够更好地适应市场的变化和需求，因此，与普通大学毕业生相比德国工业界更愿意聘用应用科技大学的毕业生。工程师及近半数的企业经济师和信息技术人才都是由应用科技大学培养的④。应用科技大学的教学质量得到了社会的认可，联邦教育与科研部强调要优先考虑应用科技大学的扩建，扩大应用科技大学的人才培养数量。2000 年，联邦教育与科研部提出今后应用科技大学的在校生比例要逐步提高到 40%⑤。

---

① 张艳梅．二战后德国经济腾飞原因探究．王永佳，张北辰．现代经济信息，2012. 2. 8.

② 张翠琴．德国应用科技大学（FH）研究［硕士学位论文］．西南大学，2008. 5.

③ 数据来源：Basic and Structural Data 2005［R］．BMBF，2005：89 – 95.

④ 陈水生．摆脱高等职业教育师资队伍建设困境的思考［J］．成人教育，2006（8）.

⑤ 陈长江．德国职业教育的特点及启示［J］．科技创业月刊，2005（2）.

二、人才培养

德国应用科技大学的人才培养指导思想是；以专业为核心，以就业为导向，打好基础、提高素质①，注重实践能力培养。这些学校通常实施的是“3+1”培养方式。学生前三年在学校学习规定的课程，课程体系分为基础课、专业课和专长课三种，其特点是以实用性为主导，理论课的内容大多联系企业案例，实践课内容也紧紧围绕地方和行业需求设立。第四年根据专业方向进行分流培养，学生根据自己的专业方向在相关的企业里实习的同时完成毕业论文。

三、师资队伍

不同类型的大学人才培养目标的定位不同，对教师的要求也不一样。德国应用科技大学培养应用型人才，要求教师具备更强的实践能力，且理论与实践紧密结合。在德国，这类高校与企业联系十分紧密，教学内容要与企业的要求相同步，这对教师的专业能力提出了更高的要求。

（一）教师资格

德国对从事应用型教育的师资有着严格的要求。根据德国《高等教育总法》的相关规定，应用科技大学对专任教师的聘任需具备四个条件：

一是原则上要具有博士学位；

二是具有独立进行科学研究的能力；

三是具有教学才能，能够运用现代教学方法和媒体；

四是有5年以上在相关应用或开发方面的工作经历，其中高校以外的工作经历至少3年，并取得突出成绩②。

对综合型大学教师的聘任除具备以上前三条外，还要求具备大学授课的资格（habilitation）或同等的科研成绩，对以上第四条则不作要求。由此可见，应用科技大学的教师不仅要具备较强的学术能力、科研能力、教育教学

① 冯理郑．德国应用科学大学（FH）办学特色的分析与研究［D］［硕士学位论文］．华东师范大学，2010.4

② 葛艳娜．中德应用型本科师资队伍建设比较研究．路姝娟．上海第二工业大学学报，2011.12，Vol.28，No.4.

经验，还要有丰富的企业实践经验。

德国应用型高等教育实行双元制，除了应用科技大学的教师外，企业也要配备实训教师，并且规定，这些实训教师必须是“师傅学校”① 毕业，且有5年以上的生产实践经验，还要经过200学时左右的教育学相关内容培训②。

（二）师资构成

德国高校的专任教师中教授所占比例较大，通常能达到60%。教授实行终身制，待遇优厚，社会地位高。德国实行大学教授流动的政策，采取评聘分离，《高等学校总纲法》有明确规定，获得教授资格的人不得在授予单位聘任。这种流动政策，可以使大学汇集各个学校的长处，促进了学术交流与创新。

兼职教师在德国应用科技大学中所占的比例较高，是其师资构成的重要组成部分。从1999年到2003年，兼职教师比例在逐年提高，从33.3%上升到37.5%。兼职教师主要来自企业界或其他科学技术大学。

（三）教师的工作量

应用科技大学教师的工作量各个学校不同，一般来说，教授每周授课时数为18学时左右，如果还担任管理工作，如专业负责人、专业顾问等，则每周可以减少一定的教学工作量。其他专职教师的授课量会少一些，如助教每周授课时间一般为4学时左右，他们的主要任务是帮助教授做科研工作，其他时间主要负责帮助学生练习和指导实验。为了加强学校社会之间的联系，兼职教师必须来自于社会或企业③。对兼职教师的教学工作量也有要求，如柏林技术与经济应用科技大学要求每周一般不超过8学时，同时还要求兼职教师承担的工作量应达到全校总教学工作量25%左右。

---

① “师傅学校”属于高级技术教育，学制为全日制两年，其教学以专业理论为主，还必须接受较系统的师范教育，为各类培训机构培养实训指导教师（师傅）。“师傅学校”毕业并拿到相应文凭和资格证书后可取得“师傅”这一称号，方可独立开业、带学徒和担任培训机构的实训指导教师。依据德国法律，没有经过系统师范教育并达到规定考核标准的人，不能从事任何教育培训工作。

② 德国职教师资的培养方式．中国教育网．2001.8.23. http://www.edu.cn/ying_de_290/20060323/t20060323_12289.shtml.

③ 张翠琴．德国应用科技大学（FH）研究［硕士学位论文］．西南大学，2008.5.

（四）教师的培养培训

德国高等学校规定教师必须定期接受培养培训。各教育局督学定期对教师工作和培训情况进行考核。德国很多高校成立了专门小组，对教师培养培训的效果进行管理。教师进修培训的形式多种多样，有校内培训、学术进修、职业实践等。许多学校设有自己的教师培训和进修机构。有些州建立了州、州所辖行政区、行政区下属教育局和本校内部培训的四级教师进修网络。应用科技大学的教授每4年可以申请一次企业进修，在企业工作1个学期，了解实践领域的最新发展状况，提高实践能力。

第二节　英国工读交替制应用型高校师资队伍特点——以英国多科技术学院为例

长期以来，英国的高等教育都是走精英化路线。1962年21岁以下的人群只有6%接受大学教育[①]，而据英国《卫报》网站2013年4月24日报道，“上一个学年英国高等教育入学率已经达到49.3%”[②]。英国的高等教育经过几十年的发展，从精英化教育转向了大众化教育。

一、英国高等教育大众化变迁过程

（一）体制变迁的背景和政策

19世纪末和20世纪初，英国的综合国力下降，促使英国思考其原因。在这种背景下《珀西报告》（Percy Report，1944）出台，该报告指出：“英国工业下滑主要的缺陷是科技人才不足；大学和技术学院培养的人才，无论数量和质量都不能达到要求；英国要保持实力地位，必须要大力发展高等技术教育”[③]。

在此背景下，英国政府在1963年发表了具有划时代意义的《罗宾斯报

① 潘发勤．英国高等教育：优势、挑战与对策［J］．比较教育研究，2004（2）．

② 李智．英国高等教育入学率近50% 执政党达到教育目标．中国网．2013.4.26. http://www.china.com.cn/international/txt/2013-04/26/content_28665264.htm.

③ 王承绪．英国高等教育发展的历史和现行体制述略．教育论丛，1983.5.1.

告》(Robbins Report, 1963), 对20世纪60年代到80年代的英国高等教育发展进行了规划。其中包括人才培养目标中增加培养技术服务类人才，改高级技术学院为大学等。同时规定：愿意接受高等教育并具备相应条件的人都应该能够接受高等教育[①] [被称为“罗宾斯原则”(Robbins Principle)]。这体现了现代教育的理念，标志着英国高等教育从精英化走向大众化。

(二) 二元制 (Binary System)

20世纪60至90年代，英国高等教育呈二元制结构状态。“二元制”(Binary System) 是指由自治 (autonomous sector) 的大学 (泛称“大学”) 和由“公共控制” (public or service sector) 的非大学性质的大学 (泛称“非大学”), 包括公立高等学校、多科技术院校、教育学院、继续教育学院等两部分构成的高等教育体制[②]。

1966年英国将8所高级技术学院升格为大学，将90所各种专门技术学院整合并组建成30所大学，这些多科技术学院真正成为高等教育的重要组成部分，成为二元制中“公共控制”的高等教育，满足社会各界对接受高等教育的需求。

多科技术院校和继续教育学院主要为学校所在地区的学生提供职业性课程，并直接对应当地劳动力市场需求。这种二元并立的理念，反映当时英国政府对于高等教育机构“相等却不同”的观点，即让属于自治的大学保有传统学术型角色，而属于公共管理的技术学院则负责职业导向的高等教育[③]。

(三) 一元制 (Unified System)

多科技术院校虽然与传统大学一样，都属于高等教育体制的一部分，但属于地方管理，经费也主要来自地方政府，其社会地位仍然低于传统大学，这在一定程度上影响了其发展。为此，英国于1987年颁布了《高等教育：应付新的挑战》报告，提出多科技术院校和地方学院应脱离地方政府管理。

---

① C Moser. The Robbins Report 25 Years After – and the future of the universities. Oxford Review of Education. 1988, 14 (1): 5–20.

② 张建新. 从二元制到一元制—英国高等教育体制变迁的动因研究. 陈学飞. 北京大学教育评论, 2005年7月第3卷第3期.

③ Walford, G. (1991). Changing relationship between government and higher education in Britain. In G. Neave & F. A. Van Vught (Eds), Prometheus bound: The changing relationship between government and higher education in Western Europ (pp. 165–183). Oxford: Pergamon, 12.

1991年英国教育和科学部提议废除大学与多科技术院校、高等教育学院之间的二元制，建立高等教育一元体系①。

根据1992年出台的《继续教育与高等教育法》（Futher and Higher Education Act 1992），在达到特定标准的情况下，多科技术学院等院校可以申请改名为“大学”，具有和大学同等的地位。由此，英国34所多科技术学院以及部分其他学院更名为大学，这部分学校通常被称为“1992年后大学”（post－1992 universities），实现了英国高等教育的新融合，完成了从二元制到一元制的变迁②。这批学校虽然更名为大学，但是其服务地方经济社会发展，培养应用型人才的办学宗旨依然保留了下来。

二元制的建立使英国的多科技术院校迈入大学的行列，英国的高等教育从过去的精英化开始走向大众化；而一元制的建立使多科技术院校真正具有和研究型大学同等重要的地位。可以看到，从二元制到一元制的变迁是英国高等教育适应社会发展需要所做的一次重大变革。

二、英国多科技术院校人才培养

英国多科技术院校的人才培养目标是培养适应社会的专才（specialist）。多科技术院校学制较灵活，从一年到三年都存在。授课方式灵活多样，有全日班、半日班，还有夜校以及各种类型的短期培训班，也可以工学交替。根据各地区行业需要，学校设置了许多综合型大学没有的专业和课程，内容结合前沿发展不断补充和修订。教学方式一般采用模块式教学，具有跨学科性，与工商业联系紧密。学生选课有很大自主性，在3年或4年的时间里，按照教学大纲和训练计划，完成全日制课程或“三明治”课程的学习③。

英国多科技术院校专业面宽，职业适应性强。多数学院直接与区域内的企业挂钩，具有强调理论联系生产实际、专业设置适应地方需求、多种学制、教学计划并存的特点，为学生和劳动力市场带来很大的灵活性和便利性。许多学校采用“三明治”式培养模式，即学工交替的培养方式，学生

---

① 詹火生．英国学术自由之研究．高教丛书—研究类（8）．杨莹．教育部委托专案研究报告，民81.

② 陈宝华．英国高等教育体制变迁及其启示．高教探索，2009.4.

③ 李晓军．本科技术教育人才培养的比较研究［博士论文］．华东师范大学，2009.5.

先到企业实习，之后回到学校学习课程，然后再返回企业深入实践，每学期交替一次。这使学生理论与实践能够较好地结合，具有较好的实践技能。因此，不少多科技术院校就业率达到90%以上，并且受到用人单位的欢迎。

英国多科技术院校“应用型”、“地方性”的定位与我国新建本科院校高度相似，他们的人才培养对我们具有很好的参考借鉴作用。

三、师资队伍

多科技术学院在教师聘任时十分注重实践经验，绝大多数从具有实际经验的工程技术人员和管理人员中聘请。根据1989年的统计数据，多科技术院校教师中具有高级专业技术职务的比例达到了50%①。多科技术学院还非常重视教师的培养培训工作，各大学基本都建立了自己的教师发展中心和相关网络培训；针对不同教师采用区别性发展方针；将教师队伍发展与个人发展相结合；重视教师发展的项目多样化、特色化，组织者团队专业化等②。

第三节　台湾地区应用型高校师资队伍——以台湾科技大学为例

一、形成和发展

中国台湾地区实行普通教育与职业教育并行的高等教育双轨体系。台湾地区的高等院校主要分为三类：综合性大学、科技大学或技术学院、专科学校。综合性大学实施普通教育，科技大学、技术学院、专科学校实施职业教育。科技大学位于职业教育体系的最高层级。

（一）科技大学的产生

科技大学是台湾地区经济社会发展的产物。20世纪80年代以后，台湾经济的发展使得一些低端产业逐步迁往中国大陆和其他国家，对低端技术人

---

① 李晓军．本科技术教育人才培养的比较研究［博士论文］．华东师范大学，2009.5.

② 陈素娜．英国大学教师发展的特色及其启示．范怡红．理工高教研究，2009.4.Vol28－2.

员的需求在逐年减少，与此同时对高端技术人才的需求快速增长。为适应这种变化，台湾地区启动了教育改革，赋予大学一定范围内享有自治权，台湾地区的高等教育开始呈现多元化及自主发展态势。

1995 年，台湾“教育部”将一部分技术学院更名为科技大学。截至 2012 年年底，台湾地区共设立 49 所科技大学，科技大学对高等学校的占比从 3% 上升到 30%，对高等职业学校的占比从 6% 上升到 53%①。政策的变革使科技大学的数量激增，而台湾产业经济的需求变化是科技大学快速发展的根本原因。

台湾地区职业教育体系从职业学校到专科学校到技术学院再到科技大学，层层递进，打通了职业体系学生的升学管道，在台湾经济社会发展中发挥了重要的作用。

（二）科技大学与综合性大学的比较

台湾地区科技大学与综合性大学具有显著不同的职能。

根据台湾“教育部”的规定，综合性大学是以学术研究、人才培养、文化提升、社会服务为宗旨，促进社会经济的发展②。而科技大学或技术学院以应用科学研究、实用技术发展、专门人才培养、社会服务为宗旨，促进国家经济的发展③。可见，综合性大学的重心在学术研究和基础研究上，人才培养侧重具有较强的理论知识与研发能力；而科技大学的重心在产学研合作，人才培养侧重具有实务应用能力。

（三）科技大学的发展

2001 年台湾“教育部”开始对科技大学进行评估，以绩效为导向，使科技大学走向良性发展，并出台相关规定，要求科技大学应控制总量，学生规模应与学校资源条件匹配，并对招生、考试制度以及院系设置等都作了明确规定④。

---

① 台湾“教育部”：《科技大学一览表》. 台湾“教育部”技术及职业教育司网 . 2012. 10. http：//tve. cyu. edu. tw.

② 台湾“行政院”：《修正大学法》. 台湾“教育部”全球资讯网 . 2005. 5. http：//www. edu. tw.

③ 台湾“行政院”：《技术及职业校院法》. 台湾“教育部”全球资讯网 . 1998. 7. http：//www. edu. tw.

④ 陈蕙均 . 我国科技大学评鉴后续调查研究［硕士论文］. 台湾师范大学，2009，23 - 24.

二、师资

台湾地区科技大学以培养工程及管理领域的高级技术人才为目标，这一办学目标决定了科技大学在人才培养上侧重专业技术的培训，兼顾理论知识的传授，注重对学生实践能力的培养，并帮助学生探索职业方向，培养职业兴趣，掌握一定的职业技能。很多学校鼓励在校生取得职业资格证书，有的甚至按照资格考核的内容开展教学活动。

台湾地区科技大学要求教师需获得乙级职业资质（相当于高级工或技师），并取得相应的资格证书①，学校在政策上也鼓励优先延聘具有职业资格与实践经验的教师。科技大学对教师的管理很严格，即使业界老师和兼职教师也需要进行年度考核。学校鼓励并支持教师进行应用型研究，学校仅抽取6%的产学研合作项目经费，其他可由教师全部用于项目研发、专利申请和成果推广等方面。

第四节　发达国家和地区应用型高校师资队伍建设对我们的启示

从德国应用科技大学、英国多科技术院校、台湾地区科技大学的产生发展可以看出，这几种学校类型相近，功能基本相同，对师资队伍的要求也有许多相似之处，对我们的启示主要表现在以下几方面。

一是这类大学都是经济社会发展到一定阶段的产物，为适应转型发展的要求，人才培养都强调应用型。德国应用科技大学强调应用能力和解决现场问题的能力；英国多科技术院校既强调岗位能力，又突出继续学习能力；台湾地区科技大学兼重理论知识，注重对学生实践能力培养，要求学生掌握一定职业技能，更强调学生的继续学习能力和职业发展能力。中国大陆经济正处于转型发展时期，由粗放型向集约型、环保型、高附加值产业转移，这必然要求人才培养、科技研发与之相适应，部分地方普通本科院校转型发展即

① 辛志杰．台湾高等职业教育考察印象．职教论坛，总期2009.

顺应了这种需求。

二是这类高校的教师都要求具备校外实践工作经验和横向应用研发能力。德国在专任教师的四个聘任条件中，除学历外，特别强调要具有5年相关的应用研发经历和3年校外工作经历。英国多科技术院校要求聘任教师一定要注重实践应用能力，因此，绝大多数教师都是从具有实践经验的技术人员和管理人员中聘请。台湾地区科技大学要求教师需取得高级技工或技师证书，同时在考核、延聘等方面向从事应用研究的人员进行政策等倾斜。而中国大陆高校在引进聘任教师时，主要考虑的是学历和职称，对教师的实践能力基本没有要求，这与地方本科院校转型发展提出的要求是不相适应的。

三是在高度重视兼职教师的作用，对兼职教师的聘用和使用都比较规范。德国从行业、企业聘请的兼职教师在2003年已达到37%；台湾地区也非常重视这支队伍的建设和管理，需要进行年度考核。中国大陆新建本科院校兼职教师数量没有确切统计，但是从教育部评估中心的评估报告中可以看出，大多数学校的兼职教师只占其专任教师总量的10%左右，有行业背景的专任教师只占9.7%，双师型教师占19.14%，这些与德国相比差距明显。

四是这些国家和地区都重视教师的培养培训，重视教师职业生涯发展。德国高等学校规定，教师必须参加培养培训，教育局每4年对教师的工作情况包括培养培训进行一次考核。教师进修培训的形式多种多样，有校内培训、学术进修、职业实践等。例如，应用技术大学的教授每4年可以申请一次企业进修，在企业挂职一个学期。企业实训教师须具有5年以上的生产实践经验，且要接受过一定学时的教育学培训。英国多科技术学院重视教师发展，各大学基本建立自己的教师发展中心和相关网络培训，针对不同教师采用区别性的发展方针。台湾地区科技大学的教师要参加培训，取得资格证书才能上岗，同时对教师进行年度考核。这些经验对处于转型发展时期的中国新建本科院校无疑有一定的参考借鉴作用。

第五章　新建本科院校课堂教学质量与师资状况分析

教师的课堂教学质量是衡量师资队伍教学水平的重要指标。对新建本科院校课堂教学质量进行调查，找到其中的不足与问题，可以为探索有效的师资队伍建设途径，为制定科学的评价方案提供依据。

教师课堂教学质量的高低应从两个方面评价：一是教师的课堂教学水平；二是学生的学习效果。

本研究采用抽样调查的方法，对评估专家“听课评价表”和“试卷分析表”的打分情况进行统计分析。从教师教学内容、教学态度、教学方法、教学效果、总体评价五个评测要素与教师职称、年龄的相关度分析，得到教师课堂教学水平的总体情况；从试题质量、卷面设计质量、评阅质量三个评测要素的打分情况汇总分析，得到学生学习效果的总体情况。

第一节　研究方法

一、抽样调查法

抽样调查法是从全部研究对象中完全随机地抽取一部分样本进行分析，每个样本被抽中的概率相等，用抽选的样本特征推断总体研究对象特征的研究方法。

本研究选取了12所接受合格评估的新建本科院校，在评估专家评估进校期间，专家组每位专家有目的地选取不同职称、不同年龄的授课教师，听取不同类型的课程3～5门课，并填写“专家听课评价表”（参见附录A）；每位专家选取2门以上不同专业试卷，针对试题质量、卷面设计质量、评阅质量要素等进行打分，并填写“专家试卷评价表”（参见附录 B）。本研究以 12 所参评学校的所有“专家听课评价表”和“专家试卷评价表”作为样本进行统计和分析。

“专家听课评价表”样本总数为 261 个，有效样本 261 个，“试卷评价表”的样本总数 195 个，有效样本 195 个，有效样本占样本总数的 100%①。涉及 10 个省，其中，河北、江苏、福建、黑龙江、安徽、江西、河南、四川各 1 所高校，山东、云南各 2 所高校。

“专家听课评价表”包括 3 种类型和 5 个评测要素。3 种类型是：授课教师职称（教授、副教授、讲师、助教），授课教师年龄层次（老、中、青），课程类型（专业课、基础课、专业基础课、实验课、实习实训）。5 个评测要素是：教学态度、教学内容、教学方法、教学效果、总体评价。在各评测要素的打分中，“1”表示“好”，“2”表示“较好”，“3”表示“一般”，“4”表示“较差”。

“专家试卷评价表”的评价项目有 4 大项：试题质量、卷面质量、试卷评阅质量和总体评价，试题质量下设有命题、题量、难易度、覆盖面和综合性题目 5 个分项评价要素；试卷评阅质量下设有评分标准、阅卷评分标准，和试卷分析 3 个分项评价要素。在评测要素的打分中，“1”表示“好”，“2”表示“较好”，“3”表示“一般”，“4”表示“较差”。

二、数据处理

得到可靠的样本数据后，根据研究目地，本研究采用 SPSS 17.0 版本软件分别进行数据转换重新编码、数据分类汇总，设定权重，皮尔逊（pearson）相关性分析，描述统计的交叉表，卡方检验等统计学数据分析②。

三、信度与效度

本研究选取了 12 所学校，覆盖全国东部、中部和西部 10 个省，“专家听课评价表”每校样本数 25～40 份，有效样本共计 261 份，“专家试卷评价

① 注：专家填写的评价表要经过项目管理员和秘书形式检查，因此有效率较高。

② 岳昌君．教育计量学．北京大学出版社．2009.

表”每校样本数15～30份，有效样本共计195份，样本总量基本能够满足研究需求。

每所学校分别由7～9名评估专家独立打分，专业性和公正性能够最大限度地得到保证。

统计时对所有评价表采用均值计算，信度能够得到保证。为了验证研究的效度，笔者进一步查阅了这12所学校的自评报告和评估专家的评价报告和相关材料，对分析结果进行了印证，这进一步保证了效度的可靠性。

第二节　影响课堂教学质量的相关因素影响分析

与课堂教学相关的主要因素有：课程类型（基础课、专业课、专业基础课、实验课、实习实训等）；教师职称（教授、副教授、讲师、助教）；授课教师年龄层次。评测要素有5项：教学态度、教学内容、教学方法、教学效果、总体评价。

通过对皮尔逊（pearson）相关性分析找到对各评价要素有显著影响的因素。皮尔逊（pearson）相关系数是一般常见的线性相关系数，表示变量Y和X之间线性相关的程度。系数在（0，1）之间为正相关；在（－1，0）之间为负相关；等于1为完全正相关；－1为完全负相关；0为不相关。对相关因素的统计分析见表5.1和表5.2。

表5.1　相关性因素

因素	教学态度	教学内容	教学方法	教学效果	总体评价	年龄层次
教师职称	.175**	.253**	.179**	.191**	.221**	.619**
年龄层次		.122*				
课程类型						

注：**. 在.01水平（双侧）上显著相关。

*. 在0.05水平（双侧）上显著相关。

从表5.1可以看出：

1. “教师职称”与“教学态度”、“教学内容”、“教学方法”、“教学效果”和“总体评价”在置信度0.01水平上显著相关，相关系数分别为：

0.175，0.253，0.179，0.191，0.221。

2. “教师职称”与“年龄层次”在置信度0.01水平上表现出较为明显的正相关性，相关系数为0.619。这也反映出学校的一般规律，即一般情况下，职称与年龄成正比。

3. “教师年龄”与“教学内容”在置信度0.05水平上呈现相关，相关系数为：0.122，但与“教学态度”、“教学方法”、“教学效果”和“总体评价”没有太多相关性。

4. “课程类型”与“教学态度”、“教学内容”、“教学方法”、“教学效果”和“总体评价”5项没有太多相关性。

下面对相关性较强的5组数据分别进行相关性分析。

第三节　教师职称对课堂教学质量的影响分析

一、教师职称对教学态度的影响

表5.2　教师职称—教学态度

教学态度	合计	教授	副教授	讲师	助教
好	57.00%	78.80%	56.90%	55.60%	40.60%
较好	29.70%	18.20%	29.20%	31.00%	37.50%
一般	12.10%	0.00%	13.80%	12.70%	18.80%
较差	1.20%	3.00%	0.00%	0.80%	3.10%

由表5.2可以明显看出：

1. 教师教学态度总体上端正，普遍评价良好。不同职称的教学态度打分主要集中在“好”和“较好”档，分别占57.00%和29.70%。说明大多数教师能够精神饱满地投入到教学工作中，教学态度是认真负责的。

2. 中高职称教师，特别是教授坚持课堂教学，治学严谨。教师职称和教学态度呈正向关联，从助教到讲师、副教授、教授，评价越来越好，教授群体的教学态度为“好”的比例占到了78.80%，比副教授和讲师都高出20个百分点。

3. 表5.2中，教学态度“较差”的集中在教授和助教职称上，分别为3.00%和3.10%，而副教授和讲师中只有0.00%和0.80%。这提示我们注意虽然教授都能上讲台，而且绝大多数教学热情、投入，但也有少数没有把精力和重心放在教学上，而是放到了科研或其他方面。对于这部分人，应如何加强引导和建立有效的管理机制值得思考。

二、教师职称对教学内容的影响

表5.3 教师职称—教学内容

教学内容	合计	教授	副教授	讲师	助教
好	31.60%	60.60%	36.90%	25.40%	15.60%
较好	45.30%	36.40%	38.50%	49.20%	53.10%
一般	19.90%	0.00%	24.60%	20.60%	28.10%
较差	3.10%	3.00%	0.00%	4.80%	3.10%

由表5.3可以看出：

1. 教师职称与教学内容呈正相关，在“好”的评价中教授最高，达到60.60%，助教最低，为15.60%。说明高职称教师，特别是教授，在组织教学内容上做得更好，低职称教师改进和提升的空间还很大。

2. 个别教授（3.00%）在教学内容上被评价较差，副教授没有较差的，但有24.60%被评为“一般”。这说明个别教授和少数副教授虽然能够上讲台为本科生授课，但并没有用心去组织教学内容。

三、教师职称对教学方法的影响

表5.4 教师职称—教学方法

教学方法	合计	教授	副教授	讲师	助教
好	27.30%	39.40%	33.80%	23.00%	18.80%
较好	38.30%	39.40%	35.40%	41.30%	31.30%
一般	5.90%	3.00%	3.10%	7.90%	6.30%
较差	28.50%	18.20%	27.70%	27.80%	43.80%

由表5.4可以看出：

1. 教师职称与教学方法呈正相关，职称越高教学方法越好，职称越低教学方法越差。

2. 在“一般”和“较差”的选项中，助教分别占6.30%和43.80%，合计达到50%，这一比例比前面教学态度和教学内容要高得多。这一现象说明，对青年教师，特别是助教进行传帮带，加强教学方法的培训是非常紧迫的任务。

四、教师职称对教学效果的影响

表5.5　教师职称—教学效果

教学效果	合计	教授	副教授	讲师	助教
好	23.40%	33.30%	27.70%	18.30%	25.00%
较好	49.60%	63.60%	43.10%	54.00%	31.30%
一般	24.20%	3.00%	27.70%	24.60%	37.50%
较差	2.70%	0.00%	1.50%	3.20%	6.30%

表5.5可以看出：

1. 教授的整体教学效果要远远高于其他职称教师，“好”和“较好”的比例分别是33.30%和63.60%，合计达到96.90%。说明国家规定教授必须给本科生上课的政策是非常正确的。

2. 在“一般”和“较差”的评价中，助教最高，合计达到43.80%。说明了相当数量的青年教师，特别是助教的教学质量堪忧。

3. 从合计一栏可以看出，“好”和“较好”的比例分别为23.40%和49.60%，说明绝大多数课程的教学质量是较好之上的，但仍有27.00%左右的课堂教学质量堪忧。

五、教师职称对总体评价的影响

表5.6　教师职称—总体评价

总体评价	合计	教授	副教授	讲师	助教
好	34.80%	7.40%	10.20%	13.70%	3.50%
较好	40.20%	5.10%	8.20%	22.70%	4.30%
一般	21.90%	0.00%	6.60%	11.70%	3.50%
较差	3.10%	0.40%	0.40%	1.20%	1.20%

表 5. 6 可以看出：

1. 在整体评价中，“好”和“较好”的讲师合计达到 36. 40%，远高于副教授的 18. 40% 和教授的 12. 50%，也明显高于助教的 7. 80%。联系到对教学效果的评价，“好”和“较好”的比例中，讲师占到 72. 30%，高于副教授的 70. 80%。从中可以说明，新成长起来的一批讲师进步较大，在课堂教学上已经成为学校的骨干中坚力量。

2. 副教授和教授在总体评价中，“好”和“较好”的比例明显低于讲师，反映出新建本科院校师资转型问题，可能是因为这些学校的教授和副教授大多来自升本前的专科学校，可能还没有完全适应本科教学的特点。

3. 在合计一栏中，“好”和“较好”的课程分别达到 34. 80% 和 40. 20%，合计为 75%，这与教学效果达到“较好”以上比例（73%）是一致的。

第四节　教师年龄对课堂教学质量的影响分析

从第二节的研究结论可以知道，“教师年龄”与“教学内容”呈现明显正相关，但与“教学态度”、“教学方法”、“教学效果”和“总体评价”并无太多相关性，因此，本节中教师年龄对课堂教学质量的影响分析只针对相关性较强的教学内容进行研究。

表 5.7　年龄层次—教学内容

教学内容	合计	老	中	青
好	31. 80%	50. 00%	37. 60%	26. 40%
较好	45. 20%	41. 70%	38. 60%	50. 00%
一般	19. 90%	8. 30%	21. 80%	19. 60%
较差	3. 10%	0. 00%	2. 00%	4. 10%

从表 5. 7 年龄层次对教学内容的影响来看，老年教师评价为“好”的最多，达到 50. 00%，中年次之，为 37. 60%，青年再次，为 26. 40%。这与教师职称和教学内容的关系是一致的。从表 5. 7 中可以看到授课教师随着年龄、经验的增加，对课程教学内容的把握会更好。这提示我们要注重老教师

对年轻教师的传帮带，年轻教师自身也应注重知识的积淀，结合本学科最新研究和发展动态，进一步充实和完善授课内容。

第五节　12所学校课堂教学要素与试卷评价要素的均值比较

一、5个课堂教学要素的均值比较

表5.8　5个课堂教学要素

学校	总体评价	教学态度	教学内容	教学方法	教学效果
A	2.61	2	2.44	2.72	2.56
D	1.75	1.33	1.92	2.08	1.92
F	1.62	1.5	1.73	1.85	1.73
H	1.6	1.3	1.55	1.85	1.7
J	2.07	1.63	1.93	2.3	2.3
K	2.04	1.83	2.17	2.13	2.13
L	2	1.44	1.94	2.13	2
N	1.91	1.36	1.91	2.18	2.27
P	1.88	1.42	1.85	2.08	1.88
C	2	1.78	2	2.11	2.33
T	1.62	1.42	1.62	1.85	1.77
S	1.75	1.5	2	1.96	2.07
均值	1.90	1.54	1.92	2.10	2.06

注：课堂教学要素的均值越小越好

从表5.8可以看出：

1. 从教学态度、教学内容、教学方法、教学效果和总体评价5个教学要素在12所学校的平均得分来看（依次为1：好，2：较好，3：一般，4：较差，5：差），教学态度与教学内容评价比其他三项要好得多，除去极端值（2.44），得分在1.30～2.17之间。教学态度好反映了新建本科院校教学敬业精神比较强，教师的主要精力都在教学工作上。评估专家对教学内容整体评价较好，说明新建本科院校人才培养定位比较准确清晰，所设置的课程能够围绕应用型人才培养来设计课程体系和教学内容。

2. 评估专家评价整体比较低的项目是教学方法，得分在1.85～2.56之间，多数处在2.1以上，即处于“一般”和“较好”之间，远高于其他几项内容。说明教学方法的改革是新建本科院校相对薄弱环节，多数课程的教学还是以传授知识为主的单向灌输式教学。启发式、讨论式、参与式、案例式教学还做得很不够。

二、试卷评价要素的均值比较

专家对试卷评价分为试题质量、卷面质量、卷面评阅质量三部分，共9项内容。专家打分：1为“好”，2为“较好”，3为“一般”，4为“较差”，5为“差”，把所有专家打分平均后得出下表。从表5.9中可以看出：突出的薄弱环节主要在以下三项内容，即试题难易度、综合性题目、试卷分析，这三项内容的评价总体处于“一般”和“较好”之间，而在命题、题量、覆盖面、卷面质量、评分标准、阅卷质量等方面，专家的评价总体上处于较好的水平。这说明这批院校考试工作总体是规范的，但如何把握好试题的难易程度，如何命好综合性题目，如何做好试卷分析是应重点关注的问题，同时也说明如何调动任课教师和基层教学管理人员的主观能动性，做好考试工作的质量控制是新建本科院校存在的普遍问题。

表5.9 试卷评价

学校	D校	F校	H校	J校	K校	L校	N校	P校	S校	T校	C校	A校
总体评价	1.82	2.38	1.94	2.22	2.23	2.22	2.7	2.04	2.44	1.91	2.12	2.48
1. 试题质量	1.95	2.35	1.89	2.4	2.31	2.33	2.32	1.98	2.18	2.05	2.18	2.41
1.1 命题	1.73	2	1.41	1.89	1.92	2.11	1.8	1.42	2	1.73	1.82	2.03
1.2 题量	1.73	2.31	1.94	2.17	2.38	2.22	2.2	2	2.11	1.91	2.18	2.38
1.3 难易度	2	2.44	2.29	2.78	2.54	2.33	2.7	2.17	2.22	2.36	2.53	2.41
1.4 覆盖面	1.82	2.25	1.65	2.11	2.08	2.33	2.4	1.96	2.22	1.91	2	2.28
1.5 综合性题目	2.45	2.75	2.18	3.06	2.62	2.67	2.5	2.33	2.33	2.36	2.35	2.97
2. 卷面质量	1.73	1.88	1.88	1.67	2.15	2.22	1.8	1.71	2.56	1.64	1.94	2.28
3. 试卷评阅质量	1.94	2.21	2.02	2.06	2.41	2.37	2.4	1.88	2.3	2.03	2.25	2.44
3.1 评分标准	1.73	1.88	1.65	1.89	2.46	2.33	2.2	1.79	2.11	1.86	2.06	2.24
3.2 阅卷质量	1.91	2.06	1.88	1.78	2.15	2.22	2.1	1.88	1.78	1.91	2.35	2.34
3.3 试卷分析	2.18	2.69	2.53	2.5	2.62	2.56	2.9	1.96	3	2.32	2.35	2.72

注：评价分值越小越好

三、生师比均值比较

表 5.10　12 所学校生师比

学校	D 校	A 校	T 校	H 校	P 校	J 校	N 校	L 校	C 校	S 校	K 校	F 校	整体
生师比	23.05	21.49	21.19	21.05	20.4	20.31	18.67	18.01	17.05	17.05	16.49	16.34	19.26

影响课程教学质量的一个重要的因素是师资，表 5.10 是 12 所高校按生师比从低到高排列的情况。

生师比 18∶1 是国家规定的办学合格标准线，22∶1 是黄牌线①，低于这个值就不合格了。表 5.10 显示这 12 所新建本科院校的平均生师比为 19.26∶1，有些高校的生师比甚至超过了 23∶1，而全国 792 所普通本科院校（不含独立学院）的生师比是 17.44∶1，从中可以看出新建本科院校教师队伍数量和全国本科院校相比有明显差距。师资不足应该是影响教学质量的主要原因。造成师资不足的根本原因是对教育的投入不够。加之新建本科院校 51.61% 设在非省会城市，导致引进和留住人才都很困难②。

第六节　研究结论

综合以上对新建本科院校课堂教学质量的调查、分析，可以得出以下基本结论：

一、教师教学质量能够得到基本保证。新建本科院校的课堂教学质量能够得到基本保证。教学态度、教学内容、命题质量、评分标准、阅卷质量等课堂教学的主要环节基本规范，广大教师的主要精力都用在教学上。

二、教师教学水平参差不齐。不同职称的教师在教学水平上存在差异，职称越高，在教学内容的把握、教学方法的使用和教学效果等方面的评价越好，说明鼓励教授上讲台非常必要。与之对应的是青年教师，特别是助教，在以上几方面尚有明显差距，说明如何加强青年教师教学基本功的培养培

① 教育部评估中心．合格评估 36 问．

② 教育部高等教育教学评估中心．全国新建本科院校教学质量监测报告（2014 年度）．2016. 1.

训，如何发挥老教师对青年教师的传帮带作用是新建本科院校必须高度关注的问题。

三、教师教学方法仍显陈旧。规范管理能保证基本的教学质量，但不能提高教学质量。关键是教学方法改革相对滞后，这从教学方法普遍得分较低，试卷分析普遍不到位等环节上能反映出来。若要提高教学质量，必须深化教学改革，特别是教学方法的改革，必须建立激励机制，调动教师从事教学改革的积极性。从评估的实践中可以发现许多学校已经有一些成功的经验。例如，加大教改立项的力度，把教改项目与科研项目同等对待，让多数教师能参与到教改课题中，鼓励广大教师改革教学方法和课程考核评价方法，开展探究式、启发式、讨论式教学；建立分层、分类的激励机制，充分调动广大教师的积极性，鼓励广大教师特别是高职称教师不仅能上讲台，而且能用心去从事教学工作；建立健全学校内部质量监控体系，特别是做好课堂教学中各主要教学环节的质量监控，及时反馈信息，调节改进工作等。

四、教师任务过重影响教学质量。生师比过高，教学任务过重也是影响课堂教学质量的一个因素。从 12 所学校的自评报告和专家评估的定性描述可以印证这一点。新建本科院校的生师比平均为 19.5：1，样本学校半数超过 20：1，个别高校甚至超过了 23：1，而全国普通本科院校（不含独立学院）的生师比是 18.75：1，可以看出新建本科院校教师队伍数量和全国本科院校相比有明显差距。教师数量少导致教师工作量大，没有精力从事科学研究，无暇顾及教学内容和教学方法的改革；教师数量不足必然导致青年教师进校后必须立刻走上讲台，全身心投入教学中，这使得他们参加培养培训的时间少，外出交流的机会少，从长远看这也会直接或间接影响课堂教学质量。因此，教育主管部门应加大投入，为新建本科院校引进人才和留住人才创造条件；教育主管部门也可创造条件，促进新建本科院校与其他高校加强横向和纵向交流，促进教师资源共享和交流，带动新建本科院校教师教学能力的提升以适应转型发展的要求。

第六章　新建本科院校实践教学与社会服务

第一节　研究方法

前章采用抽样调查的方法对新建本科院校教师的课堂教学质量进行了分析，本章采用词频分析的方法，对新建本科院校教师的实践教学、科研与社会服务进行分析，以便为制定应用型本科院校师资队伍评价指标体系奠定基础。

一、数据来源

截至2015年，全国已有168所新建本科院校接受了教育部组织的本科教学工作合格评估，本研究从这168所新建本科院校中选取了20个省、直辖市的20所高校作为研究对象，抽样率约12%。笔者以这20所学校的160份合格评估专家考察报告作为研究样本进行分析。

二、数据分布

这20所高校从地域划分来看，东部有6所、西部7所、中部7所，分别分布在北京、上海、河北、山东、福建、海南、黑龙江、吉林、辽宁、河南、安徽、湖北、湖南、甘肃、贵州、宁夏、新疆、陕西、四川、广西20个省、直辖市；从学校类别来看，公办学校13所，民办7所；从学校类型来看，综合院校10所，师范类2所，医学类2所，工科类2所，文科类1所，公安类1所，行业院校2所。

选取的学校中各地域的分布大致相当，公办校和民办校的比例（公办校53.85%）① 与全国公办校与民办校比例（公办校48.42%）② 大体一致，学校类型基本覆盖了大部分的办学类型。既兼顾了东、中、西不同地区院校的差异，又兼顾了公办校与民办校的差异，还兼顾了地方院校与行业院校的差异。对象学校的数量、地区分布、办学类型等基本能够反映出全国新建本科院校的整体水平。

三、数据选取理由

之所以采用专家考察报告而不是专家组考察报告，主要考虑到三个方面的原因：第一，专家考察报告能够比较充分地反映出专家意见，专家组报告虽然是集中了各专家的主要意见，但受篇幅限制，不能涵盖所有方面的问题（专家考察报告约2000字，专家组考察报告汇总了组内7～9位专家的意见而成，约3000字）。第二，专家考察报告是该专家从自己的视角看到的情况，虽然不能完全代表学校教学工作的整体情况，但往往对某一具体问题的阐述更加具体，案例更加鲜活。第三，专家考察报告的样本数更多，可以为下一步词频分析提供充足的可资参考的统计对象。

兹于以上原因，笔者选取了160份专家考察报告，重点对新建本科院校教师的实践教学、科研与社会服务进行词频分析。

第二节　新建本科院校实践教学质量与社会服务分析

一、词频分析

词是文献中承载学术概念的最小单位。词频（term frequency，TF）是一定范围的语言材料中词的使用频率。

词频分析法是对文献中词和词组的出现频率进行统计，根据词频出现程

① 样本学校中7所民办学校，13所公办学校，民办校与公办校比例约为53.85%.

② 根据《中国教育事业发展统计简况（2014年）》，民办本科院校（不含独立学院）数量为445所，公办本科院校（不含独立学院）数量为919所，民办校与公办校比例约为48.42%。

度来研究和确定研究领域中的热点问题和发展动态的文献计量学方法①。

“语言是思维的外壳，思维是语言的内核。”通过对词频的统计和分析，可以更加客观和直观地反映出众多专家聚焦的问题，查找出真正的问题之所在。

笔者对160份专家考察报告进行了仔细的阅读，将每份报告中教师在实践教学及科研与社会服务方面的问题部分按照学校类别进行摘录整理，具体内容参见附录C。

二、词频统计

（一）统计词和词组词频

使用ROST V5.8.0词频分析软件，从附录C“专家考察报告问题摘录”中提取所有词及词组，计算每组的词频，表6.1是对文中词及词组的使用频数统计。

表6.1　全文词及词组表词频

序号	词及词组	频次	序号	词及词组	频次	序号	词及词组	频次
1	教师	100	2	教学	85	3	合作	83
4	教育	51	5	实践	49	6	产学研	44
7	科研	39	8	学校	36	9	能力	35
10	人才培养	32	11	应用型	28	12	企业	26
13	双师	24	14	数量	19	15	地方	19
16	课题	17	17	水平	16	18	项目	16
19	环节	16	20	机制	16	21	研究	14
22	学生	14	23	学院	13	24	体系	12
25	横向	12	26	课程	12	27	实训	12
28	问题	12	29	实验	11	30	基地	11
31	深度	10	32	指导	10	33	基础	10
34	模式	10	35	队伍	10	36	技术	10
37	学科	10	38	整体	9	39	经费	9
40	经济	9	41	校企合作	9	42	满足	9

① 马费成，张勤．国内外知识管理研究热点—基于词频的通积分J. 情报学报．2006（2）：163－171.

续表

序号	词及词组	频次	序号	词及词组	频次	序号	词及词组	频次
43	质量	9	44	设计	9	45	育人	8
46	应用	8	47	管理	8	48	实质性	8
49	经历	8	50	人员	8	51	意识	8
52	人才	8	53	比例	7	54	服务	7
55	本科	7	56	支撑	7	57	条件	7
58	团队	7	59	社会	6	60	措施	6
61	投入	6	62	结构	6	63	融入	6
64	结合	6	65	单位	6	66	制度	6
67	经济社会	6	68	成果	6	69	需求	6
70	学历	6	71	改革	6	72	经验	5
73	区域	5	74	论文	5	75	优势	5
76	应用性	5	77	职业	5	78	平台	5
79	文化	5	80	省部级	4	81	广度	4
82	工程背景	5	83	实力	4	84	差距	4
85	实验室	4	86	设置	4	87	师资	4
88	学术	4	89	政策	4	90	老师	4
91	背景	4	92	机会	4	93	目标	4
94	专任	4	95	分布	4	96	理论	3
97	理念	3	98	健全	3	99	办学	3
100	意义	3	101	方法	3	102	比重	3
103	举措	3	104	规划	3	105	协议	3
106	得到	3	107	校外	3	108	拓展	3
109	临床	3	110	带头人	3	111	职称	3
112	推进	3	113	师资队伍	3	114	效果	3
115	日常	3	116	大学	3	117	院校	3
118	知识	3	119	注重	3	120	技能	3
121	企事业	3	122	外出	3	123	程度	3
124	深化	3	125	综合性	3	126	核心	3
127	行业背景	3	128	层面	3	129	纵向	2
130	构建	2	131	现象	2	132	业界	2
133	特征	2	134	组织	2	135	机构	2
136	特色	2	137	系统	2	138	培训	2

续表

序号	词及词组	频次	序号	词及词组	频次	序号	词及词组	频次
139	培育	2	140	领军	2	141	学分	2
142	二级学院	2	143	内涵	2	144	创新	2
145	深入	2	146	忽视	2	147	承担	2
148	融合	2	149	长效	2	150	路径	2
151	考察	2	152	不平衡	2	153	提炼	2
154	锻炼	2	155	课外	2	156	外聘	2
157	课堂	2	158	总量	2	159	毕业设计	2
160	新型	2	161	过程	2	162	地方经济发展	2
163	科学	2	164	全校	2	165	规模	2
166	顶层	2	167	素质	2	168	适应	2
169	地区	2	170	反哺	2	171	产学	2
172	传统	2	173	年轻	2	174	任职	2
175	科技处	2	176	阶段	2	177	调研	2
178	力度	2	179	亮点	2	180	标准	2
181	资格	2	182	专门	2	183	氛围	2
184	成效	2	185	政府	2	186	选题	2
187	辐射面	2	188	达标	2	189	重构	2
190	兼职	2	191	校级	2	192	积累	2
193	训练	2	194	德国	2	195	民办	2
196	桥梁	2	197	互利共赢	2	198	工程项目	1
199	工程应用	1	200	工程	1	201	教材	1
202	兴趣	1	203	教授	1	204	教改	1

表6.1中，全文中词及词组的数量为204组，出现的频次合计为1540次。

（二）统计关键词组词频

从这些词及词组中将与实践教学及科研与社会服务相关的关键词挑选出来，选出的关键词往往是词频较高的，其他词及词组经确认确实关联度较弱后则过滤掉，得到表6.2关键词词频。

表 6.2　关键词词频

序号	关键词	频次	序号	关键词	频次
1	合作	83	2	实践	49
3	产学研	44	4	科研	39
5	能力	35	6	应用型	28
7	企业	26	8	双师	24
9	地方	19	10	课题	17
11	项目	16	12	水平	16
13	研究	14	14	横向	12
15	实训	12	16	实验	11
17	校企合作	9	18	应用	8
19	社会	6	20	经济社会	6
21	区域	5	22	应用性	5
23	工程背景	5	24	行业背景	3
25	地方经济发展	2	26	地区	2
27	产学	2	28	纵向	2
29	工程项目	1	30	工程应用	1

表 6.2 中，关键词的数量为 30 组，出现的频次合计 502 次，词均 17.93 次，关键词总频次（1540 次）的占比为 32.60%。

（三）建立关键词组类团

在这些关键词中，有些相关性非常紧密，例如，“校企合作”、“产学研”等，都表达的是产学研合作教育，表达的是开展校地合作、校企合作、校校合作这个内涵，因此，可以将这关键词聚集在一起形成类团，用以表达同一个主题。

按照此思路，笔者从表 6.2 中找出意思相似、相近的关键词，将其分别聚集起来，形成内涵相对独立的以下 7 个类团，使用频次从高到低的排序如表 6.3 所示。

表 6.3　类团使用频次

序号	类　团	频次	关键词
1	产学研合作	138	合作 83、产学研 44、产学 2、校企合作 9
2	科研	100	科研 39、课题 17、项目 16、研究 14、横向 12、纵向 2
3	实践环节	72	实践 49、实训 12、实验 11
4	服务地方经济社会、服务行业企业	66	企业 26、地方 19、区域 5、地区 2、社会 6、经济社会 6、地方经济发展 2
5	能力	51	能力 35、水平 16
6	应用型	41	应用型 28、应用 8、应用性 5
7	双师双能型教师	34	双师 24、工程背景 5、行业背景 3、工程项目 1、工程应用 1

注：关键词后面的数字表示该词的词频

这 7 个类团即师资队伍聚焦在实践教学及科研与社会服务方面的热点问题，也是本研究的重点问题。通过定量的词频统计与文本的定性分析相结合，能够较为客观且直观地将有可能隐藏起来的问题都呈现出来。

第三节　研究结论

实践教学与社会服务是衡量应用型教师队伍建设水平的重要观测点，通过词频分析不难看出，实践教学与社会服务是目前师资队伍建设的主要薄弱环节。

一、校企合作非常薄弱

“产学研合作”较为聚焦，出现频次（138 次）占全部关键词频次（502 次）的 27.49%，远高于其他类团。文本分析时专家反向描述部分的占比超过 70%。这一方面说明产学研合作的重要性，另一方面也说明产学研合作是目前较为突出薄弱的环节，距离专家们的要求相去甚远，今后在师资队伍建设上应加强教师与企事业单位合作的意识与能力，创造条件、营造环境增加教师参与行业、企业实际工作的经验，提升教师解决实际问题的科研开放能力。

二、科技创新重视度不够

对科研的关注度较高，“科研”的出现频次（100 次）达到 19.92%，位列第二位。从文本分析中发现，大多数人认为科研在这类院校中同样非常重要，这与很多人的看法或潜意识中的认知——应用型本科院校的教师不亦过多强调科研有很大差异。在这个类团中，“横向”出现词频 12 次、“纵向”出现词频 2 次，词频对比的显著差异说明了这二者重要程度的不同，与纵向科研相比，此类学校尤其应该重视横向科研，但横向科研更需要学校给予良好的政策支持、经费扶持，因此，在师资队伍评价时应考虑科研政策的支撑度、科研经费的保障度和科研奖励的有效激励等。

三、实践教学师资不足

“实践环节”出现频次（72 次）占到 14.34%，实践环节的重要性说明了实践教学的重要性。学校应该通过外引和内培的双渠道，提高实践环节师资的整体水平，着力改善现有队伍结构，建设以实践环节的专职教师队伍为主体，学科教师为指导的合理的师资队伍结构。

四、服务社会能力有限

“服务地方经济社会、服务行业企业”出现频次（66 次）占 13.15%，其中“企业”一词出现了 26 次。企业的发展离不开教育的人才供给，而师资队伍建设也应该以市场为导向，紧密依托企业，因此，企业的参与度也应该是评价师资队伍的指标之一。“能力”出现频次（51 次）占 10.16%，高频词“能力”和“水平”说明了与学术型的知识相比，能力在这类院校中更为重要，师资队伍建设尤其要注重教师能力的培养。教师服务社会能力不足，也是目前这类学校产学合作难以深入的原因之一。

五、“双师双能型”教师建设远未达标

“应用型”出现频次（41 次）占 8.17%，这也说明了走应用型道路应该是新建本科院校转型发展的基础。“双师双能型教师”出现频次（34 次）占 6.77%，此类团并非孤立存在，它同“应用型”、“能力”、“服务地方经济社会、服务行业企业”、“实践”、“科研”、“产学研合作”之间都有紧密的关联，是其他所有类团的基础。可以说师资队伍建设的根本就是如何培养出合格的双师双能型教师。

第七章　新建本科院校师资队伍评价体系

通过第三章、第四章对境内外应用型本科院校师资队伍概况的梳理比较，以及第五章、第六章对新建本科院校教师课堂教学质量与实践教学和社会服务的研究分析，本章将对新建本科院校师资队伍存在的主要问题、建设方向、建设路径进行总结，在此基础上构建师资队伍评价指标体系。

第一节　新建本科院校师资队伍现状与建设方向

一、主要问题

（一）结构不合理

教育部评估中心对2014年312所新建本科院校采集的数据统计显示，在年龄结构上，35岁以下青年教师比重过大，占44.7%（普通本科高校为37.79%）；反映在学历结构上，博士学位专任教师比例偏低，占8.4%（普通本科高校为20.41%）；反映在职称结构上，正高比例为8.5%（普通本科高校为12.33%）；反映在知识和能力结构上，具有行业背景的专任教师只占7.6%，知识和能力结构尚不能很好地满足应用型人才培养[①②]。

① 数据来源：《全国新建本科院校质量监测报告（2014年度）》，对2014年312所新建本科院校提交的数据统计。

② 数据来源：《中国教育事业发展统计简况（2014）》，对944所普通本科院校（不含独立学院）。

（二）数量不充足

教育部在普通高等学校办学条件中规定，生师比的合格要求为18：1①，新建本科院校平均生师比为20：1，全国944所普通本科院校（不含独立学院）的生师比为78.73：1，在2012年度教育部评估中心发布的《全国211工程高校本科教学质量报告》显示，112所“211工程”高校的生师比为16.97：1②。由此可以看出，新建本科院校的教师数量相对于全国普通本科高校是不足的，与“211工程”高校相比更有差距。专任教师数量不足，教师教学工作量就会加大，这必然影响教师教学改革的精力投入，影响科研能力提升，影响教师的培养培训和到企业挂职锻炼等，这些问题在评估中都得到了印证。

（三）培训不充分

2013年我国有41所新建本科院校参加了合格评估，对专家组打分的统计显示，“培养培训”指标项的合格率仅为66.96%，在20个二级指标中位列倒数第二位③。这在一定程度上说明，有相当一部分学校的教师培养培训体系还不能很好地支撑专任教师队伍的长效发展。教师培养培训不足主要表现在以下几个方面。

首先，新建本科院校生师比普遍偏高，教师教学工作量大，很难抽出时间和精力参加系统的培养培训，特别是助教的教学能力迫切需要提升。笔者曾对12所新建本科院校合格评估专家的打分情况进行统计分析，对教学效果的分析中，助教职称被评为“一般”的占比为37.5%，较差的为6.3%，两者合计43.8%，这一比例远高于教授（3.0%）和副教授（29.2%）④。这说明，相当数量的助教教学质量堪忧，也间接反映出教师的培养培训工作还相对薄弱。

其次，学校在升本初期往往重视外延式发展，重视上新专业，重视引进

① 《教育部关于印发〈普通高等学校基本办学条件指标（试行）〉的通知》（教发［2004］2号）规定的生师比限制招生要求：综合、师范、民族院校与工科、农林、医学院校22，语文、财经、政法院校17；生师比合格要求：综合、师范、民族院校与工科、农林、医学院校16，语文、财经、政法院校18，艺术院校11。

② 全国“211工程”高校本科教学质量报告（2012年度）．教育部高等教育教学评估中心，2013.6.

③ 资料来源：《全国新建本科院校合格评估报告（2013年度）》．

④ 陈东冬．新建本科院校课程教学质量调研．中国大学教学，2013.8.

人才，但对校内自有教师的培养培训途径单一，培养措施无法跟上，影响了这些教师自身的提升和业务能力发展。

最后，培养培训以理论知识学习为主，实践应用不足。学校对高学历的要求使得教师大多以提高学历教育为主，致力于理论知识学习，而很多青年教师是从校门到校门，大多是一毕业就当教师，既缺乏社会实践经验，也欠缺专业实践能力。

（四）科研能力不强

教师科研素质偏低，实践能力偏弱，服务社会能力不强。新建本科院校在基础性研究方面不占优势，应用型研究应该是这类学校的特色，但由于教师缺乏行业、企业的实践经验，无法解决实际问题，难以从事更深入的研究。据北京大学教育学院为海南某新建本科院校作的教师发展报告显示，该校 60.5% 的教师没有主持过校级及以上级别课题，40.7% 的教师没有任何科研经历，90% 以上的教师没有参加过任何行业或企业的科研课题。这个典型案例是许多学校的缩影。新建本科院校科研基础薄弱，经费不足，据统计，来自企事业单位的科研经费仅占新建本科院校科研经费总额的 29.87%，校均不到 300 万元①。

二、建设方向

（一）应用型人才培养对师资队伍的新要求

担负应用型人才培养职责的教师应具备三方面的能力：

第一，具备应用型大学教师的实践教学能力。

第二，具备服务社会的科研能力和创新精神。

第三，具备本科教师应有的学术价值和学术水平。

一方面应用型本科院校的教师担负着应用型人才培养的任务，应具有较强的教学能力和实践指导能力；另一方面要具有技术研发、成果转化的能力，促进应用型科研反哺教学，真正贯彻教学与科研相结合，更好地服务地方（行业、企业）的经济发展。因此，应用型本科院校的师资队伍强调双

---

① 应用技术大学（学院）联盟．地方本科院校转型发展实践与政策研究报告．2013.11. http：//max.book118.com/html/2014/0415/7691145.shtm.

师双能型教师。

此外，应用型本科院校的教师还应正确处理好教学与科研的平衡关系。《中华人民共和国高等教育法》规定大学有三大职能：教学、科研和社会服务，现实发展中又提出了文化传承与创新这一新的职能，这几个职能相互关联，都对教师的学术能力和学术水平提出了较高的要求。

教学与科研是一个事物的两个方面，科研是教学的有力支撑，教学是科研的基础，两者相互融合、相互促进。不少应用型本科院校出现教学和科研失衡的现象，主要表现在教师重教学、轻科研，科研精力投入不足；科研水平和教学效果的相关度小，科研和教学的互动作用不明显。究其原因，评价体系的失衡是教学和科研失衡的根本原因。

应用型本科院校应充分发挥科研对提高学科建设水平、增强学校综合实力以及促进经济和社会发展的推动作用，因此，确定师资队伍评价体系时要改革教学模式和教学方法，减轻教师教学负担，建立教学科研的良性循环，充分发挥评价体系的导向作用，促进科研和教学的互动平衡发展。

（二）建设重点

新建本科院校的教师大致可分为两类：一类是从以前专科学校承接过来的“老教师”；另一类是从传统大学引进的学术型教师和新毕业于研究型高校的博士、硕士。在师资队伍建设时这两类教师可以分层、分类地推进，第一类需要层次的提升，第二类需要能力的转型。第一类的重点是增强本科层次的学科意识，提升自身的知识水平以适应本科教学和科研的需要；第二类的重点是亲近行业、企业界，获取实践经历，提升职业能力。

对于从事基础研究和公共基础课教学的教师，在从事基础研究和基础课教学的同时，根据办学定位和地方需求，也要重视应用基础研究，大力提升应用研究能力。

应用型本科院校师资队伍建设不能是同一模式，根据学校的不同办学定位和发展目标，不同的发展阶段，师资队伍建设的思路也应有所差异，如许多学校提出的办学定位是“地方性、应用型”，也有一部分学校提出的办学定位是“地方性、应用型、国际化（开放式）”，这种办学定位的差异必然导致师资队伍建设的方法和路径有所不同，师资队伍建设须服务于学校的办学目标和定位。

（三）建设路径

结合新建本科院校存在的问题，师资队伍建设的重点和路径可以从学校和政府两个层面入手。

1. 学校建设重点

（1）有计划地加强高层次人才引进

有计划地加强高层次人才引进，以此带动教师整体水平的提升。另外，引进高层次人才应注重实用性。目前，新建本科院校在引进高学历、高职称人才上普遍存在一定的盲目性，只要是博士，只要是教授，不管学科专业是否与学校的发展战略相符，一律花大价钱引进。这导致资源的浪费，也导致学校发展战略的偏移。

（2）采用多样化的人才使用方式

充实教师数量，使生师比达到或超过全国普通本科院校的平均水平，保证教师有足够的精力改进教学内容、教学方法，培养高质量的应用型人才。在国家紧缩事业编制的大背景下，学校可采用人事代理制度引进人才，并在福利待遇上与有事业编制的教师一视同仁。这既可以尽快缓解生师比过高的问题，也可以对引进的人才有一个考察和适用的缓冲期，对较优秀的人才纳入事业编制。

（3）教师向“双师双能型”转型

转型发展意见提出，要有计划地选送教师到企业接受培训、挂职工作和实践锻炼，为高等学校指出了具体途径。高校可通过校地共建、校企共建，制定切实可行的高学历、高能力培养方案，如规定青年教师必须在企业挂职锻炼的时间等。

（4）重视应用技术研发与成果转化，加强服务社会能力

新建本科院校大多位于非省会城市，且大多是所在城市唯一的本科高校，因此，这些高校的水平体现了当地先进科技的水平，也体现了当地先进文化的发展方向，关系到当地人民群众的利益。国家当初的规划让每个地级市都建有一所本科院校的初衷正是如此。目前，这些学校的应用技术开发能力和科研成果转化能力还很低，对地方经济发展的推动作用还比较有限，满足不了地方经济发展的需要。因此，学校应从政策扶持、经费投入、考核评价等方面加大力度，尽快提升新建本科院校教师的应用技术开发能力和科研

成果转化能力，提升学校服务地方（行业）经济发展的能力。

（5）重视教师培养和发展

优化教师职称结构和学历结构，使其尽快提升学术水平，达到本科教育的要求。学校可通过加强教师教学能力的培训，优化知识结构，更新教育理念，以适应应用型人才培养的要求；加强培训的绩效考核，持续改进，使教师教学水平不断提升。

（6）规范兼职教师聘任与管理

面向行业企业聘请符合学校办学需要的兼职教师，既可以缓解当前生师比偏高的问题，又可以加强应用型人才培养。但是需要注意的是，兼职教师的存在主要是为了弥补自有专任教师在数量和学科需求方面的不足，因此，兼职教师的聘用有针对性。此外，还应加强对兼职教师的管理与培养，一些高校存在着“重引进、轻考核，重使用、轻培养”的现象。这些来自行业企业的专家虽然实践经验丰富，但普遍对教育规律和教学规律的把握有所欠缺，所以应有规范的聘任程序，加强教学方法的培训，加强教学过程的指导和考核，使之能更好地服务于学校人才培养工作。

（7）注重教学团队建设

在没有教学团队的情况下，人才培养质量的最终结果表现为单个教师教学效果的简单叠加，由于教师之间的交叉、重叠、重复，甚至抵消作用，使得最终结果是 $1+1<2$，而且没有教学团队，教师教学能力和专业发展也会受到影响。因此，要注重教学团队建设。

（8）建立科学考核评价机制

通过教学评价、绩效考核、职称（职务）评聘、薪酬奖励、校企合作等制度改革，增强教师自主提升实践能力的意愿。同时应该注意的是，改变以往的终结性评价为过程性评价，改变学生单方评价为自我评价、学生评价、同行评价、专家评的四方评价，改变单纯教学评价为教学工作、学术水平、社会服务等多方面的绩效评价，同时关注教师自身发展的诉求，营造教师稳定和发展的氛围。

2. 政府（教育行政部门）应发挥的作用

新建本科院校师资队伍建设不仅仅是学校自身的事情，也是地方政府和国家应予以扶持的重要内容。学校师资队伍的数量、结构和水平不仅直接影响到学校自身的发展，而且对当地的经济发展、科技水平、文化建设、社会和谐等方面起到重要的引领作用。

（1）扩大编制、给予补贴

目前，学校事业编制普遍偏少，导致新建本科院校的生师比高于普通本科高校，更远高于“211”重点高校，这使得学校的现有教师只能维持正常的教学任务，很难有精力接受培养培训，从事科学研究。政府引进人才有经费支持，但学校引进人才政府不提供经费支持，其实，学校引进的人才也是为本地区作贡献，应享受政府引进人才的待遇。因此，政府应该在学校的教师编制、引进人才的经费补贴等方面出台一系列的相应政策，保证学校师资队伍建设的健康开展。

（2）放宽从企业引进人才的政策

目前，学校从行业、企业引进具有实践经验的人才缺少相应的配套政策。企业员工没有教师职称，难以进入教师系列；从企业引进的人才，特别是管理人才往往没有技术职称，学历也不高，这与地方政府规定的人才引进政策有矛盾，迫切需要政府研制相应的政策措施，以适应学校转型发展的需要。

此外，许多学校产学合作教育是学校求着企业开展，如果政府能够搭建产学研合作教育的平台将会大大加快学校师资队伍的转型发展，增强服务社会的能力。

（3）调整职称评价体系

现有的教师职称评定的标准以学术导向为主，以科研项目、论文数量和论文水平作为衡量的重要依据。此种学术导向的评价体系不利于应用型高校的师资队伍建设，特别是“双师双能型”师资队伍的建设。需要政府加快研制与应用型师资队伍相匹配的职称评价体系。

第二节　新建本科院校师资队伍评价体系设计思路

一、设计初衷

科学合理的评价体系是推动学校师资队伍建设的关键。2012 年 8 月 20

日国务院制定印发了《关于加强教师队伍建设的意见》（国发［2012］41号），这是我国首次发布的全面部署各级各类教师队伍建设的政策文件。2015年11月三部委联合颁布了《关于引导部分地方普通本科高校向应用型转变的指导意见》，文件提出要建立适应应用型高校的人才培养、科学研究质量标准、内控体系和评估制度①。但迄今为止尚未出台针对应用型本科院校师资队伍的评价指标体系。

现有对教师队伍的评价通常是作为评价一所学校或一个专业整体教学工作水平的要素之一，而缺少对师资队伍的整体性评价。例如，本科教学工作合格评估指标体系，“教师队伍”是七个一级指标中的一个；在工程专业认证通用标准中，“师资队伍”是其中第六个一级指标；在高职高专人才培养工作评估方案中，“师资队伍建设”是第二个一级指标。这种作为局部要素的评价，受整体评估方案的制约，内容具有局限性。而且，即便是这种对教学工作的整体性评价也还存在着欠缺，主要表现为大多是普适性评价，不能很好地体现不同类型高校的不同需求，尤其在当前转型发展时期，师资队伍建设对担负应用型人才培养的高校提出了哪些新的要求，引导师资队伍建设的重点在哪里，在现有的这些师资队伍评价中并没能很好地体现出来。

新的评价体系重点解决两方面的问题。一是这类学校师资队伍的共性问题，主要体现在教师职称结构、学历结构明显低于全国普通高校平均水平，青年教师比重过大；教师数量不足，生师比普遍高于全国普通高校平均水平；教师培养培训不到位；教师科研素质偏低，服务社会能力较弱等方面。二是应用型人才培养对师资队伍的新要求，教师一方面要具备应用型大学教师的实践教学能力，要具备服务社会的科研能力和创新精神，同时还应具备大学教师应有的学术价值和学术水平。

本评价体系主要服务于两个方面：一是为新建本科院校师资队伍建设提供可资参考的路径及方法，引导学校按此方案开展自评自建；二是为政府宏观管理，推动新建本科院校转型发展提供有效的评价指标体系。

---

① 关于引导部分地方普通本科高校向应用型转变的指导意见．教育部网站，2015. 11. 16. http：//www. gov. cn/xinwen/2015 - 11/16/content_ 5013165. htm.

二、设计原则

（一）继承性原则

高等学校师资队伍建设有共同的规律性，包括规划、数量、结构、教师发展、教师评价等基本要素。制定新建本科院校师资队伍建设指标体系要继承以往师资队伍评价的合理内涵，体现其共性规律。

（二）针对性原则

应用型本科院校是一个特殊的群体，在继承的基础上要体现自身的特质，并针对新时期的要求，设计时考虑文、理、公办、民办等不同类型院校的差异。

（三）导向性原则

指标设计要立足现在，面向未来，应站在高等教育前沿，具有前瞻性。既要体现应用型人才培养的特点，例如，引导教师向“双师双能型”转型，引导教师科研以服务地方经济和社会发展的横向课题为主，加强成果转化，也要关注高等教育的未来发展趋势以及质量保障与评估的最新研究成果，关注现代教育理念对高等学校提出的新要求，例如，体现第四代评价理论所强调的关注利益相关方的诉求，以学生为本位的教育理念，关注教师发展等。

（四）可测性原则

指标体系设计时要考虑可操作性，指标要求尽量做到可测量，如科研经费的比例，专任教师中“双师双能型”教师的比例等。

第三节　新建本科院校师资队伍评价体系构建

一、设计指标体系框架

（一）确定师资队伍评价核心要素

根据对境内外文献的查阅和比较及对合格评估专家考察报告的分析，以及对这类学校教师课堂教学质量的抽样调查，加之笔者亲身参与合格评估时跟随专家进校考察、走访、访谈的所见所闻，在前节总结出了应用型本科院校师资队伍的现状、建设的方向、重点和路径。据此，在构建具有应用型特征的新建本科院校师资队伍评价体系时应具备以下核心要素。

1. 强调“双师双能型”教师队伍建设

在评价体系中应明确“双师型”和“双能型”教师的内涵，并确定具体的“双师双能型”教师的比例要求，用以引导教师队伍的建设方向。

2. 规范兼职教师聘任、培训与评价

评价体系应明确兼职教师主要来自于行业、企业，兼职教师的专业结构要与学校专业设置相适应，同时在评价体系中应体现转型发展的内涵要求，并明确兼职教师在培训、评价等方面的具体要求，用以解决以往兼职教师疏于管理的问题。

3. 强化应用型科学研究和成果转化，引导学校提升社会服务能力

评价体系应强调科学研究以服务于地方经济和社会发展的横向课题为主，明确产学研合作的具体要求，并区分不同类型院校的差异性，用以体现分类指导、分类评价的指导思想。

4. 体现办学以教师为本的理念，关注教师的发展

评价体系应包含有针对性地对每位教师制定职业生涯发展规划的内容，重视教师教学能力的提升，强调科研与实践能力的提升，强调团队建设。对教师的评价不仅要有对教师的工作评价，还应特别关注教师的满意度，教师对师资政策、工作环境、生活保障及个人生涯发展等应有畅通的表达渠道。

5. 体现利益相关方的诉求

评价体系应包含学生评价、自我评价、同行评价、专家评价、合作单位评价这方评价模式，使其对教师的评价更加全面、科学。评价体系还应特别强化以学生为本位的现代教育理念和评价理念，在多个方面引入学生评价。

（二）参考既往师资队伍评价方案

1. 普通高等学校合格评估指标体系（见表下）

表 7.1　普通高等学校合格评估指标体系（师资队伍）

<table>
<tr><th>一级指标</th><th>二级指标</th><th>主要观测点</th><th>基本要求</th></tr>
<tr><td rowspan="5">教师队伍</td><td rowspan="2">2.1 数量与结构</td><td>生师比</td><td>全校生师比达到国家办学条件要求［注］；
各专业的教师数量满足本专业教学需要；
合理地控制班级授课规模，有足够数量的教师参与学生学习辅导。</td></tr>
<tr><td>队伍结构</td><td>专任教师中具有硕士学位、博士学位的比例≥50%；
在编的主讲教师中 90% 以上具有讲师及以上专业技术职务或具有硕士、博士学位，并通过岗前培训；
教师队伍年龄、学历、专业技术职务等结构合理，有一定数量的具备专业（行业）职业资格和任职经历的教师，整体素质能满足学校定位和人才培养目标的要求。</td></tr>
<tr><td rowspan="2">2.2 教育教学水平</td><td>师德水平</td><td>履行教师岗位职责，教书育人，从严指教，为人师表，严谨治学，遵守学术道德规范。</td></tr>
<tr><td>教学水平</td><td>教师的课堂教学、实践指导总体上能满足人才培养目标的要求，教学效果较好，学生基本满意。</td></tr>
<tr><td>2.3 培养培训</td><td>培养培训</td><td>有计划地开展了教学团队建设、专业带头人培养等工作，初见成效；
有提高教师教学水平和能力的措施；
有加强教师专业职业资格和任职经历培养的措施，效果较好；
重视青年教师培训和专业发展，有规划、有措施、有实效。</td></tr>
</table>

注：参照教育部教发［2004］2 号文件限制招生规定

2. 工程教育专业认证通用标准

工程教育专业认证通用标准中对师资队伍部分的要求如下：

● 教师数量能满足教学需要，结构合理，并有企业或行业专家作为兼职教师。

● 教师应具有足够的教学能力、专业水平、工程经验、沟通能力、职业发展能力，并且能够开展工程实践问题研究，参与学术交流。教师的工程背景应能满足教学的需要。

● 教师应有足够时间和精力投入到本科教学和学生指导中，并积极参与教学研究与改革。

● 教师应为学生提供指导、咨询、服务，并对学生职业生涯规划、职业从业教育有足够的指导。

● 教学必须明确他们在教学质量提升过程中的责任，不断改进工作，满足培养目标要求。

3. 高职高专人才培养工作评估方案（见表7.2）

表7.2　高职高专人才培养工作评估方案（师资队伍）

一级指标	二级指标	主要观测点	参考权重	等级标准		说明
				C（合格）	A（优秀）	
2. 师资队伍建设	2.1 结构	学生与教师比例	0.2	生师比基本达到《普通高等学校基本办学条件指标》合格标准。	①学生：教师≤16∶1（艺术、体育院校除外）； ②50%的专任教师周学时≤12。	1. 计算学生数与教师数之比时，学生数按各类全日制学生的自然人数计算；教师数计算范围除专任教师外，还包括校内“双肩挑”的教学行政人员和校外聘请的兼职教师及返聘教师。兼职教师教学时数按每学期120学时进行折算。 2. 青年教师指40周岁以下的教师。计算其学历结构时：良好、合格标准可包含在读研究生，优秀则必须是已经取得研究生学历或学位者方可计入。 3. 双师素质教师是指具有讲师（或以上）教师职称，又具备下列条件之一的专任教师： （1）有本专业实际工作的中级（或以上）技术职称（含行业特许的资格证书及其有专业资格或专业技能考评员资格者）；
		专任教师结构	0.6	①青年教师中研究生学历或硕士及以上学位比例达到15%； ②高级职称比例达到20%； ③专业基础课和专业课中双师素质教师比例达到50%。	①青年教师中研究生学历或硕士及以上学位比例达到35%； ②高级职称（不含高级讲师）比例达30%以上，且在各专业中的结构分布合理，大多数专业有高级职称的专业带头人； ③专业基础课和专业课中双师素质教师比例达70%以上。	

续表

一级指标	二级指标	主要观测点	参考权重	等级标准		说明
				C（合格）	A（优秀）	
2. 师资队伍建设	2.1 结构	兼职教师数量与结构	0.2	①兼职教师队伍的专业结构与学校专业设置相适应； ②兼职教师数占专业课与实践指导教师合计数之比达到10%。	①兼职教师一般具有中级以上职称，其中高级职称占30%以上，专业结构与学校专业设置相适应； ②兼职教师数占专业课与实践指导教师合计数之比达20%以上； ③兼职教师的教学效果好。	（2）近五年中有两年以上（可累计计算）在企业第一线本专业实际工作经历，或参加教育部组织的教师专业技能培训获得合格证书，能全面指导学生专业实践实训活动； （3）近五年主持（或主要参与）两项应用技术研究，成果已被企业使用，效益良好； （4）近五年主持（或主要参与）两项校内实践教学设施建设或提升技术水平的设计安装工作，使用效果好，在省内同类院校中居先进水平。 4. 兼职教师是指学校正式聘任的，已独立承担某一门专业课教学或实践教学任务的校外企业及社会中实践经验丰富的名师专家、高级技术人员或技师及能工巧匠。 5. 专任教师结构的三个观测点的权重系数依次为0.1、0.2、0.3。
	2.2 质量与建设	质量建设与发展	0.5	重视提高教师质量和师德师风建设，教师积极参与教学改革，不断提高教学水平，有适应教学的科研能力与成果。 建立了提高教师质量的机制与政策，制定了适应学校发展的教师队伍建设规划及相关政策，并采取了相应的措施。	教师为人师表，从严治教，教学改革意识和质量意识强，教学水平普遍较高，学生满意率高。有省级以上优秀教学成果或地市级以上鉴定的科技成果。 有较高水平的专业带头人，教学科研成果在同类院校或相关行业有一定影响，并形成教学与科研骨干队伍和梯队结构；建立了有利于提高教师质量的机制与政策，效果显著；师资队伍建设规划行之有效，措施得力。	

4. 卓越工程师计划

在《卓越工程师培养工程教育系统性改革研究》中林健提出如下观点：在教师引进和聘任方面，以往高校是按照理科教育对教师的要求：看出身、讲文凭、重论文和理论成果，而忽视了工程教育对教师的本质要求。因此，要彻底改变这种一贯做法，按照工程师培养的需要引进和聘任有工程实践经历和工程能力人员。林健认为，兼职教师的主要优势在于实践性和技术先进性，要通过多种方式、多种途径，面向社会和行业、企业聘请具有丰富工程实践背景的高水平专家和高层管理人员担任兼职教师，并加强培训，提升这些人的教学能力①。

林健还认为，教学团队建设尤为重要，在没有教学团队的情况下，人才培养质量的最终结果表现为单个教师教学效果的简单叠加，由于教师之间的交叉、重叠、重复，甚至抵消作用，使得最终结果是 $1+1<2$。而且，没有教学团队，教师教学能力和专业发展也会受到影响。

（三）开展预调查

为了更加科学合理地确定评价指标的初步框架，笔者选取了 6 位人员进行预调查（见表 7.3），听取他们对建立应用型师资队伍评价方案的意见。他们中有的是长期从事评估工作的评估专家，有的是长期从事高等教育研究工作的学者，都具有相当长时间的高校工作经历，熟知教育教学规律、熟知高校管理。调查对象中既有公办学校的管理者，也有民办学校的管理者，还有评估机构的负责人。

表 7.3　预调查对象名单

编号	姓名	单位	职务	评估经验
1	陈啸	合肥学院	原副校长	评估专家，合格评估高级培训师。
2	严欣平	重庆科技学院	校长	合格评估专家组长，参与合格评估方案设计及教材编写。
3	李志宏	教育部评估中心	原副主任	合格评估、审核评估、高职高专评估专家组长、评估高级培训师，参与合格评估、审核评估、高职高专方案设计及教材编写。

① 林健．卓越工程师培养——工程教育系统性改革研究．清华大学出版社，2013.

续表

编号	姓名	单位	职务	评估经验
4	刘振天	教育部评估中心	院校评估处处长	评估工作的组织者，参与合格评估、审核评估方案设计及教材编写。
5	李望国	广东白云学院	常务副校长	评估专家，长期从事民办高校的教学管理、人事管理工作。
6	洪艺敏	三亚学院	副校长	评估专家、长期从事高教研究工作。

（四）初步确定指标体系框架

根据预调查的结果，笔者设计了应用型本科院校师资队伍评价指标体系的初步框架和指标内涵说明，见表 7.4。

表 7.4　应用型本科院校师资队伍评价指标（第一版）

一级指标	二级指标	三级指标
1. 数量与结构	1.1 教师数量	1.1.1 生师比
		1.1.2 专业教师数
		1.1.3 兼职教师数
	1.2 专任教师结构	1.2.1 学历结构
		1.2.2 职称结构
		1.2.3 年龄结构
		1.2.4 知识结构
	1.3 兼职教师结构	1.3.1 专业结构
2. 教育教学水平	2.1 师德水平	2.1.1 师德水平
		2.1.2 教学态度
	2.2 教学水平	2.2.1 教学内容
		2.2.2 教学方法
		2.2.3 教学效果
	2.3 实践能力	2.3.1 实践能力
		2.3.2 实践指导
	2.4 教学研究	2.4.1 研究项目
		2.4.2 成果使用
	2.5 学生评教	2.5.1 在校生评教

续表

一级指标	二级指标	三级指标
3. 科学研究与社会服务	3.1 科研经费	3.1.1 科研经费
	3.2 科研项目	3.2.1 政策措施
		3.2.2 科研成果
	3.3 专利与论文	3.3.1 专利数
		3.3.2 论文数
	3.4 社会服务	3.4.1 社会培训
		3.4.2 产学研合作
4. 教师发展	4.1 发展规划	4.1.1 规划及落实
	4.2 培养培训	4.2.1 教学能力提升
		4.2.2 双师素质养成
		4.2.3 青年教师培养
		4.2.4 团队建设
	4.3 教师评价	4.3.1 专任教师评价
		4.3.2 兼职教师评价

二、修订指标体系

（一）开展问卷调查

1. 设计调查问卷

根据上节的四个原则，参考了新建本科院校合格评估方案、工程专业认证通用标准、高职高专人才培养工作评估方案、卓越工程师教师标准，结合转型发展对师资队伍的新要求，并考虑到应用型本科院校的特质，在预调查的基础上，初步设计了应用型本科院校师资队伍评价的指标框架及指标内涵说明。为了改进和完善评价指标框架和指标内涵，笔者设计了调查问卷，在国内开展了较为广泛的问卷调查。

新建本科院校师资队伍建设
评价指标建构调查表

（本调查问卷由评估专家、教育行政部门熟悉教学管理的人员、学校的校领导、教务处、人事处、评建办等熟悉师资队伍建设的中层领导及一线教师填写）

尊敬的领导、老师，您好！

感谢您参加本次调查。通过本科教学工作合格评估，发现师资队伍建设是新建本科院校面临的最突出问题。如何加强新建本科院校师资队伍建设，特别是在转型发展的背景下，哪些因素对它产生重要影响是目前大家普遍关注的问题，也是本次调查的目的。

通过前期的调研，我们初步设计了应用型本科院校师资队伍建设评价指标框架，主要用于学校师资队伍建设过程中的自我评价和诊断。请您对每个指标项的设计是否科学合理进行打分（5：非常适合；4：比较适合；3：不清楚；2：不太适合；1：不适合），并请在最下面填写您的意见与建议（评价指标的整体框架可参见附表）。

本调查结果完全为学术研究使用，并且我们保证对您的回答保密。谢谢您的支持！

第一部分　基本情况调查（请填写序号或相关内容）

1. 联系方式（为方便今后进一步向您请教，希望您填写）

姓名：________________电话________________E－Mail：________________

2. 单位：____

单位类别：（1）高校（2）省/市教育行政部门（3）教育评估机构

（4）其他（ ）

3. 职务：________________

4. 技术职称：（1）正高 （2）副高 （3）中级 （4）初级 （ ）

5. 年龄：（1）35岁以下 （2）36～45岁 （3）46～55岁 （4）56岁以上（ ）

6. 是否当过国家或省市教学评估专家：（1）是 （2）否 （ ）

第二部分 各指标项适合度调查（请您在“适合度”栏内对每个指标项的设计是否科学合理打分，一线教师可只对三级指标打分。5：非常适合；4：比较适合；3：不清楚；2：不太适合；1：不适合）

一级指标		二级指标		三级指标		指标说明
指标项	适合度（5—1）	指标项	适合度（5—1）	指标项	适合度（5—1）	
1. 数量与结构		1.1 教师数量		1.1.1 生师比		全校生师比达到国家办学条件基本要求，发展态势良好。
				1.1.2 各专业教师数		各专业教师数量能满足本专业的教学需要和本科教学的需要，50%以上教师周学时数≤12。
				1.1.3 兼职教师数		兼职教师占教师总量的比例应在学校岗位设置规定中有明确的比例，一般不超过30%。（注：兼职教师是指学校正式聘任的，已独立承担某一门专业课教学或实践教学任务的校外教师或行业、企业中实践经验丰富的名师专家、高级技术人员或能工巧匠。）
		1.2 专任教师结构		1.2.1 学历结构		专任教师中具有硕士、博士学位比例≥60%，并应逐年增加比例（退休返聘，或人事代理教师满足学校教学工作量的可视为专任教师）。
				1.2.2 职称结构		专任教师中高级职称比例不低于教育部办学条件要求，且在各专业中结构分布合理，80%以上专业应有高级职称专业带头人，且发展态势良好。 主讲教师（不含兼职教师）中90%以上具有讲师及以上专业技术职务，或具有硕士、博士学位，并通过系统的岗前培训。
				1.2.3 年龄结构		具有较合理的年龄梯队结构，发展态势良好。
				1.2.4 双师结构		教师应能适应学校转型发展的需要，注重更新自身知识能力结构，注重双师素质的养成。 有一定数量的具备专业（行业）职业资格和任职经历的教师，专业基础课和专业课中双师素质教师比例达到50%以上，并应逐步增长。 教师知识和能力结构满足应用型人才培养需要。
		1.3 兼职教师结构		1.3.1 专业结构		兼职教师队伍的专业结构与学校专业设置相适应，一般具有中级及以上职称，其中高级职称占30%以上。

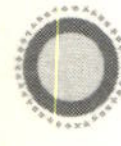

续表

一级指标		二级指标		三级指标		指标说明
指标项	适合度（5—1）	指标项	适合度（5—1）	指标项	适合度（5—1）	
2. 教育教学水平		2.1 师德水平		2.1.1 师德水平		履行教师岗位职责，教书育人，从严执教，为人师表，遵守学术道德规范。
				2.1.2 教学态度		尊重学生、态度认真、治学严谨。教学事故率低，学生对教师的工作态度和治学精神满意度高。
		2.2 教学水平		2.2.1 教学内容		教学目标明确，选用适合本专业培养目标的教材。进度适宜，观点正确，内容充实，重点突出，注意介绍本学科最新研究成果和发展动态。
				2.2.2 教学方法		树立以学生为本位的教学理念，理论联系实际。善于启发思维，能有效运用启发式、讨论式、案例式教学；能够实现师生互动。能有效利用各种教学媒体。学生评价较好。
				2.2.3 教学效果		教师理论教学、实践指导效果较好，学生理解和掌握了教学内容；学生相关能力得到培养和提高。学生、毕业生、同行和专家评价较好。
		2.3 实践能力		2.3.1 实践能力		大多数专业基础课和专业课教师能跟踪本行业技术的发展现状和发展趋势，了解现场岗位规范和技术标准，具有较好的理论与实践相结合的能力和开拓创新精神。合作教育单位对教师的业务能力认可度较高。
				2.3.2 实践指导能力		能有效地指导学生实验、实习、实训、毕业设计（论文）；能对学生的创新创业教育给予一定指导，学生评价较好。
		2.4 教学研究		2.4.1 研究项目		有制度保障所有教师都能定期参加教学研究活动，多数教师能参加学校组织的教学改革立项课题。学校有省、部级及以上教学改革课题与项目。
				2.4.2 成果使用		教学研究取得显著成果。研究成果在教学中得到实际应用，促进了教学水平和教学质量提升。

续表

一级指标		二级指标		三级指标		指标说明
指标项	适合度（5—1）	指标项	适合度（5—1）	指标项	适合度（5—1）	
3. 科学研究与社会服务		3.1 科研经费		3.1.1 科研经费		年科研经费数、年产学研合作经费数及教师人均科研经费数不低于本地区同类院校平均水平。
		3.2 科研项目		3.2.1 政策措施		学校有鼓励教师开展科学研究和技术开发的政策措施。
				3.2.2 科研成果		多数专业课和专业基础课教师能结合地方经济和社会发展的实际，开展科学研究和技术开发。有省、部级及以上立项课题，有较多的地、市级项目和横向科研课题，并产生有影响的社会效益和经济效益。
		3.3 专利与论文		3.3.1 专利数		教师的发明专利或实用新型、外观设计（年专利总数与人均专利数）不低于本地区同类院校平均水平。
				3.3.2 论文数		教师人均年发表论文数不低于本地区同类院校平均水平。
		3.4 社会服务		3.4.1 社会培训		面向行业、企业开展社会培训，学校每年培训人次数不低于在校学生人数的三分之一。
				3.4.2 产学研合作		产学研深度融合，大多数教师能够与行业和企业合作开展技术研发与技术改造；能够为地方政府提供决策咨询；能够结合地域文化特点进行文化传承与创新。

续表

一级指标		二级指标		三级指标		指标说明
指标项	适合度（5—1）	指标项	适合度（5—1）	指标项	适合度（5—1）	
4. 教师发展		4.1 发展规划		4.1.1 规划及落实		学校有针对本校实际情况制定的教师发展规划，二级院系有实施计划。学校有机构、有经费保障教师发展规划的落实。学校营造了教师专业发展的良好氛围。
		4.2 培养培训		4.2.1 教学能力提升		学校有效落实教师发展规划，开展了各种有关提高教师教学水平、教学能力的培养培训活动，教师反映良好。
				4.2.2 双师素质提高		学校有加强教师双师素质提高的政策与措施，效果显著，发展态势好。
				4.2.3 青年教师培养		学校及二级院系应根据每位青年教师的具体情况制订相应的培养培训计划，在学位提升、教学能力提高、科研训练、企业锻炼、访学交流、专业发展等方面有规划、有措施、有成效。青年教师评价较好。
				4.2.4 兼职教师培训		有兼职教师上课前培训制度，教学质量有保障。
				4.2.5 团队建设		有计划地开展了专业带头人、学科带头人、教学团队和研究团队建设，发展态势良好（提供近三年数据）。
		4.3 教师评价		4.3.1 专任教师评价		有规范的教师评价机制，定期进行利益相关方评价（学生评价、自我评价、同行评价、专家评价、合作单位评价），有条件可不定期地进行第三方评价。
				4.3.2 兼职教师评价		对兼职教师有教学效果的考核评价制度，并把考核评价结果与聘任制度挂钩。兼职教师教学效果较好，学生满意度较高。

您对师资队伍评价指标的其他意见与建议：____。

2　选定调查对象

本研究的对象为新建本科院校的师资队伍，因此，调查问卷的对象设定为三类人群，一是熟悉高等教育，尤其是应用型本科院校的评估专家、高等教育研究的学者；二是这类学校制定和影响师资队伍建设决策方案的学校领导、人事处、教务处、质量与评估部门及各院系负责人；三是这类学校身处一线教学岗位的骨干教师。

第一类调查对象发放调查问卷 32 份，回收到有效问卷 30 份，占 93.75%。调查对象均为参加过多次本科教学工作合格评估的评估专家，对应用型本科院校的办学特点有较为深入的了解，其中大多数还是对高等教育理论与实践有过资深研究的教育专家。30 位调查对象的情况参见表 7.3。

表 7.3　第一类调查对象（评估专家、高教学者）①

编号	姓名	单位	职务	省、直辖市	区域
1	别敦荣	厦门大学	副院长	福建	东
2	陈小虎	金陵科技学院	书记	江苏	东
3	陈啸	合肥学院	原副校长	安徽	中
4	陈新民	浙江树人大学	校长	浙江	东
5	储敏伟	上海金融学院	原校长	上海	东
6	丛玉豪	上海师范大学	副校长	上海	东
7	邓长青	武汉职业技术学院	书记	湖北	中
8	丁俊杰	中国传媒大学	原副校长	北京	东
9	范彦斌	佛山科技学院	副书记	广东	东
10	傅大友	常熟理工学院	原校长	江苏	东
11	龚振黔	贵阳学院	校长	贵州	西
12	郭宝	云南警官学院	校长	云南	西
13	洪艺敏	三亚学院	副校长	海南	东
14	孔建益	武汉科技大学	校长	湖北	中
15	李望国	广东白云学院	常务副校长	广东	东
16	李泽彧	厦门理工学院	副书记	福建	东
17	凌云	华中师范大学	教授	湖北	中
18	刘俊	西南政法大学	副校长	重庆	西

① 调查对象姓名按拼音字母顺序排序。

续表

编号	姓名	单位	职务	省、直辖市	区域
19	刘晓君	西安建筑科技大学	副校长	陕西	西
20	聂培尧	山东财经大学	副校长	山东	东
21	孙泽平	重庆文理学院	校长	重庆	西
22	王万良	首都师范大学	原副校长	北京	东
23	王锡朝	河北科技大学	副校长	河北	东
24	王兴伟	东北大学	院长	辽宁	中
25	严欣平	重庆科技学院	校长	重庆	西
26	叶青	华东政法大学	校长	上海	东
27	张德江	长春工业大学	原校长	吉林	中
28	张澍	北京青年政治学院	原副校长	北京	东
29	朱泓	大连理工大学	副校长	辽宁	中
30	朱林生	淮阴师范学院	校长	江苏	东

从职称结构来看，第一类被调查对象中，100%的人具有高级职称（正高职称93%，副高职称7%）（见表7.4）；从年龄结构上看，46~55岁年龄档的专家、学者占到63%，56岁及以上的占37%（见表7.5）；从评估经验来看，第一类被调查者全员担任过评估专家，具有评估的经验（见表7.6）。

表7.4　第一类调查对象职称结构

职称	正高	副高	中级	初级
人数	28	2	0	0

表7.5　第一类调查对象年龄结构

年龄	35岁及以下	36~45岁	46~55岁	56岁及以上
人数	0	0	19	11

表7.6　第一类调查对象评估经验

是否担任过评估专家	是	否
人数	30	0

第二类和第三类调查对象遍布13个省、直辖市的21所地方或行业本科院校，覆盖东、中、西部地区，既有公办院校也有民办院校（见表7.7）。

为了使师资队伍评价方案既适应新建本科院校，也适应部分向应用型转型的非新建的地方普通本科院校，在 21 所调研学校中选取了 17 所新建本科院校、4 所非新建的地方普通本科院校。

调查共回收到来自校领导、中层管理人员的有效问卷 116 份，来自一线骨干教师的有效问卷 103 份。

表 7.7 第二、三类调查对象所在学校①

编号	学校名称	省份	区域	学校性质	有效问卷份数
1	北京电子科技学院	北京	东	公办	1
2	常熟理工学院	江苏	东	公办	9
3	佛山科技学院	广东	东	公办	11
4	广东白云学院	广东	东	民办	15
5	海口经济管理学院	海南	东	民办	20
6	合肥学院	安徽	中	公办	15
7	淮阴师范学院	江苏	东	公办	15
8	江西警察学院	江西	中	公办	17
9	金陵科技学院	江苏	东	公办	14
10	龙岩学院	福建	东	公办	13
11	南昌工程学院	江西	中	公办	14
12	三亚学院	海南	东	民办	16
13	铜陵学院	安徽	中	公办	18
14	邢台学院	河北	东	公办	8
15	榆林学院	陕西	西	公办	7
16	长春光华学院	吉林	中	民办	5
17	浙江树人大学	浙江	东	民办	9
18	郑州科技学院	河南	中	民办	7
19	中华女子学院	北京	东	公办	2
20	重庆科技学院	重庆	西	公办	1
21	重庆文理学院	重庆	西	公办	8
22	其他（未注明学校）				10

① 调查对象所在学校名按拼音字母顺序排序。

第二类被调查对象中，高级职称占到87%（正高40.5%，副高46.6%），中级职称13%，没有初级职称（见表7.8）；35岁及以下的青年管理人员为6.9%，36～45岁档为35%，46～55岁档为49%，56岁以上为8.6%（见表7.9）；有10%的人担任过评估专家，具有评估的经验（见表7.10）。

表7.8　第二类调查对象职称结构

职称	正高	副高	中级	初级
人数	47	54	15	0

表7.9　第二类调查对象年龄结构

年龄	35岁及以下	36～45岁	46～55岁	56岁及以上
人数	8	41	57	10

表7.10　第二类调查对象评估经验

是否担任过评估专家	是	否
人数	12	104

第三类被调查对象中，高级职称占到39%（正高12.6%，副高26.2%），中级职称占54%，初级职称占6.8%（见表7.11）；35岁及以下的青年教师为38.8%，36～45岁档为45.6%，46～55岁档为12.6%，56岁以上为2.9%（见表7.12）；100%的被调查者没有担任过评估专家（见表7.13）。

表7.11　第三类调查对象职称结构

职称	正高	副高	中级	初级
人数	13	27	56	7

表7.12　第三类调查对象年龄结构

年龄	35岁及以下	36～45岁	46～55岁	56岁及以上
人数	40	47	13	3

表7.13　第三类调查对象评估经验

是否担任过评估专家	是	否
人数	0	103

（二）统计分析

笔者针对三类调查对象（专家学者；校领导及中层管理者；一线骨干教师）开展了历时2个月的问卷调查。其中，第一类调查对象回收问卷30份，全部为有效问卷，有效率100%；第二类对象回收问卷123份，有效问卷116份，有效率94.31%；第三类对象回收问卷107份，有效问卷103份，有效率96.26%。

对回收到的问卷按以下分类进行了统计分析：

一是分别统计三类调查对象对各指标的意见件数，目的在于发现问题较为集中的指标项，见表7.14“意见件数”栏。

二是分别统计三类调查对象对一、二、三级指标的打分情况，目的在于找到分值较低的指标项，有利于修改完善，见表7.14“评价分值”栏。每个指标项的分值按照算数平均值的计算方法确定：

Score ＝（a1＋a2＋…an）÷ n

其中，Score：每个指标项得分

a1－an：同一类调查对象的每人给出的评价分数（5、4、3、2、1）

n：同一类调查对象的人数

例如，“1.1.1 生师比”，第一类调查对象共30人，5分26人，4分3人，3分1人，2分0人，1分0人，总分为145，平均得分为145÷30＝4.83分。

三是对意见较多的项目和打分较低的项目进行比对分析，目的在于进一步聚焦到需要修改的项目。

三类调查对象意见较为集中的一级指标为：3. 科学研究与社会服务；二级指标为：4.3 教师评价、3.3 专利与论文、4.2 培养培训；三级指标项为：1.1.3 兼职教师数、3.1.1 科研经费、1.2.4 双师结构、1.3.1 专业结构、3.4.1 社会培训。

对32个三级指标选取得分排在后20%的7个指标分三类调查对象进行统计，见表7.15。

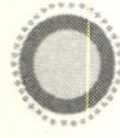

表 7.14 调查问卷意见及打分情况汇总

一级指标	意见件数				评价分值			二级指标	意见件数				评价分值			三级指标	意见件数				评价分值		
	专家	中层	教师	汇总	专家	中层	教师		专家	中层	教师	汇总	专家	中层	教师		专家	中层	教师	汇总	专家	中层	教师
1. 数量与结构	1	2	1	4	4.80	4.49	4.56	1.1 教师数量	0	0	0	0	4.87	4.40	4.63	1.1.1 生师比	1	4	1	6	4.83	4.36	4.08
																1.1.2 各专业教师数	3	4	1	8	4.47	4.16	3.96
																1.1.3 兼职教师数	7	4	0	11	4.00	4.14	3.92
								1.2 专任教师结构	1	1	0	2	4.80	4.51	4.59	1.2.1 学历结构	4	3	0	7	4.63	4.34	4.29
																1.2.2 职称结构	1	1	2	4	4.57	4.36	4.23
																1.2.3 年龄结构	2	2	0	4	4.47	4.38	4.10
																1.2.4 双师结构	6	4	4	14	4.47	4.20	3.87
								1.3 兼职教师结构	1	0	0	1	4.20	4.25	4.56	1.3.1 专业结构	2	5	0		4.03	4.08	4.20
2. 教育教学水平	1	4	2	7	4.83	4.68	4.69	2.1 师德水平	3	0	0	3	4.80	4.72	4.75	2.1.1 师德水平	2	2	0	4	4.73	4.72	4.58
																2.1.2 教学态度	3	2	0	5	4.63	4.63	4.59
								2.2 教学水平	0	2	2	4	4.80	4.68	4.84	2.2.1 教学内容	2	2	1	5	4.60	4.53	4.54
																2.2.2 教学方法	1	1	0	2	4.70	4.60	4.44
																2.2.3 教学效果	0	1	1	2	4.63	4.53	4.35
								2.3 实践能力	0	1	0	1	4.87	4.63	4.84	2.3.1 实践能力	3	0	0	3	4.50	4.42	4.28
																2.3.2 实践指导能力	2	1	0	3	4.73	4.48	4.38
								2.4 教学研究	0	1	0	1	4.77	4.62	4.50	2.4.1 研究项目	3	0	0	3	4.43	4.39	4.12
																2.4.2 成果使用	3	0	0	3	4.43	4.28	3.99

续表

一级指标	意见件数				评价分值			二级指标	意见件数				评价分值			三级指标	意见件数				评价分值		
	专家	中层	教师	汇总	专家	中层	教师		专家	中层	教师	汇总	专家	中层	教师		专家	中层	教师	汇总	专家	中层	教师
3. 科学研究与社会服务	6	6	4	16	4.30	4.29	4.41	3.1 科研经费	0	0	0	0	3.80	4.08	4.28	3.1.1 科研经费	7	1	1	9	3.77	3.91	4.03
								3.2 科研项目	2	2	1	5	4.37	4.28	4.44	3.2.1 政策措施	0	0	1	1	4.43	4.43	4.31
																3.2.2 科研成果	2	2	1	5	4.27	4.16	4.01
								3.3 专利与论文	1	5	0	6	3.97	3.83	3.94	3.3.1 专利数	1	1	2	4	3.93	3.61	3.56
																3.3.2 论文数	2	3	1	6	3.73	3.79	3.79
								3.4 社会服务	0	0		0	4.20	4.16	4.22	3.4.1 社会培训	5	3	1	9	3.60	3.61	3.62
																3.4.2 产学研合作	0	1	2	3	4.57	4.05	3.86
4. 教师发展	2	6	1	9	4.87	4.58	4.66	4.1 发展规划	0	0	0	0	4.77	4.54	4.56	4.1.1 规划及落实	0	0	0	0	4.77	4.45	4.33
								4.2 培养培训	0	4	3	7	4.90	4.49	4.66	4.2.1 教学能力提升	0	1	0	1	4.77	4.48	4.42
																4.2.2 双师素质提高	1	0	0	1	4.70	4.42	4.21
																4.2.3 青年教师培养	1	0	1	2	4.83	4.51	4.28
																4.2.4 兼职教师培训	0	0	0	0	4.07	4.12	3.91
																4.2.5 团队建设	1	1	2	4	4.70	4.48	4.34
								4.3 教师评价	0	8	1	9	4.90	4.65	4.75	4.3.1 专任教师评价	1	0	0	1	4.77	4.59	4.35
																4.3.2 兼职教师评价	1	2	0	3	4.60	4.28	4.02
其他	9	10	1	20																			
全体	9	18	10	37																			
总意见数	41	64	32	137					8	24	7	39					68	51	22	141			

表 7.15　得分后 20%的三级指标（第一类）

编号	三级指标项	得分
1	3.4.1 社会培训	3.60
2	3.1.1 科研经费	3.77
3	3.3.2 论文数	3.73
4	3.3.1 专利数	3.93
5	1.1.3 兼职教师数	4.00
6	1.3.1 兼职教师专业结构	4.03
7	4.2.4 兼职教师培训	4.07

表 7.16　得分后 20%三级指标（第二类）

编号	三级指标项	得分
1	3.3.1 专利数	3.61
2	3.4.1 社会培训	3.61
3	3.3.2 论文数	3.79
4	3.1.1 科研经费	3.91
5	3.4.2 产学研合作	4.05
6	1.3.1 兼职教师专业结构	4.08
7	4.2.4 兼职教师培训	4.12

表 7.17　得分后 20%的三级指标（第三类）

编号	三级指标项	得分
1	3.3.1 专利数	3.56
2	3.4.1 社会培训	3.62
3	3.3.2 论文数	3.79
4	3.4.2 产学研合作	3.86
5	1.2.4 双师结构	3.87
6	4.2.4 兼职教师培训	3.91
7	1.1.3 兼职教师数	3.92

对比分析可见，意见较多的 5 个三级指标与三类调查对象得分较低的指标项基本吻合；各类调查对象得分较低的项目也较为集中。问题集中的有以下几个方面：

1　3.4.1 社会培训

在专家、中层、教师的得分中分别排在倒数第 1、2、2 位，也是意见较为集中的 5 个三级指标之一。

2　3.3.1 专利数

在专家、中层、教师的得分中分别排在倒数第 4、1、1 位，在对应的三级指标中意见不是很突出，但其所归属的二级指标“3.3 专利与论文”意见反映较多。

3　3.3.2 论文数

在专家、中层、教师的得分中分别排在倒数第3、3、3位，在对应的三级指标中意见不是很突出，但其所归属的二级指标“3.3专利与论文”意见反映较多。

4 4.2.4兼职教师培训

在专家、中层、教师的得分中分别排在倒数第7、7、6位。在对应的三级指标中意见不是很突出，但其所归属的二级指标“4.2培养培训”意见反映较多。

5 1.1.3兼职教师数

在专家、教师的得分中分别排在倒数第5、7位，中层得分不在后20%内。此项指标也是意见较为集中的5个三级指标之一。

6 3.1.1科研经费

在专家、中层的得分中分别排在倒数第2、4位，教师得分不在后20%内，此项指标也是意见较为集中的5个三级指标之一。

7 1.3.1兼职教师专业结构

在专家、中层的得分中分别排在倒数第6、6位，教师得分不在后20%内，此项指标也是意见较为集中的5个三级指标之一。

8 3.4.2产学研合作

在中层、教师的得分中分别排在倒数第5、4位，专家得分不在后20%内。

9 1.2.4双师结构

在教师的得分中排在倒数第5位，专家、中层得分不在后20%内，此项指标也是意见较为集中的5个三级指标之一。

（三）修订评价指标体系

根据以上的统计分析和各方意见与建议，对有关指标和内涵进行了修订，主要修订了以下几方面内容：

1. 增加了“1.3.1兼职教师来源结构”这一三级指标。

2. 把“2.1师德水平”改为“2.1师德师风”。

3. 把“2.2教学水平”改为“2.2课堂教学”。

4. 把“2.3实践能力”改为“2.3实践教学”。

5. 把“2.4.2成果使用”改为“2.4.2成果应用”。

6. 在“3.1 科研经费”中增加了“3.1.1 科研政策”和“3.1.1 科研项目”2个三级指标。

7. 将三级指标“3.2.2 科研成果”提升为二级指标，下设“3.2.1 政策奖励”、“3.2.2 成果及应用”、“3.2.2 科研反哺教学”3个三级指标。

8. 去掉二级指标“3.3 专利与论文”，将其内涵放入“3.2.2 成果及应用”中。

9. 将“4.2.1 教学能力提升”改为“4.2.1 专业能力与教学能力提升”。

10. 将意见反映较集中的“社会培训”的“全民学习、终身学习”、“行业企业评价”等相关内容增加至指标内涵说明中。

11. 将意见反映较集中的“兼职教师数”一项的内涵说明中明确了兼职教师数量应在岗位设置中有所规定，并区分了公办、民办校的比例要求。

12. 将意见反映较集中的“兼职教师专业结构”一项的内涵说明中增加了适用于行业、企业人员的职称或职务要求。

13. 将意见反映较集中的“双师结构”一项的内涵说明中考虑了师范院校和文科院校的特殊性。

修改后的评价指标框架（第二版）见表7.18，指标内涵说明见表7.9。对各指标项的具体修改意见参见附录D。

表7.18 应用型本科院校师资队伍评价指标框架（第二版）

一级指标	二级指标	三级指标
1. 数量与结构	1.1 教师数量	1.1.1 生师比
		1.1.2 各专业教师数
		1.1.3 兼职教师数
	1.2 专任教师结构	1.2.1 学历结构
		1.2.2 职称结构
		1.2.3 年龄结构
		1.2.4 双师结构
	1.3 兼职教师结构	*1.3.1 来源结构*
		1.3.2 专业结构

续表

<table>
<tr><th>一级指标</th><th>二级指标</th><th>三级指标</th></tr>
<tr><td rowspan="9">2. 教育教学水平</td><td rowspan="2">2.1 师德师风</td><td>2.1.1 师德</td></tr>
<tr><td>2.1.2 教学态度</td></tr>
<tr><td rowspan="3">2.2 课堂教学</td><td>2.2.1 教学内容</td></tr>
<tr><td>2.2.2 教学方法</td></tr>
<tr><td>2.2.3 教学效果</td></tr>
<tr><td rowspan="2">2.3 实践教学</td><td>2.3.1 实践能力</td></tr>
<tr><td>2.3.2 实践指导能力</td></tr>
<tr><td rowspan="2">2.4 教学研究</td><td>2.4.1 研究项目</td></tr>
<tr><td>2.4.2 成果应用</td></tr>
<tr><td rowspan="8">3. 科学研究与社会服务</td><td rowspan="3">3.1 科研经费</td><td>3.1.1 科研政策</td></tr>
<tr><td>3.1.2 科研项目</td></tr>
<tr><td>3.1.3 科研经费</td></tr>
<tr><td rowspan="3">3.2 科研成果</td><td>3.2.1 政策奖励</td></tr>
<tr><td>3.2.2 成果及应用</td></tr>
<tr><td>3.2.2 科研反哺教学</td></tr>
<tr><td rowspan="2">3.3 社会服务</td><td>3.3.1 社会培训</td></tr>
<tr><td>3.3.2 产学研合作</td></tr>
<tr><td rowspan="8">4. 教师发展</td><td>4.1 发展规划</td><td>4.1.1 规划及落实</td></tr>
<tr><td rowspan="5">4.2 培养培训</td><td>4.2.1 专业能力与教学能力提升</td></tr>
<tr><td>4.2.2 双师素质养成</td></tr>
<tr><td>4.2.3 青年教师培养</td></tr>
<tr><td>4.2.4 兼职教师培训</td></tr>
<tr><td>4.2.5 团队建设</td></tr>
<tr><td rowspan="2">4.3 教师评价</td><td>4.3.1 专任教师评价</td></tr>
<tr><td>4.3.2 兼职教师评价</td></tr>
</table>

注：*斜体部分*为与第一版的区别。

表 7.19 应用型本科院校师资队伍评价指标体系（第二版）

一级指标	二级指标	三级指标	指标说明
1. 数量与结构	1.1 教师数量	1.1.1 生师比	全校生师比达到国家办学条件基本要求，*具有可持续改进的基础和举措，发展态势良好（提供学校近三年数据）。*
		1.1.2 各专业教师数	各专业教师数量*不低于国家专业建设标准的基本要求，能满足本专业本科教学的需要。*
		1.1.3 兼职教师数	*数拥有一支比较稳定的兼职教师队伍，*兼职教师占教师总量的比例应在学校岗位设置规定中有明确的规定，一般不超过30%（民办院校不超过40%）。 （注：兼职教师是指学校正式聘任的，已独立承担某一门专业课教学或实践教学任务的校外教师或行业、企业中实践经验丰富的名师专家、高级技术人员或能工巧匠。）
	1.2 专任教师结构	1.2.1 学历结构	专任教师中具有硕士、博士学位比例≥65%，并应逐年增加比例（退休返聘，或人事代理教师满足学校教学工作量的可视为专任教师）。
		1.2.2 职称结构	专任教师中高级职称比例不低于教育部办学条件要求，且在各专业中结构分布合理，*各专业带头人一般应有具有相应专业的高级职称。*主讲教师（不含兼职教师）*应具有*讲师及以上专业技术职务，或具有硕士、博士学位，并通过系统的岗前培训。
		1.2.3 年龄结构	具有较合理的年龄梯队结构。
		1.2.4 双师结构	1. 有一定数量的具备专业（行业）职业资格和任职经历的教师，专业基础课和专业课中双师素质教师比例达到50%以上*(师范院校和文科院校可适当放宽要求)*，并应逐步增长。 2. 教师能主动适应学校转型发展，注重更新自身知识能力结构，注重双师素质的养成。教师知识和能力结构满足应用型人才培养需要。
	1.3 兼职教师结构	1.3.1 *来源结构*	*兼职教师应主要来自行业企业，来自高等学校兼职教师比例不超过兼职教师数量的50%。*
		1.3.2 专业结构	兼职教师队伍的专业结构与学校专业设置相适应，一般具有中级及以上职称或职务，其中高级职称或职务占30%以上。

续表

一级指标	二级指标	三级指标	指标说明
2. 教育教学水平	2.1 师德师风	2.1.1 师德	履行教师岗位职责，为人师表，遵守学术道德规范，教书育人，积极参加学生指导与服务。近三年未发生较严重的违反师德师风和学术道德的事件。
		2.1.2 教学态度	尊重学生、态度认真、从严执教，治学严谨。学生对教师的工作态度和治学精神满意度高。
	2.2 课堂教学	2.2.1 教学内容	熟悉应用型本科教学规律，教学目标明确，教学内容、教材选用、教学进程、学习评价适合本专业培养目标的要求。注意介绍本专业领域最新成果和发展动态。
		2.2.2 教学方法	树立以学生为本位的教学理念，理论联系实际、课内课外结合。善于启发思维，能有效运用启发式、讨论式、案例式教学，实现师生有效互动。能有效利用各种教学媒体，发挥现代教学手段和教育技术的作用，提高课堂教学效果。学生评价较好。
		2.2.3 教学效果	教师理论教学、实践指导效果较好，学生理解和掌握了教学内容；学生相关能力得到培养和提高。学生、毕业生、同行和专家评价较好。
	2.3 实践教学	2.3.1 实践能力	大多数专业基础课和专业课教师能跟踪本行业技术的发展现状和发展趋势，了解现场岗位规范和技术标准，具有较好的理论与实践相结合的能力和开拓创新精神。合作教育单位对教师的实践能力认可度较高。
		2.3.2 实践指导能力	能有效地指导学生实验、实习、实训、毕业设计（论文）；能对学生的创新创业教育给予较好指导，学生评价较好。
	2.4 教学研究	2.4.1 研究项目	有制度保障所有教师都能定期参加教学研究活动，学校有政策措施鼓励多数教师参加学校组织的教学改革立项课题。学校有省、部级及以上教学改革课题与项目，有一定数量的教学研究论文发表，有一定数量的教材出版。
		2.4.2 成果应用	研究成果在教学中得到实际应用，在促进教学水平和教学质量提升产生明显效果。在近两届教学成果评选中，获有省级以上教学成果奖。
	3.1 科研经费	3.1.1 科研政策	学校有鼓励教师开展科学研究和技术开发的政策措施，并实施有效。
		3.1.2 科研项目	多数专业课和专业基础课教师能结合地方经济和社会发展的实际，开展科学研究和技术开发，近三年参与各类科研可申报的教师不低于教师总数的50%。有省、部级及以上立项课题，有较多的地、市级项目和横向科研课题，并产生有影响的社会效益和经济效益。
		3.1.3 科研经费	年科研经费收入不低于学校年度总收入的15%，且产学研合作的科研经费不低于科研经费的60%。

续表

一级指标	二级指标	三级指标	指标说明
3. 科学研究与社会服务	3.2 科研成果	3.2.1 科技奖励	每年均有3 项以上地厅级以上的科技成果奖，近三年应获得省级以上科技成果奖。
		3.2.2 成果及应用	教师积极参与发明创造，每年获得的专利授权数不低于专任教师数量的20%，其中发明专利应占专利数量的15% 以上，并有一定数量的专利被转让。 注：文科类院校主要以咨询报告数代替专利数。 学校每年有一定数量的高水平论文发表。 有一定的与行业或企业合作开发的案例和项目，科技成果转化与推广应用取得明显成效。
		3.2.3 科研反哺教学	教师主动将科研成果主动转化为教学成果，在教学内容更新、教材建设、实验室建设、毕业设计选题、学生创业创新指导等方面取得明显实效。
	3.3 社会服务	3.3.1 社会培训	1. 学校有效地开展了服务于全民学习、终身学习的继续教育工作。 2. 能面向行业、企业开展社会培训，行业企业评价较好。
		3.3.2 产学研合作	产学研深度融合，大多数教师能够与行业和企业合作开展技术研发与技术改造；能够为地方政府提供决策咨询；能够结合地域文化特点开展文化传承与创新活动。
4. 教师发展	4.1 发展规划	4.1.1 规划及落实	学校有针对本校实际情况制定的教师发展规划，二级院系有实施计划。学校设置了教师发展中心，有经费保障教师发展规划的落实。有检查、监督、评价机制。学校营造了教师专业发展的良好氛围。
	4.2 培养培训	4.2.1 专业能力提升	学校注重教师专业能力的提升，有鼓励教师开展学术交流、进修学习、国（境）外访学、科研训练、实践能力提升等制度，有经费保障，效果显著。教师满意度较高。
		4.2.2 教学能力提升	学校开展了各种提高教师素养、教学水平、教学能力的培养培训活动，注重现代教育理念、教学方法以及信息技术的应用。教师评价较好。
		4.2.3 青年教师培养	1. 学校有针对青年教师发展的培养计划，为青年教师的学术发展搭建平台。 2. 二级院系应根据每位青年教师的具体情况制定相应的职业生涯发展规划，引导青年教师将个体发展目标与学校中长期目标相结合。在学位提升、专业能力提升、教学能力提升等方面有规划、有措施、有成效。青年教师评价较好。
		4.2.4 兼职教师培训	有兼职教师上课前培训制度，教学质量有保障。
		4.2.5 团队建设	有计划地开展了专业带头人、学科带头人、教学团队和研究团队建设，并形成阶梯式结构。注重团队文化建设，提高团队凝聚力和教师归属感。

续表

一级指标	二级指标	三级指标	指标说明
	4.3 教师评价	4.3.1 专任教师评价	有规范的教师评价机制，*特别应加强对教师教学质量的评价，* 定期进行利益相关方评价（学生评价、自我评价、同行评价、专家评价、合作单位评价），有条件可不定期地进行第三方评价。*评价结果应与激励机制和教师进退相挂钩。*
		4.3.2 兼职教师评价	对兼职教师有*管理制度和*教学效果的考核评价制度，并把考核评价结果与聘任制度挂钩。兼职教师教学效果较好，学生满意度较高。
		4.3.3 教师满意度	*教师有畅通的表达诉求的渠道。教师对学校教师队伍建设的政策、工作环境、生活保障及个人生涯发展满意度较高。*

注：*斜体部分*为与第一版的区别。

三、完善评价指标体系

（一）专家咨询

笔者选取了以下3位专家、学者作为咨询对象，他们都曾在高校的领导岗位任职，并长期从事高等教育评估理论的研究与实践工作。

1. 林健，清华大学教育研究院教授、博士生导师，中国高等教育学研究会理事，曾任北京航空航天大学管理学院常务副院长、五邑大学校长，从事高校管理、高等工程教育研究，曾参与卓越工程师项目方案研制，并多次担任卓越工程师认证专家组组长。

2. 李志宏，国家教育行政学院兼职教授、清华大学教育研究院博士生校外合作导师，曾担任北京交通大学教务处副处长、教育部高职高专教育处处长、教育部评估中心副主任等职，长期从事高等教育质量保障与评估研究，参与合格评估、审核评估、高职高专方案设计及教材编写，评估中心高级培训师，多次担任评估专家组组长。

3. 陈啸，教授、教育学硕士生导师，曾任合肥学院副校长，长期从事高等教育管理与研究工作，评估中心高级培训师，多次担任合格评估专家，2012—2014年度《新建本科院校合格评估报告》主要编委。

笔者采用访谈的形式分别听取了他们对第2版指标体系的意见。

专家的主要意见与建议汇总如下：

1. 建议将师资队伍评价指标体系的适用对象从“新建本科院校”拓展为“应用型本科院校”。

理由一是适用性更广，既适用于新建本科院校，也适用于部分地方本科院校；理由二是时效性更强，国家的方针政策引导部分地方普通本科高校向应用型转型发展，迫切需要出台针对应用型本科院校的师资队伍评价标准。

建议在现有的研究基础上凸显“应用型特点”。

2. 依据《关于引导部分地方普通本科高校向应用型转变的指导意见》的文件要求，建议将“加强‘双师双能型’教师队伍建设”、“完善校内评价制度和信息公开制度”的内容吸收进来。

3. 建议兼职教师聘用应注重“互补性”。之所以需要兼职教师，主要是为补充自有专任教师的不足，因此，相比兼职教师的“来源机构”和“专业结构”，兼职教师的“互补性”更为重要。

建议在指标内涵说明中进行补充。

4. 建议在说明文件中增加对指标项数据的出处及说明，以加强指标的科学性，如“专任教师中具有硕士、博士学位比例不低于65%，并应逐年增加比例”是根据什么制定的。

（二）再次修订评价指标体系

新建本科院校是应用型本科院校的主要组成部分①，新建本科院校师资队伍的特征应与应用型本科院校师资队伍特征相一致。问卷调查时，笔者也征求了一些非新建的地方普通本科院校的意见，据此研究形成的评价体系符合应用型本科院校师资队伍的建设与评价的要求。因此，把“新建本科院校师资队伍评价指标体系”修订为“应用型本科院校师资队伍评价指标体系”。

此外，根据专家的意见与建议，笔者对指标及内涵说明进行了再次修订，主要修订了以下几方面内容：

1. 按照“关于引导部分地方普通本科高校向应用型转变的指导意见”的文件，把“1.2.4 双师结构”改为“1.2.4 双师双能型教师结构”。

---

① 参见1.5.1新建本科院校内涵界定。

2. 把“3.1 科研经费”改为“3.1 科研政策与经费”。

3. 在“4.1 发展规划”下设2个三级指标“4.1.1 规划制定”、“4.1.2 规划落实”。

4. 在“4.2 培养培训”下增设“4.2.1 教师职业生涯规划”，将“4.2.1 专业能力提升”改为“4.2.3 科研与实践能力提升”，取消“4.2.3 青年教师培养”和“4.2.4 兼职教师培训”。

修订后的评价指标框架（第3版）见表7.20，指标内涵说明见表7.21。对各指标项的具体修改意见参见附录E。

表7.20 应用型本科院校师资队伍评价指标框架（第三版）

一级指标	二级指标	三级指标
1. 数量与结构	1.1 教师数量	1.1.1 生师比
		1.1.2 各专业教师数
		1.1.3 兼职教师数
	1.2 专任教师结构	1.2.1 学历结构
		1.2.2 职称结构
		1.2.3 年龄结构
		1.2.4 双师双能型教师结构
	1.3 兼职教师结构	1.3.1 来源结构
		1.3.2 专业结构
2. 教育教学水平	2.1 师德师风	2.1.1 师德
		2.1.2 教学态度
	2.2 课堂教学	2.2.1 教学内容
		2.2.2 教学方法
		2.2.3 教学效果
	2.3 实践教学	2.3.1 实践能力
		2.3.2 实践教学能力
	2.4 教学研究	2.4.1 教研项目
		2.4.2 教研成果应用

续表

一级指标	二级指标	三级指标
3. 科学研究与社会服务	*3.1 科研政策与经费*	3.1.1 科研政策
		3.1.2 科研项目
		3.1.3 科研经费
	3.2 科研成果	3.2.1 科技奖励
		3.2.2 成果及应用
		3.2.3 科研反哺教学
	3.3 社会服务	3.3.1 社会培训
		3.3.2 产学研合作
4. 教师发展	4.1 发展规划	*4.1.1 规划制定*
		4.1.2 规划落实
	4.2 培养培训	*4.2.1 教师职业生涯规划*
		4.2.2 教学能力提升
		4.2.3 科研与实践能力提升
		4.2.4 团队建设
	4.3 教师评价	4.3.1 专任教师评价
		4.3.2 兼职教师评价
		4.3.3 教师满意度

注：*斜体部分*为与第二版的区别。

表 7.21　应用型本科院校师资队伍评价指标体系（第三版）

一级指标	二级指标	三级指标	指标说明
1. 数量与结构	1.1 教师数量	1.1.1 生师比	全校生师比达到国家办学条件基本要求，具有可持续改进的基础和举措，发展态势良好（提供学校近三年数据）。
		1.1.2 各专业教师数	各专业教师数量不低于国家专业建设标准的基本要求，能满足本专业本科教学的需要。
		1.1.3 兼职教师数	拥有一支比较稳定的兼职教师队伍，兼职教师占教师总量的比例应在学校岗位设置规定中有明确的规定，一般不超过 30%（民办院校不超过 40%）。 （注：兼职教师是指学校正式聘任的，已独立承担某一门专业课教学或实践教学任务的校外教师或行业、企业中实践经验丰富的名师专家、高级技术人员或能工巧匠。）

续表

一级指标	二级指标	三级指标	指标说明
	1.2 专任教师结构	1.2.1 学历结构	专任教师中具有硕士、博士学位比例≥65%，并应逐年增加比例（退休返聘，或人事代理教师满足学校教学工作量的可视为专任教师）。
		1.2.2 职称结构	1. 专任教师中高级职称比例不低于教育部办学条件要求，且在各专业中结构分布合理，各专业带头人一般应具有相应专业的高级职称。 2. 主讲教师（不含兼职教师）应具有讲师及以上专业技术职务，或具有硕士、博士学位，并通过系统的岗前培训。
		1.2.3 年龄结构	具有较合理的年龄梯队结构。
		1.2.4 双师双能型教师结构	*1. 改革教师聘任制度和评价办法，积极引进行业公认专才，聘请企业优秀专业技术人才、管理人才和高技能人才作为专业建设带头人、担任专兼职教师。* 2. 教师能主动适应学校转型发展，注重更新自身知识能力结构，注重双师双能素质的养成，教师知识和能力结构满足应用型人才培养需要。 3. 专业基础课和专业课中双师双能型教师比例达到50%以上（师范院校和文科院校可适当放宽要求），并应逐步增长。
	1.3 兼职教师结构	1.3.1 来源结构	兼职教师应主要来自行业企业，来自高等学校兼职教师比例不超过兼职教师数量的50%。
		1.3.2 专业结构	兼职教师与本校自有教师应形成互补。其专业结构与学校专业设置相适应，一般具有中级及以上职称或职务，其中高级职称或职务占30%以上。
2. 教育教学水平	2.1 师德师风	2.1.1 师德	履行教师岗位职责，为人师表，遵守学术道德规范。教书育人，积极参加学生指导与服务。近三年未发生较严重的违反师德师风和学术道德的事件。
		2.1.2 教学态度	尊重学生、态度认真、从严执教，治学严谨。学生对教师的工作态度和治学精神满意度高。
	2.2 课堂教学	2.2.1 教学内容	熟悉应用型本科教学规律，教学目标明确，教学内容、教材选用、教学进程、学习评价适合本专业培养目标的要求。注意介绍本专业领域最新成果和发展动态。
		2.2.2 教学方法	树立以学生为本位的教学理念，理论联系实际、课内外结合。善于启发思维，能有效运用启发式、讨论式、案例式教学，实现师生有效互动。能有效利用各种教学媒体，发挥现代教学手段和教育技术的作用，提高课堂教学效果。学生评价较好。
		2.2.3 教学效果	教师理论教学、实践指导效果较好，学生理解和掌握了教学内容；学生相关能力得到培养和提高。学生、毕业生、同行和专家评价较好。

续表

一级指标	二级指标	三级指标	指标说明
	2.3 实践教学	2.3.1 实践能力	大多数专业基础课和专业课教师有行业、企业的实践经历，能跟踪本行业技术的发展现状和发展趋势，了解现场岗位规范和技术标准，具有较好的理论与实践相结合的能力和开拓创新精神。合作教育单位对教师的实践能力认可度较高。
		2.3.2 实践教学能力	能有效地指导学生实验、实习、实训、毕业设计（论文）；能对学生的创新创业教育给予较好指导，学生评价较好。
	2.4 教学研究	2.4.1 教研项目	有制度保障所有教师都能定期参加教学研究活动，学校有政策措施鼓励多数教师参加学校组织的教学改革立项课题。学校有省、部级及以上教学改革课题与项目，有一定数量的教学研究论文发表，有一定数量的教材出版。
		2.4.2 教研成果应用	研究成果在教学中得到实际应用，在促进教学水平和教学质量提升产生明显效果。在近两届教学成果评选中，获有省级以上教学成果奖。
3. 科学研究与社会服务	*3.1 科研政策与*经费	3.1.1 科研政策	学校有鼓励教师开展科学研究和技术开发的政策措施，并实施有效。
		3.1.2 科研项目	1. 多数专业课和专业基础课教师能结合地方经济和社会发展的实际，开展科学研究和技术开发，近三年参与各类科研可申报的教师不低于教师总数的50%。 *2. 有国家或省部级纵向立项课题，并产生有影响的社会效益。* *3. 有较多的横向科研课题，并产生有影响的社会效益和经济效益。*
		3.1.3 科研经费	年科研经费收入不低于学校年度总收入的15%，且产学研合作的科研经费不低于科研经费总数的60%。
	3.2 科研成果	3.2.1 科技奖励	每年均有3项以上地厅级以上的科技成果奖，近三年应获得省级及以上科技成果奖。
		3.2.2 成果及应用	1. 教师积极参与发明创造，每年获得的专利授权数不低于专任教师数量的20%，其中发明专利应占专利数量的15%以上，并有一定数量的专利被转让。 注：文科类院校主要以咨询报告数代替专利数。 2. 学校每年有一定数量的高水平论文发表。 3. 有一定的与行业或企业合作开发的案例和项目，科技成果转化与推广应用取得明显成效。
		3.2.3 科研反哺教学	教师主动将科研成果主动转化为教学成果，在教学内容更新、教材建设、实验室建设、毕业设计选题、学生创业创新指导等方面取得明显实效。
	3.3 社会服务	3.3.1 社会培训	1. 学校有效地开展了服务于全民学习、终身学习的继续教育工作。 2. 能面向行业、企业开展社会培训，行业企业评价较好。
		3.3.2 产学研合作	产学研深度融合，大多数教师能够与行业和企业合作开展技术研发与技术改造；能够为地方政府提供决策咨询；能够结合地域文化特点开展文化传承与创新活动。

续表

一级指标	二级指标	三级指标	指标说明
4. 教师发展	4.1 发展规划	*4.1.1 规划制定*	*学校有针对本校实际情况制定的教师发展规划，二级院系有实施计划。*
		4.1.2 规划落实	*学校设置了教师发展中心，有经费保障教师发展规划的落实。有检查、监督、评价机制。学校营造了教师专业发展的良好氛围。*
	4.2 培养培训	*4.2.1 教师职业生涯规划*	*二级院系应根据每位教师，特别是青年教师的具体情况制定相应的职业生涯发展规划，并设立老教师指导的导师制，引导教师将个体发展目标与学校中长期目标相结合。在学位提升、专业能力提升、教学能力提升等方面有措施、有成效。教师评价较好。*
		4.2.2 教学能力提升	1. 学校及*二级院系*开展了各种提高教师素养、教学水平、教学能力的培养培训活动，注重现代教育理念、教学方法以及信息技术的应用。教师评价较好。 *2. 有兼职教师上课前培训制度，教学质量有保障。*
		4.2.3 科研与实践能力提升	*1. 学校注重为教师学术发展和实践能力提升搭建平台。有鼓励教师开展学术交流、进修学习、国（境）外访学、科研训练等制度，有计划地选送教师到企业接受培训、挂职工作和实践锻炼。有经费保障，效果显著。* *2. 学校通过教学评价、绩效考核、职务（职称）评聘、薪酬激励等制度改革，增强教师提高实践能力的主动性、积极性。*
		4.2.4 团队建设	有计划地开展了专业带头人、学科带头人、教学团队和研究团队建设，并形成阶梯式结构。注重团队文化建设，提高团队凝聚力和教师归属感。
	4.3 教师评价	4.3.1 专任教师评价	有规范的教师评价机制，特别应加强对教师教学质量的评价，定期进行利益相关方评价（学生评价、自我评价、同行评价、专家评价、合作单位评价），有条件的可不定期地进行第三方评价。评价结果应与激励机制和教师进退相挂钩。
		4.3.2 兼职教师评价	对兼职教师有管理制度和教学效果的考核评价制度，并把考核评价结果与聘任制度挂钩。兼职教师教学效果较好，学生满意度较高。
		4.3.3 教师满意度	教师有畅通的表达诉求的渠道。教师对学校教师队伍建设的政策、工作环境、生活保障及个人生涯发展满意度较高。

注：*斜体部分*为与第二版的区别

第四节　评价体系的应用

评价体系主要适用于新建本科院校师资队伍建设过程中的自我评价与诊断，还可以用于政府（教育行政部门）及社会（第三方）的外部评价，得到对学校师资队伍建设状况的整体判断。

评价体系在使用时，可根据本地区经济发展水平和教育发展水平的实际情况，对个别指标项和要求作出适当调整。

评价体系分为三级，即一级指标项、二级指标项和三级指标项，针对第三级指标设有指标内涵说明。评价时每位专家根据指标内涵只对第三级指标项按5级评判标准打分（依次为：5分好，4分较好，3分一般，2分较差，1分差）。一级及二级指标项不用打分。

专家组的评价分值按以下方法得到：

1. 三级指标：对每位专家该三级指标项分值汇总的算数平均值。

2. 二级指标：对专家组该二级指标项下设的所有三级指标项分值汇总的算数平均值。

3. 一级指标：对专家组该一级指标项下设的所有二级指标项分值汇总的算数平均值。

例如，一级指标“1. 数量与结构”含3个二级指标：“1.1 教师数量”、“1.2 专任教师结构”、“1.3 兼职教师结构”，其中“1.1 教师数量”下设3个三级指标：“1.1.1 生师比”、“1.1.2 各专业教师数”、“1.1.3 兼职教师数”。每位专家先根据指标内涵说明，对3个三级指标打分，假设“1.1.1 生师比”得分5分，“1.1.2 各专业教师数”得分4分、“1.1.3 兼职教师数”得分3分，则二级指标“1.1 教师数量”的得分为：(5+4+3) ÷3=4。依此类推，可以得到该专家组对其他二级指标项分值。

学校可根据各指标项分值情况来判断该项的优劣程度，明确建设目标及重点。

第八章　师资队伍评价指标体系实证研究

第一节　三所评测学校概况

海口经济学院地处海南省，是位于中国南部的一所以经、管为主的民办财经类新建本科院校；哈尔滨理工大学地处黑龙江省，是位于东北地区的一所以工为主，理工结合的公办理工类地方普通本科高校；重庆科技学院位于重庆市，是西部地区的一所理工类公办新建本科院校，是中国应用技术大学（学院）联盟副理事长单位。

这三所学校分处于中国的不同地域，都是应用型普通本科院校。从学校类别来看，公办学校 2 所，民办学校 1 所；从学校类型来看，新建本科院校 2 所，非新建的地方普通本科院校 1 所；从办学类型来看，理工类院校 2 所，财经类院校 1 所。选择这三所学校为评测对象具有很好的代表性，基本能够反映出不同地区、不同类型学校师资队伍建设的情况，对进一步改进师资队伍评价指标体系具有很好的参考作用。

一、重庆科技学院概况

重庆科技学院位于重庆市，是中央与重庆市共建，以重庆市为主的普通公办本科高校，办学历史 60 余年。

学校以工科为主，多学科协调发展，行业特色鲜明，区域优势突出，其中石油、化工、冶金、材料等都是其特色专业。学校确定了“立德立人、求是求新、载文载道、为国为民”的办学宗旨和“特色立校、文化兴校、人才强校”的发展战略。“十二五”期间，努力提升内涵建设，打造特色学科，加大合作交流。学校坚持走应用型办学道路，2010 年 6 月通过教育部本科教学工作合格评估，2014 年 11 月当选为“新建本科院校联盟”副理事长单位。

学校现有 2 个专业硕士点、14 个二级教学单位、49 个本科专业，全日制在校学生数 2 万人。

学校确立了努力要把学校打造成特色鲜明、国内知名、走向国际的高水平特色科技大学。学校现有专任教师 1122 人，高级职称教师 464 人，具有博士学位教师人数为 240 人，具有硕士及以上教师占比为 90%。

本科专业中国家级特色专业 2 个，卓越工程师教育培养计划学科专业 5 个，国家级工程实践教育中心 4 个，国家级实验教学示范中心 2 个；市级特色专业 4 个、市级专业改革综合试点专业 2 个、市级“三特行动计划”特色专业 4 个、特色学科专业群 1 个、市级人才培养模式创新实验区 4 个、市级实验教学示范中心 8 个、市级大学生校外实践教育基地 2 个。

学校具有雄厚的科研实力，设有复杂油气田勘探开发、纳微复合材料与器件等 4 个省部级重点实验室，设有非常规油气田开发、工业过程在线分析与控制 2 个重庆市高校重点实验室，有省部级工程技术研究中心 7 个。承担了近百项国家课题和产学研合作开发、产品设计等数百项科研项目。

二、海口经济学院概况

海口经济学院是 2008 年经国家教育部批准成立的海南省第一所独立设置的民办本科高校。学校前身始于 1974 年创办的海口业余大学，历经海口职业大学、海口经济职业技术学院等发展阶段，迄今已有 40 余年的办学历史。2014 年 11 月通过教育部本科教学工作合格评估。

升本以来，学校树立应用型人才培养的办学定位，贯彻落实“一个中心”（人才培养），突出“两根主线”（教学、科研），推进“三大建设”（师资队伍、学科专业、条件环境）的发展思路，全面推进“两个转型”（高职教育向本科教育转型，规模发展向内涵建设转型），办学实力显著增强，培养质量稳步提升。

学校充分发挥体制机制优势，实行董事会领导下的校长负责制。董事会、党委、行政领导班子成员交叉任职，分工明确，形成合力。学校首创了民办高校员工持股制，广大教职员工与学校成为利益共同体。

学校 2009 年 7 月正式启动桂林洋新校区建设，2013 年 3 月实现了整体搬迁。目前，学校占地面积115.67万平方米，建筑面积58.42万平方米；馆藏纸质图书137.3万册，电子图书179.16万册；有实验实训室190间，教学电脑近3000台；固定资产总值151297.62万元，教学科研仪器设备总值9194.95万元。

学校下设12个二级学院（系）、2个教学部，拥有29个本科专业，涵盖经、管、文、工、艺、教六大学科门类，面向全国招生。全日制在校生规模22480人，其中本科生14668人。学校有国家专业综合改革试点项目1个，省级重点学科1个、特色专业5个、精品课程17门、精品视频公开课1门、教学团队8个、实验教学示范中心2个。2012年5月获得学士学位授予单位。

学校教职工1500多人，其中专任教师686人，享受国务院特殊津贴专家2名，全国及省级优秀教师18人。聘请20多位博士后为兼职教授、30多位国内外知名专家学者为客座教授。

近年来，教师在教育教学中获得国家级奖励67人次，省部级奖励302人次。教师承担国家级课题1项，承担省市级课题100余项；公开发表教改、科研论文1177篇，获教学科研成果奖101项，体育、文艺作品获奖148项；出版教材、著作273部。

学校全面推进素质教育，构建有特色的素质教育体系和人才培养模式，将素质拓展纳入人才培养体系，形成了全方位、全过程、全员性的育人合力和良好环境。近年来，有1300多人（次）获得省级以上乃至国际比赛的奖项，有“世界旅游形象大使”和“北部湾形象大使”获得者；省级一、二、三等奖43项；英语口语大赛获得国家特等奖1项，一等奖1项，二等奖2项。

学校积极探索国际合作教育，2009年开始启动中外合作教育项目，先后与澳大利亚、新西兰、美国、英国、加拿大等国家的高校开展合作办学，为学生出国留学提供更多机会和选择。目前，学校正在与加拿大北大西洋学院开展三个合作教育项目。

学校坚持以人才培养为中心，主动服务地区经济社会发展，累计为社会培养了近5万名学生，毕业生就业率连续多年均在90%以上，毕业生以“适应快、能力强、素质高”受到用人单位普遍青睐与广泛好评。

学校办学成果和社会认可度逐年提升。2009年当选“全国先进社会组织”、“全国普通高校毕业生就业工作先进集体”，2010年被教育部评为“全国民办教育先进集体”、“全国学校艺术教育先进单位”；2011 年被国家民委、国家体育总局授予“全国民族体育先进集体”称号，先后两次被海南省委省政府授予“海南省文明单位”称号；2011 年 12 月当选为全国民办本科高校协作会副理事长单位；2013 年 8 月当选为海南省工商联副主席单位，12 月当选中国民办教育协会副会长单位；2014 年 3 月当选为中国民办教育协会高专委常务理事单位。多次被评为“海南省普通高等学校毕业生就业工作评估优秀单位”，2011—2013 年，连续 3 年入选新浪网“最具综合实力民办高校”10 强。

三、哈尔滨理工大学概况

哈尔滨理工大学是位于黑龙江省哈尔滨市，是中央与地方共建，以黑龙江省为主的普通公办高校，办学历史 60 余年。

学校以工为主，理工结合，多学科协调发展，具有较强的实力，2008 年成为黑龙江省高等教育强省建设规划中的重点建设十所高水平大学之一，2015 年成为黑龙江省人民政府与国家国防科技工业局共建高校。

学校现有 22 个二级教学单位，59 个本科专业，9 个专科专业。全日制在校生 34000 人，专任教师将近 1700 名，其中副高职以上教师人数达到 1400 人。

“十二五”以来，学校承接了 170 余项国家级项目，280 余项省部级项目和 1100 余项委托项目，取得了丰硕的科技成果和教学成果。学校主办有四种公开发行学术期刊。超过 4000 名学生在省级及省级以上的各类竞赛中获奖。

学校坚持内涵提升，强化质量建设，加强国际交流与合作，先后与 20 余个国家的 50 余所境外高水平大学与研究机构建立了合作，不断提升学校的办学水平和综合实力。

第二节　师资队伍评价指标体系实测方案

一、学校组织部门及专家学习研究评价指标体系内涵，掌握评价指标体系的内在要求。

二、组织校内各二级院系开展自评，按照评价指标体系对本院系师资队伍现状和建设情况进行评价打分（打分表见附录F）（至少请3位专家打分），之后算出这几位专家每项的平均得分。具体算法如下：

评价时每位专家根据指标内涵只对第三级指标项按5级评判标准打分（依次为5分好，4分较好，3分一般，2分较差，1分差），一级及二级指标项不用打分。

专家组的评价分值按以下方法得到：

1. 三级指标：对每位专家该三级指标项分值汇总的算数平均值。

2. 二级指标：对专家组该二级指标项下设的所有三级指标项分值汇总的算数平均值。

3. 一级指标：对专家组该一级指标项下设的所有二级指标项分值汇总的算数平均值。

例如，二级指标"1.1 教师数量"下设3个三级指标："1.1.1 生师比"、"1.1.2 各专业教师数"、"1.1.3 兼职教师数"。每位专家先根据指标内涵说明，对3个三级指标打分，假设"1.1.1 生师比"得分5分，"1.1.2 各专业教师数"得分4分、"1.1.3 兼职教师数"得分3分，则二级指标"1.1 教师数量"的得分为：(5+4+3)÷3=4分。依此类推，可以得到该专家组对其他二级指标项分值。

三、在自评打分的基础上，请二级院系形成简单的结果分析报告，报告应包括以下内容：

1. 本院系的师资队伍概况；

2. 突出的成绩和薄弱环节；

3. 评价结果与院系领导的定性判断是否一致；

4. 指标体系的适应度和对评价指标体系的改进建议。

四、请学校质量监控与评价部门或人事处或教师发展中心组织此项工作，教务处、科研处等部门配合完成。学校层面组织5位专家对学校师资队伍现状与建设情况进行评估，具体评价方式参照二级院系的打分和计算方式进行。

五、学校组织此项工作的部门在专家组评价打分的基础上，参考各二级院系的评价结果分析报告，形成学校师资队伍的评价分析报告。分析报告应包括以下内容：

1. 学校概况；

2. 师资队伍概况（自有教师数量、兼职教师数量、生师比、职称结构、学历结构、年龄结构、双师双能型结构、兼职教师来源结构，以及以上数据近三年的发展态势）；

3. 突出的成绩和薄弱环节；

4. 评价结果与校领导的定性判断是否一致；

5. 指标体系的适应度和对评价指标体系的改进建议。

第三节　实测结果的统计与分析

一、重庆科技学院的结果统计与分析

2016 年 3 月 7 日至 3 月 31 日，重庆科技学院使用“应用型本科院校师资队伍评价”指标体系对校内师资队伍建设情况进行了自我测评，目的有两项：一是对学校师资队伍建设情况进行自我诊断；二是对“应用型本科院校师资队伍评价”指标体系的适用性进行检验。

学校领导高度重视测评工作，责成教学质量与评估办公室负责，相关职能部门和二级学院积极配合，很好地完成了本次测评工作。

测评分两个层面进行。一是选择有本科教学任务的 9 个二级学院（公共外语教学部、基础课部、体育系等公共教学单位除外），依据评价指标体系，由学院组成专家组，对本学院的师资队伍情况进行测评，得出每一项评价指标的具体分值，并撰写了本学院测评分析报告。二是学校层面组成了专家组对全校的师资队伍情况进行测评。在校院两级测评基础上，学校撰写了重庆科技学院师资队伍评价指标体系实测分析报告。

依据校、院两级的测评报告和专家组打分情况，笔者进行了汇总与分析，结果如下。

（一）整体情况

通过对 9 个二级学院的专家组打分情况的统计汇总，得到以下结果。

1. 优势指标项

● 打分高的指标项有 3 个

分别是：专任教师学历结构、师德、教学内容

这 3 个指标项被 5 ~7 个学院打为 4. 5 分（5 分为满分）以上，说明半数以上的学院在这三个方面工作成效比较明显。

● 打分较高的指标项有 2 个

分别是：科研政策、规划制定

这 2 个指标项被 4 个学院打为 4. 5 分（5 分为满分）以上。

2. 薄弱指标项

● 突出薄弱的指标项有 2 个

分别是：生师比、科研成果及应用。

● 相对薄弱的指标项有 5 个

分别是：兼职教师数、兼职教师专业结构、兼职教师评价、教师职业生涯规划、兼职教师来源结构。

前 4 个指标项被 4 个学院打为 3. 8 分以下（见表 8. 1），后一个指标 9 个学院平均打分 4. 0 分，学校专家组打分也是 4. 0 分，相对评价较低。

表 8. 1　薄弱指标项

3. 8 分及以下指标项	生师比	科研成果及应用	兼职教师数	兼职教师专业结构	兼职教师评价	教师职业生涯规划
安全工程学院		●		●	●	●
工商管理学院	●	●	●	●		●
化学工程学院	●	●			●	
机械与动力工程学院	●				●	●
建筑工程学院	●	●	●	●	●	●
人文艺术学院				●		
电气与信息工程学院			●			
石油与天然气工程学院	●	●				
冶金与动力工程学院			●			

在7个薄弱指标项中，与兼职教师相关的指标占了4个，这说明兼职教师的聘任、管理与评价工作的科学化与规范性亟待加强，应引起学校的高度重视。

人文艺术学院、电气与信息工程学院、冶金与动力工程学院在这7个薄弱指标项中占了1个，工商管理学院占了5个，建筑工程学院占了6个。这有两种可能性：或者是这两个学院专家组打分比较严格，或者是这几方面确是学院比较薄弱的方面，需要引起学院，特别是学校的高度重视，给予积极的扶持和帮助，支持这些学院尽快在这些方面加以改善。

（二）指标项分析

本着以推动学校师资队伍建设为目的，在以下各一级指标的说明中重点分析存在的主要问题，提出意见与建议供学校参考。

1. 数量与结构

（1）学校生师比达到办学合格标准，但专业院系师资数量不足的问题比较突出。

学校目前专任教师数量合计1139人，其中自有专任教师1014人，外聘教师249人，折合在校生数为20425人，生师比17.93：1，好于全国新建本科院校的平均水平（20：1）（参见表G.1），达到国家办学的合格要求，能够满足学校人才培养工作的需要。

但是从评测打分中可以看出，多数专业院系教师数量不足的问题还比较突出。在9个测评学院中，“生师比”一项打分在3.8分以下的院系占到了5个（参见表8.1），还有1个学院尽管打分在3.8分以上，但院系报告中将教师数量不足的问题作为学院的主要问题提了出来，“学院师资数量目前偏少。实验室仅有三位实验教师，需承担本科、专业硕士研究生全部实践教学任务和重庆市职业卫生检测检验工作，实践教学运行困难”。

学校全校生师比达到合格标准，然而不少专业院系反映教师数量不足，这是一个矛盾现象。分析其原因，在查阅了2010年学校参加合格评估时的数据发现，本科生数与专任教师数之比，数理系为2.4：1，人文社会科学系2.3：1，艺术系1.9：1，外语系2.9：1，承担着学校公共基础教学的教师比例过高，目前是否仍然存在这样的问题？如何引导过多的基础课教师分流发展，提高全校生师比的有效性值得学校关注。

（2）师资队伍整体结构合理，但未来年龄梯队存在隐患。

目前，学校教师队伍整体结构基本合理。

从学历结构上看，具有硕士及以上的教师比例（84.2%）高于全国新建本科院校的平均水平（67.5%），其中博士学位教师的占比（23.5%）更是远超同类院校（9.1%）。校院二级的打分情况也反映了大家对“专任教师学历结构”的高度认可，学校专家组对此项的打分为4.6分，在参加评测的9个二级院系中，有7个院系此项的打分在4.5分以上，是所有三级指标项中2个被评价最好的指标项之一（另一项是“师德”）。

从职称结构上看，具有副高以上职称的教师占比（46.5%）也高于全国新建本科院校的平均水平（34.2%）。

从双师型结构上看，“双师双能型”教师占比（24.6%）好于全国同类院校（20.3%）（参见表G.3－G.5）。

从年龄结构上看，目前学校30～39岁年龄档的教师占53.3%，而全国普通高校此年龄档的平均值为42.4%；学校40～49岁的教师占30.7%，全国普通高校的平均值为26.9%。可以看出，重庆科技学院30～49岁年富力强、经验丰富的教师占到全体教师总数的84%（全国普通高校为69.3%）（参见表G.2），这一庞大的群体无疑是学校的骨干力量，相比其他高校，能够更快更好地推动学校人才培养质量的提升和科研工作的开展。但是也应看到学校30岁以下年龄档的教师只有8.4%，而全国普通高校平均为14.5%，这虽然不会对现在的教学工作和科研工作带来什么影响，但未来学校有可能存在教师年龄断层的风险，应引起学校的关注。建议学校根据各院系的实际情况，对年轻教师较少的院系加大青年教师的招聘和培养力度，为今后形成合理的师资队伍梯队结构打下基础。

2. 教育教学水平

（1）教学质量有保障，教学能力有待进一步提升。

“教育教学水平”这一指标9个二级学院的平均得分为4.27分，是所有一级指标得分中最高的。在所有35个三级指标中评价最好的三个指标项中（4.5分以上），与“教育教学水平”相关的指标就占了2项，分别是“师德”（4.67分）和“教学内容”（4.5分）。

学校建立常态评估机制。单独设立了二级职能部门教学质量与评估办公室，形成教务处负责教学管理运行、教学质量与评估办公室负责教学质量评价的两条线管理模式，以及教学质量与评估办公室、教务处与二级学院（部）“三位一体”的教学质量组织保证体系。通过开展各项教学专项评估，将日常建设、运行与质量评估结合起来，形成教学质量状态的基本判断，为教学质量的控制提供决策依据，对二级学院（部）教学工作进行宏观管理、调控和引导。

学校建立了较好的教学质量监控机制，制定了系列规范教学管理、教学过程的规章制度，建立了三级评教体系，通过教学督导、同行评价、学生评教等措施，对教学质量进行监控。例如，化学工程学院在分析中写道：按照“分类归队、整合方向、聚集资源、形成合力、寻求突破”的原则，重点从4个专业学科方向，全面提升教师队伍教育教学能力。教研、教改工作不断深化，各二级院系制定了与教学活动相配套的规章制度；通过研讨会、讲座、现场考察等方式丰富教研活动的内容和形式，研究专业建设与教学改革，提高教研活动的实效。近年来涌现出许多教研、教改成果。

学校的课堂教学和实践教学水平的提升还有较大上升空间。从9个二级院系的打分平均值可以看出，课堂教学中教学方法为4.17分，教学效果为4.07分；在实践教学中实践能力为3.97分，实践教学能力为4.11分。这些三级指标相对于师德师风、教学态度、教学内容都明显低一些。这与后面培养培训中教学能力提升打分为4.04分，科研与实践能力提升3.94分的评价结果恰好呼应上了。建议学校在提升教师的教学能力、实践教学能力、改进教学方法等方面加大力度，进一步提升教学效果。

3. 科学研究与社会服务

（1）科研政策有效，科研实力雄厚

学校十分重视科研工作，制定了一系列鼓励教师积极开展科学研究和技术开发的政策措施，营造了有利于科研的环境和氛围。学校科研实力雄厚，建有4个省部级重点实验室、2个重庆市高校重点实验室、7个省部级工程技术研究中心、1个省部级社科研究中心和1个省部级科普基地3个；承担了近100项国家级课题，科研经费连续三年破亿元，2000余篇论文被美国《科学引文索引》（SCI）和《工程索引》（EI）检索和收录，年科研经费超亿元。这从打分情况可以直接反映出来，“科学研究与社会服务”这一级指标学校专家组打分为 4. 41 分，是 4 个一级指标中得分最高的。雄厚的科研实力与学校强有力的科研政策支撑分不开，“科研政策”这一指标 9 个二级学院的平均打分为 4. 26 分，学校打分为 4. 8 分，是学校评价较好的 6 个三级指标之一。

学校重视产学研合作，大多数教师能够与行业、企业合作开展技术研发与技术改造，能够为地方政府提供决策咨询，能够结合地域文化特点开展文化传承与创新活动。学校拥有数百项产学研合作科技开发和产品设计项目研究，科研成果获得了 1 项国家科技进步特等奖、52 项国家技术发明及省部级科学进步奖、155 项授权专利。为地方经济社会的发展作出了贡献。

（2）科研成果与专化需进一步加强

从评分情况也可以看出，学校科研成果转化能力和科研成果应用能力还需要进一步加强。三级指标“科研成果及应用”是学校 2 个最为突出的薄弱指标中的一个，9 个二级学院在此项的平均打分为 3. 5 分，其中有 5 个学院打分在 3. 8 分以下。“科研反哺教学”学院平均打分为 3. 68 分，学校专家组打分为 3. 4 分，校院二级打分情况基本一致，说明科研成果的转化和应用确实是学校的薄弱环节，建议学校关注此方面的问题，采取相应的政策措施，进行激励与扶持。

4　教师发展

（1）兼职教师管理与评价亟待加强

在学校 7 个薄弱指标项中，与兼职教师相关的指标就占了 4 个，分别是：“兼职教师数”（3. 51 分）（9 个二级学院的平均打分）、“兼职教师评价”（3. 93 分）、“兼职教师来源结构”（4 分）、“兼职教师专业结构”（4. 04 分）。重庆科技学院目前兼职教师总数为 249 人，约占教师总数的 24. 6%。从校院两级的分析报告中可以看到，兼职教师在学校人才培养各个环节的参与度在逐渐加强，专兼协同程度在逐步提高。但是，有些院系反映在理论课程授课和课程大纲编制等方面，兼职教师的参与度还不够，兼职教师队伍的稳定性还有待加强。

学校聘请兼职教师的主要目的是弥补自有专任教师在数量、专业知识结构和实践能力结构上的不足，兼职教师应与学校自有专任教师互为补充，共同形成一支科学合理的师资队伍。因此，对兼职教师要合理地遴选、规范地管理、科学地评价关系到学校教师队伍整体的科学化建设和教师队伍水平。对于占据了约四分之一比例的这样一大批兼职教师群体来说，如何让他们在教学和科研工作中发挥更多、更好的作用是值得学校特别关注的问题。

（2）学校应更加关注教师的发展，关注团队建设和青年教师的生涯规划

学校专家组打分结果显示，“教师发展”一项的整体性评价不高（3.8分），团队建设和教师的职业生涯规划做得还不到位。从9个二级学院打分情况看，团队建设得分为3.90分，是评价得分较低的指标项之一，建议学校今后更加关注教学团队建设。

数据显示（参见表G.2），学校40岁以下的教师比例为61.7%，超过了半数，然而学校和一些二级学院对这部分群体的职业发展重视程度还不够。学校专家组对“教师职业生涯规划”一项的打分仅为3.6分，9个二级学院的打分为3.99分，其中有4个学院的得分在3.5分以下，分别是：安全工程学院3.7分、机械与动力工程学院3.5分、工商管理学院3.33分、建筑工程学院3分。

40岁以下年龄档的教师是学校的中坚骨干力量，而且数量较大，建议学校对这部分教师发展给予更多的关心，不仅要在教学工作相关内容上加强培养培训，更要关注他们的个体需要和未来职业发展。教师队伍建设规划如果既能有学校整体规划，也能针对每一位青年教师制订具体发展计划，会让这些人感受到被关心，并清晰自己未来几年的努力方向，这将会更好地激发这批教师的潜能。学校应完善人力资源政策，引导教师把自身设定的发展目标与学校的发展目标相结合，力求教师的个体目标与学校的组织目标相统一，短期目标与长期目标相统一。同时，建议学校在目标实施的过程中还应加强过程性引导与监控。

二、海口经济学院的结果统计与分析

2016年3月7日至3月14日，海口经济学院使用“应用型本科院校师资队伍评价”指标体系对校内师资队伍建设情况进行了自我测评，目的有两项：一是对学校师资队伍建设情况进行自我诊断；二是对“应用型本科院校师资队伍评价”指标体系的适用性进行检验。

学校领导高度重视测评工作，责成评估中心总负责，相关职能部门和二

级学院积极配合，很好地完成了本次测评工作。

测评分两个层面进行。一是选择有本科教学任务的6个二级学院（公共外语教学部、基础课部、体育系等公共教学单位除外），依据评价指标体系，由学院组成专家组，对本学院的师资队伍情况进行测评，得出每一项评价指标的具体分值，并撰写了本学院测评分析报告。二是学校层面组成了专家组对全校的师资队伍情况进行测评。在校院两级测评基础上，学校撰写了海口经济学院师资队伍评价指标体系实测分析报告。

依据校、院两级的测评报告和专家组打分情况，笔者进行了汇总与分析，结果如下。

（一）整体情况

通过对6个二级学院的专家组打分情况的统计汇总，得到以下结果。

1. 优势指标项

（1）打分高的指标项有3个

分别是：师德、专任教师学历结构、教学态度

这3个指标项被3～5个学院打为4.3分（5分为满分）以上，说明半数以上的学校在这三个方面工作成效比较明显。

（2）打分较高的指标项有13个

分别是：各专业教师数、兼职教师数、专任教师学历结构、兼职教师专业结构、师德、教学态度、教学内容、教学方法、教学效果、规划制定、教师职业生涯规划、专任教师评价、教师满意度。

这13个指标项被半数以上的学院（3～5个）打为4分及以上。

2. 薄弱指标项

（1）相对薄弱的指标项有5个

分别是：生师比、科研项目、产学研合作、科研成果及应用、科研反哺教学。

这5个指标项被半数以上（3～5个）的学院打为3.5分以下，其中，与科研相关的指标在这5项中占了4项。

（2）突出薄弱的指标项有4个（见表8.2）

表 8.2 薄弱指标项

3 分及以下指标项	科研成果及应用	科研反哺教学	产学研合作	生师比
财务会计学院		●	●	●
传媒学院	●		●	
工商管理学院	●	●	●	●
经济贸易学院	●	●		●
旅游与民航管理学院	●			
艺术设计学院				

突出薄弱的指标项有：科研成果及应用、科研反哺教学、产学研合作、生师比。这些项目被半数以上（3～4 个）的学院打为 3 分及以下，其中，与科研相关的指标在 4 项中占了 3 项，这说明科研工作亟待加强，应引起学校的高度重视。

工商管理学院全部覆盖了这 4 项突出薄弱的指标，财务会计学院和经济贸易学院覆盖了其中的 3 项指标。这有两种可能性：或者是该学院专家组打分比较严格，或者是这几方面确是该学院比较薄弱的方面，需要引起学院，特别是学校的高度重视，给予积极的扶持和帮助，支持这些学院尽快在这些方面加以改善。

（二）指标项分析

本着以推动学校师资队伍建设为目的，在以下各一级指标的说明中重点分析存在的主要问题，提出意见与建议供学校参考。

1. 数量与结构

（1）师资队伍发展态势良好，但专任教师数量仍显不足

近三年，学校采取稳、聘、引三字方针，使得师资队伍建设呈现良好发展的态势。对比 2014 年和 2016 年的数据可以看到，生师比从 21.3 降低到 20.6，硕士以上学位的专任教师比例从 52.8% 提高到 53.2%，具有副高以上职称的专任教师从 23.6% 上升到 25.6%。

学校整体的生师比（20.6∶1）与全国新建本科院校平均水平（20∶1）（参见表 H.1），基本一致，略有差距，但是从满足教学需要的角度看，个别专业教师数量不足的问题仍然突出。从 6 个二级学院打分情况看，“生师比”一项的平均得分是 3.17，位列所有三级指标中的倒数第二位。经济贸易学院

本科生与专任教师之比超过了 60∶1，该学院在分析报告中写道：学院目前有学生 2200 人，专任教师 36 人，生师比不足。艺术设计学院本科生与专任教师之比接近 25∶1，而按照《教育部关于印发〈普通高等学校基本办学条件指标（试行）〉的通知》（教发［2004］2 号）规定的生师比限制招生要求，艺术院校应在 11 以下。

“专业教师数量不足，教师的授课任务较重，用于科研及实践锻炼的时间不足”（摘自财务会计学院分析报告）。生师比高使得教师教学负担过重，没有时间和精力出外进修，影响教师未来的学术发展和水平提升；没有过多精力从事教学研究，不利于整体教学质量；也没有过多精力从事项目研究，不利于促进地区经济发展。

针对专任教师短缺的问题学校还应持续予以关注。

（2）双师双能型”教师比例有待进一步提升，学历和职称结构还需改善

“双师双能型”教师比例（21.8%）虽然略好于全国新建本科院校的平均水平（20.3%），但是这一比例三年来没有提升反而有所下降（23%、22%、21.8%）。而且从二级学院评价看，6 个学院平均打分 3.5 分（其中 2 个学院打分为 3 分），学校专家组打分也是 3.5 分，学校和院系认识高度一致，这说明“双师双能型教师结构”是比较薄弱的环节。学校人才培养目标的定位是：着力培养具有本科底蕴、体现应用特征、确有专业特长、良好职业素养的高级应用型人才。为实现这一目标，建议从学校层面采取更有力的措施，推动“双师双能型”教师队伍建设。

近三年，学校专任教师学历结构稳步提升，从学校（4.17 分）和二级学院（平均 4.22 分）打分情况来看，普遍对这一项还比较认可，这可能源于专家对学校自身的进步给予了肯定。但是具有硕士及以上专任教师的比例（55%）和全国新建本科院校的平均值（66.8%）相比仍然偏低，特别是具有博士学位的教师很少，有些学院甚至没有。

此外，有三个学院在分析报告中提到，本学院几十位教师中只有一位是教授甚至没有一位教授。从学校报告可以看到，全校副高以上职称教师为 25%，这一比例并不高，与全国新建本科院校平均值 33.2%（2014 年统计）相比也有明显差距。

应该看到高水平教师的短缺一定会对学校未来的发展产生不利影响，高水平教师是教学质量提升、科研水平提升、服务地方能力提升的重要基础。学校要有长足的发展，在改善教师学历结构和职称结构方面必须进一步加大工作力度。

2. 教育教学水平

（1）教师课堂教学较好，实践教学还需进一步强化

教育教学水平是人才培养之本，学校一直努力营造尊师爱教的氛围，引导教师树立正确的教育观念，制定规章制度规范教师的教学行为，采取多种措施调动教师积极性，出台奖励政策激励教师掌握学科前沿动态，丰富教学内容，推动学科专业建设，提高了教学质量。其效果可以从打分情况反映出，6 个二级学院对“师德师风”的平均打分为 4. 50 分，“课堂教学”的平均打分为 4. 04 分，均位于较好水平。二级院系在分析报告中也提到教师敬业精神强，师德师风好，如工商管理学院这样写道：“我院教师队伍重点突出的成绩是教育教学水平较好”。

但从打分情况反映出对实践教学的评价不是很高，二级院系对“实践教学”的平均打分为 3. 81 分，学校专家组的打分为 3 分。从学校和学院的分析报告中可以看出，专职实验教师整体偏少，部分学院实验仪器设备陈旧，需要完善，机房数量和电脑数量已不能满足教学的实际需要，需要扩建。某学院在报告中这样分析：教师的实践教学能力有待提高。除个别专业“双师双能型”教师较多外，其他几个专业“双师双能型”教师数量不足，教师实践教学能力有待进一步提高。建议学校今后进一步加大实践教学经费的投入，充实实验室工作人员，加强教师实践能力的培养培训力度，进一步提升实践教学水平。

（2）教学研究能力需要加强

学校专家组对“教学研究”一项的打分是 3. 5 分，其下面的三级指标“教研项目”（3. 83 分）和“教研成果应用”（3. 17 分）都分值不高，这说明教师在教学研究方面还需要加强。目前，学校缺少一定数量的具有博士学位的教师，缺少高水平的学科专业带头人，缺少强有力的教研团队，这些要素会制约学校教学研究的进一步发展。建议学校一方面要外引、内培相结合，提高博士比例，提升教师的知识水平和教学研究能力；另一方面为教师

搭建平台，提供更多的机会让教师去参加国际、国内的学术及教学研究会议；同时出台优惠政策，激励教师不能仅满足于完成教学任务，更要鼓励教师开展教学改革与教学研究，以教学研究推动教学质量的进一步提升。

3. 科学研究与社会服务

（1）科学研究和社会服务水平是最薄弱的环节

“科学研究与社会服务”是四个一级指标中得分最低的一项，6 个二级学院的平均打分为 3.45 分，学校专家组的打分是 3.26 分。在前面的整体分析中，学校 4 个最薄弱的指标中，与科研相关的即占了 3 个，按 6 个二级院系平均打分从低到高排序为：科研成果及应用（2.95 分）、科研反哺教学（3.39 分）、产学研合作（3.39 分）。学校专家组对这 3 项的打分依次为：科研成果及应用（2.5 分）、科研反哺教学（2.83 分）、产学研合作（3 分）。校院两级对最薄弱项的认识高度一致，且得分从低到高的顺位都一致，这说明学校和各二级院系对自身的薄弱之处有着非常清晰的认识，同时也说明这些方面确实是学校最突出的薄弱之处。

（2）影响科学研究和社会服务水平的原因

分析其原因，主要有以下三点：

一是高水平的教师数量不足，还没有完全形成强有力的科研团队。

二是年富力强、具有丰富经验的教师数量不足。学校专任教师的年龄结构呈现“两头大、中间小”现象，数据显示学校 30 岁以下的教师比例为 24.2%，全国普通高校的平均值为 14.5%，高了将近 10 个百分点；60 岁以上年龄档的教师，学校为 7.1%，全国普通高校为 1.9%，高了 5 个百分点（参见表 H.2）。正如某二级学院分析报告中这样分析：由于老年教师身体素质相对较差，且还存在天然的知识体系陈旧等问题，而青年教师刚刚走上讲台，无论是在教学能力还是科研水平等方面，均存在较大的欠缺。因此，不合理的年龄结构，在很大程度上成为制约我院学科专业建设、教育教学水平的重大“瓶颈”。

三是“双师双能型教师”数量不足。应用型本科院校的教师不但要承担起应用型人才培养的教学任务，还要具备技术研发和成果转化的能力，具有服务地方经济社会发展的能力。

建议学校以地方普通本科院校转型发展为推动力，从以上三个方面采取相应措施，加快提升科研和服务社会的能力。

4. 教师发展

（1）学校重视教师发展工作，得到基层较好评价

学校重视中青年教师的未来发展，出台了多个关于加强教师队伍建设、提升教师学历水平和进修培训的相关政策文件，从制度层面支持、鼓励中青年教师攻读学位，提升业务水平；选送优秀教师深入基层，到企事业单位挂职锻炼，提高专业技能，增强实践能力；和企业、行业合作，开展多种形式的教师培训。这些工作取得了积极的成效。各个二级学院专家组打分平均为3.78分，处于较好的水平。

（2）需要持续关注的几个问题

学校重视教师发展工作并取得了明显成效，虽然得到了基层单位的较好评价，但是以下几个问题需要持续关注：一是教师发展既要看到本校的纵向进步，还要关注全国同类院校的发展水平，不进则退，慢进也是退步；二是教师的发展不仅包括进修、学术交流、提升学历，更应该结合学校的办学定位，重视“双师双能型”教师的培养，重视科研能力的提升。三是在教师发展上各个学院不平衡，工商管理学院得分为2.98分，明显低于全校平均水平，学校应该分析原因，给予指导和帮助。

三、哈尔滨理工大学的结果统计与分析

2016年2月25日至3月16日，哈尔滨理工大学使用“应用型本科院校师资队伍评价”指标体系对校内师资队伍建设情况进行了自我测评，目的有两项：一是对学校师资队伍建设情况进行自我诊断；二是对“应用型本科院校师资队伍评价”评价指标体系的适用性进行检验。

学校领导高度重视测评工作，召开专门会议部署此项工作，责成高教研究与质量评估中心总负责，教务处、人事处、科技处等相关职能部门和各二级学院积极配合，很好地完成了本次测评工作。

测评分两个层面进行。一是选择有本科教学任务的14个二级学院（马克思主义学院、体育教学部、国际文化教育学院等公共教学单位除外），依据评价指标体系，由学院的院长、教学副院长、科研副院长组成专家组，对本学院的师资队伍情况进行测评，得出每一项评价指标的具体分值，并撰写

了本学院测评分析报告。二是学校层面组成了5位专家对全校的师资队伍情况进行测评。在校院两级测评基础上，学校撰写了哈尔滨理工大学师资队伍评价指标体系实测分析报告。

依据校、院两级的测评报告和专家组打分情况，笔者进行了汇总与分析，结果如下。

（一）整体情况

通过对14个二级学院专家组打分情况的统计汇总，得到以下结果。

1. 优势指标项

（1）非常好的指标项有3个

分别是：专任教师学历结构、专任教师职称结构、师德。

这3个指标项被11～13个学院打为满分5分，这说明在这三个方面做得非常好，得到了绝大多数学院的高度认可。

与老本科院校相比（不含2000年以后成立或升本的新建本科院校），哈尔滨理工大学的教师学历结构高于全国平均值，其中博士学位35%，硕士学位49%，两者合计84%。而全国同层次本科院校博士学位平均为25.2%，硕士学位51%，两者合计76.2%。从职称结构看，哈尔滨理工大学正高职称教师为23%，副高为33%，两者合计56%。而全国同层次本科院校平均值为正高职称教师14.6%，副高职称教师32.1%，两者合计为46.7%。

学校重视师德师风建设，成效在具体的教学过程中得到了体现。

（2）比较好的指标项有3个

分别是：兼职教师来源结构、教学态度、教学内容。

这3个指标项被7～10个学院打为满分5分，这说明学校在这三个方面的工作卓有成效，半数以上的学院都做得很好。

“兼职教师来源结构”得到了半数以上学院和学校的高度认可（5分），14个学院在这一项的平均分为4.52分，这说明学校重视从行业企业聘请兼职教师，来源结构比较合理。

教学态度和教学内容与师德师风建设是密切相关的，在上面统计的非常好的指标中有师德这一指标，这一指标必然会体现在教师教学态度和教学内容上，说明了学校工作的联动性较好。

2. 薄弱指标项

（1）相对薄弱的指标有7个

分别是：生师比、兼职教师数、兼职教师评价、双师双能型教师结构、科研政策、科研成果及应用、产学研合作。

这几个指标项被4~7个学院打为4分及以下，这说明相当比例的学院在这些方面与优势项目相比还存在一定差距，需要学校在师资队伍建设中给予关注。

（2）突出薄弱的指标有8个（见表8.3）

表8.3　薄弱指标项

3分指标项	学院	学院	学院
生师比	电气与电子工程学院	材料科学与工程学院	经济学院
双师双能型教师结构	化学与环境工程学院	机械动力工程学院	建筑工程学院
兼职教师数	化学与环境工程学院	艺术学院	
兼职教师评价	化学与环境工程学院	材料科学与工程学院	
兼职教师专业结构	化学与环境工程学院	计算机科学与技术学院	
科研成果及应用	化学与环境工程学院	经济学院	
科研反哺教学	建筑工程学院	经济学院	
产学研合作	建筑工程学院	经济学院	

以上8个指标都至少被2个以上的学院打为3分，其中生师比和双师双能型教师这两个指标被三个学院评为3分，且平均得分相对较低（分别为4.02分和3.88分），从中反映出这些学院的突出薄弱环节所在。从上表还可以发现，化学与环境工程学院有5项指标打3分，经济学院有4项打3分。这有两种可能性：或者是该学院专家组打分比较严格，或者是这几方面确是该学院比较薄弱的方面，需要引起学院及学校的高度重视。学校应该对相关学院在这些项目上给予积极的扶持和帮助，支持这些学院尽快改善这些突出薄弱的环节。

（二）指标项分析

本着以推动学校师资队伍建设为目的，在以下各一级指标的说明中重点分析存在的主要问题，提出意见与建议供学校参考。

1. 数量与结构

(1) 专任教师数量不足

学校生师比（19.7∶1）偏高，和全国普通本科高校平均水平（17.73∶1）（见表I.1）相比尚存在一定差距，且专任教师数量分布不均衡，有几个学院本科生与专任教师之比超过30∶1。这从评分情况也可以看出：“生师比”和“兼职教师数”两项指标得分都较低，有4个学院在学院分析报告中提到了师资力量不足，生师比偏高的问题。

(2)“双师双能型”教师比例有待进一步提升

加强“双师双能型”教师队伍建设是国家《关于引导部分地方普通本科高校向应用型转变的指导意见》（教发［2015］7号）中提出的要求。“双师型”教师一般是指既具有教师职称和教师素养，又具有工程师等行业职称和素养的教师。“双能型”教师是指除了具备必需的教学能力外，还应具备一定的实践能力和创新能力的教师。

学校“双师双能型”教师的比例目前为16%，与老本科大学（14%）相仿。但是从各学院专家打分情况来看，接近一半的被调查学院在“双师双能型教师结构”一项都打在4分以下，有3个学院打了3分。某学院的分析报告这样分析：双师型教师总量不足，尤其缺乏具有丰富实践工作经验及相关职业技术证书的双师型教师，教师的综合素质和实践能力有待进一步提高。这说明目前“双师双能型”教师还不能完全满足人才培养工作的需求。加强“双师双能型”教师队伍建设是地方本科院校发展方向，哈尔滨理工大学提出了以“立足区域，面向国家，服务于我国现代装备制造业”的办学目标，这一目标要求今后必须加大“双师双能型”教师队伍建设的力度。

(3) 兼职教师数量与结构有待优化

学校聘请兼职教师的主要目的是弥补自有专任教师在数量、专业知识结构和实践能力结构上的不足，兼职教师应与学校自有专任教师互为补充，共同形成一支科学合理的师资队伍。

学院目前兼职教师数量相对不足，有4个学院打分在4分以下，其中有2个学院打了3分。有些学院兼职教师学历与专业需求匹配度还不高，“兼职教师专业结构”这一指标项有3个学院打分都在4分以下，其中2个学院打了3分。学校的兼职教师结构，特别是打分较低的学院的兼职教师结构需要进一步优化。

2. 教育教学水平

（1）教师教育教学水平较好，教研工作成效显著

“师德师风”、“课堂教学”和“教学研究”这三个二级指标都打分较高。14 个学院对“师德师风”的平均打分为 4.83 分，“课堂教学”的平均打分为 4.51 分，学校专家组对“师德师风”的打分为 4.4 分，“课堂教学”为 4.53 分。从校院两级评价结果可以看出来，两级评价的结果相似度较高，这说明学校高度重视师德师风建设，重视教师培训，多数教师教学态度严谨、教学方法合理、教学内容能够满足要求，课堂教学质量能够得以保障。同时，学校积极引导教师开展教学研究工作，成效明显，得到较高的认可度，这从学校专家组对“教学研究”项目给出了满分 5 分就可以说明。

（2）实践教学水平有待进一步提升

“实践教学水平”这一二级指标 14 个学院打分的平均值为 4.26 分，学校专家组打分为 4 分，这说明学校的实践教学基本满足需要，但是与“课堂教学”（4.5 分）、“教学研究”（5 分）等指标相比还有明显的差距，有较大的上升空间。从各学院的分析报告中可以看出，有部分学院实践教学的教师数量不足，尤其是实验室管理人员和实验操作人员短缺，这在一定程度上影响到实践教学的质量。建议学校今后进一步加大实践教学经费的投入，充实实验室工作人员，加强教师实践能力的培养培训力度，进一步提升实践教学水平。

3. 科学研究与社会服务

（1）学校在“科学研究与社会服务”方面表现出不均衡性

学校在电气、电子、机械、管理、计算机、艺术等学科、专业具有较强的科研实力。学院为教师搭建了良好的科研平台，与地方政府、院校和科研院所、行业企业结合紧密；许多教师具有较强的理论水平和实践能力，产教研深度融合，承担了大量纵向课题和横向应用类项目开发、技术研发，积极推动并加速成果转化，在服务区域经济发展方面成效显著。学院在这一级指标上打分基本在 4.5 分以上。但是在经济、法学、化学、建筑、自动化、应用科技等学院相对偏弱，学院在这个一级指标上评价得分都在 3.1 ~ 3.9 分

之间。

（2）学校服务社会的能力需要进一步提升

评价得分较低的三级指标项有：科研项目、科研成果及应用、产学研合作，科研反哺教学等，这些指标得分大多在 4 分以下。从 14 个学院专家组打分情况来看，在 12 个二级指标中，“社会服务”的平均得分（3.95 分）是最低的；在 29 个三级指标打分中，“科研成果及应用”的平均得分（3.85 分）是最低的。这说明学校的社会服务能力还需要加强。

哈尔滨理工大学 35 岁以下青年教师比例（38%）和全国老本科高校（29.9%）相比相对较高（见表 I.2），青年教师的科研能力和社会服务能力直接影响到学校的整体水平。从各学院的分析报告中也可以看出，很多教师尤其年轻教师从校门到校门，虽然具有较好的理论水平，但实践能力还跟不上，满足不了横向科研的要求，满足不了产学研合作和服务社会的需要，一些学科并未形成真正的科研团队，相互合作承揽大项目的能力不高。有些学院缺乏有效的激励机制，现行政策不利于科研水平的提升和服务社会的能力要求。

建议从学校层面出台相应的政策和措施，从制度上推动教师，特别是青年教师科研水平的提升和服务社会能力的改善。

4. 教师发展

（1）学校重视教师发展，但各学院发展不平衡

学校和二级学院重视师资队伍的培养与提升，有师资队伍建设规划，制定了培训和进修访学的相关制度并认真落实。学校积极为教师创造学术交流的机会，选派优秀教师出国进修、访学、留学，为青年教师到企业进行企业培训及实践创造条件，这些工作都取得了积极的成效。学校专家组对“教师发展”的下一级二级指标（发展规划、培养培训、教师评价）的打分分别是 4.7 分、4.7 分、4.67 分，在其下设的 9 个三级指标中，只有一项为 4.4 分，其他 8 项均在 4.6 ~ 5 分之间，在学校层面专家组对教师发展工作给予了很高评价，也说明学校对教师发展这项工作是卓有成效的。

但是从各二级学院的打分情况看，总体水平低于学校专家组的评价，三个二级指标的得分分别是 4.5 分、4.39 分、4.13 分，9 个分三级指标得分在 3.92 ~ 4.5 之间，差别明显，且各二级学院之间很不平衡。例如，某学院在

9个三级指标中有5个打分为3.3~3.67分。这两个现象是否可以提示我们，学校的方针政策在基层如何有效落实需要给予关注，同时，学校对在教师发展方面表现出突出弱势的院系应给予更多的关心和帮助。

（2）兼职教师评价是突出薄弱的环节

从二级院系评价的结果可以看出，“兼职教师评价”的平均得分为3.92分，是“教师发展”下设的9个三级指标中得分最低的项目。这表明各二级学院对兼职教师的管理和评价还没有引起足够的重视，亟待改善。建议学校出台对兼职教师的聘任、管理、考核、评价的相关规章制度，与二级学院一道共同推动兼职教师的队伍建设，使这支队伍在学校的办学目标和人才培养中发挥更重要的作用。

第四节　评测结果与指标体系改进

一、评测结果与分析

有3所高校、29个院系参与了本次应用型师资队伍评价的评测工作，回收到“应用型本科院校师资队伍评价打分表”32张，校、院二级分析报告32份，有效意见与建议47条，评测结论及分析如下。

（一）覆盖面较全

评测过程规范，评测内容较为系统、全面，从教学、科研、社会服务和教师发展等诸方面对师资队伍进行评价，比较全面地涵盖到评价指标体系的所有观测点。

（二）应用型特征凸显

从评测结果看，突出了指标体系设计时欲体现的重点，学校和二级院系对此给予了积极的评价，认为指标体系较好地体现了应用型的特征，如建设“双师双能型”教师队伍，规范兼职教师聘任、培训与评价，强化应用型科研与成果转化，关注教师发展，重视利益相关方的诉求等。

（三）适用度较好

有关指标体系的适合度意见合计20条，19条认为指标体系适应度较好，能够比较客观地反映出本单位师资队伍的真实情况，能够明显看出优势项目，找出短板，明确努力方向。

（四）个别指标项和说明还需进一步调整

在评测中发现，指标体系的适用对象及个别指标项和说明还考虑的不够细，需要做进一步细化和调整，主要有以下三点：

1. 承担全校公共基础教学任务的院系不完全适用于本评价指标体系。

2. 某些指标项不完全适用于理学院系，在评价标准中应给予说明，如"双师双能型教师"、"企业兼职教师"、"产学研合作"。

3. 对于指标体系中的科研成果，工科主要以项目，文科类主要以咨询报告数，但评测中发现法学专业不能简单以咨询报告代替。

二、评价指标体系改进

通过对评价指标体系的实证检验，针对评测过程中发现的一些问题作了以下进一步的修改和完善。

（一）明确评价指标体系的适用范围

师资队伍评价指标体系适应于新建本科院校及具有应用型特征的地方普通本科院校，适用于不承担公共基础教学任务的二级院系（理学院除外）。指标体系可供校院两级进行师资队伍评价时使用。

（二）修改 3. 2. 2 评价标准中的表述方式

在 3. 2. 2 成果及应用的评价标准中，将文科类院校（的成果）"主要以咨询报告数代替专利数"修改为"该专业的科研成果数量代替专利数"。

（三）应用型师资队伍评价指标体系（第 4 版）

修改完善后的评价指标体系（第 4 版）见附录 J，形成了 4 个一级指标、13 个二级指标、32 个三级指标的应用型本科院校师资队伍评价指标体系。

附录A　专家听课评价表

表 A.1　专家听课评价表

开课单位：　　　　　　　　　　　　课程名称：

课程类型：□基础课　□专业基础课　□专业课　□实验课　□实习实训

授课班级：　　　　　　　　　　　　授课教师：

教师职称：　　　　　　　　　　　　教师年龄层次：□老　□中　□青

测评要素	参考内涵	好	较好	一般	较差
1. 教学态度	尊重学生、治学严谨、讲课有热情、精神饱满				
2. 教学内容	教学目标明确、进度适宜；观点正确、表达清晰；内容充实，重点突出、注意介绍本学科研究和发展动态				
3. 教学方法	理论联系实际，善于启发思维；能够实现师生互动，课堂气氛活跃；能有效利用各种教学媒体				
4. 教学效果	学生理解和掌握了教学内容；学生相关能力得到培养和提高				
总评成绩					
存在问题及改进建议					

专家（签字）：　　　　　　　　　　　　　　　　年　月　日

附录 B　专家试卷评价表

表 B. 1　试卷评价表

<table>
<tr><td colspan="2">评估学校</td><td></td><td>专业年级（班级）</td><td colspan="4"></td></tr>
<tr><td colspan="2">考试课程名称</td><td></td><td>试卷份数</td><td colspan="4"></td></tr>
<tr><td colspan="4">评　价　项　目</td><td>好</td><td>较好</td><td>一般</td><td>较差</td></tr>
<tr><td rowspan="5">试题
质量</td><td>01</td><td colspan="2">命题规范情况</td><td></td><td></td><td></td><td></td></tr>
<tr><td>02</td><td colspan="2">题量</td><td></td><td></td><td></td><td></td></tr>
<tr><td>03</td><td colspan="2">难易程度</td><td></td><td></td><td></td><td></td></tr>
<tr><td>04</td><td colspan="2">覆盖面</td><td></td><td></td><td></td><td></td></tr>
<tr><td>05</td><td colspan="2">试题中考核灵活应用知识的综合性、提高性题目水平</td><td></td><td></td><td></td><td></td></tr>
<tr><td>卷面
质量</td><td>06</td><td colspan="2">试卷文字、插图</td><td></td><td></td><td></td><td></td></tr>
<tr><td rowspan="3">试卷
评阅</td><td>07</td><td colspan="2">评分标准</td><td></td><td></td><td></td><td></td></tr>
<tr><td>08</td><td colspan="2">阅卷评分标准</td><td></td><td></td><td></td><td></td></tr>
<tr><td>09</td><td colspan="2">试卷分析</td><td></td><td></td><td></td><td></td></tr>
<tr><td colspan="4">专家综合评价</td><td></td><td></td><td></td><td></td></tr>
<tr><td colspan="8">专家评语</td></tr>
</table>

专家（签字）：　　　　　　　　　　　　　　　　　　　　　　　　年　　月　　日

附录C 词频分析法——专家考察报告问题摘录

1. 北京某高校

产学研合作教育、实习实训需要进一步拓展与落实。该校在北京、河北等地签订了45家校外实习实训基地，虽然不乏亮点，但从数量到质量、广度到深度，都还难以满足应用型人才培养的实际需要。

学校产学研合作教育的制度不够完善，应用研究项目（横向）较少，缺乏产学研合作的“桥梁”，吸引合作的优势不明显，影响了产学研合作教育的开展。

政府、学校、企事业单位有效合作机制未能很好建立，尚未真正形成互利共赢的产学研合作教育长效机制。

应用型大学，要在产学研合作的理念和机制方面花更大的气力，下更多的功夫。目前，学校产学研合作教育发展不平衡，尤其是深度不够，学校无论在理念上还是实践上，差距较大，还远没有到形成合作机制的层面。

行业、企业对于学校教学的参与度过低，教学内容中行业标准和行业核心技能引进不够，具有自主知识产权的系列讲义没有形成。

毕业论文设计对专业能力训练不够，实验设备水平不高，有的仪器设备台套数不足，实践基地的作用没有完全发挥。

2. 上海某高校

对校企合作教育的认识不到位，做法不规范，特别是网络学院与上海时尚教育中心的合作不是校企合作，只能说是与另一个这个教育机构的联合办学。校企合作由业界全程参与的机制尚未形成。

高水平的教学建设和教学改革成果积累不多，尚没有省（市）级及以上的教学团队和精品课程，获得的省（市）级及以上的教学质量工程项目和科研项目都很少，标志性的教学成果不多。

学校与行业企业产学合作开发不普遍，仅个别专业有效开展。

实践教学的学分比例、综合性设计性比例不足，实验实训老师不足，多以兼职为主，而这部分教师大多经历简单，“从学校到学校”，缺乏实验实训教学经验。

学校与行业、企业产学结合不够紧密，仅在少部分专业里有效开展，辐射面窄，应用型人才的专业特色不明显。

双师型教师比重偏少，一些应用型学科没有“行业背景”的教师。

师资队伍中具有行业背景和“双师”素质的教师偏少。

教师的双师明显不足；科学研究（教学研究）成果明显不足。

缺少团队组织的领军人物。

学校服务地方经济建设和社会发展的能力和贡献不足。

3. 河北某高校

教师队伍整体缺少行业工作经历和实践锻炼，“双师型”教师数量不多，能将科研成果应用于教学的教师不多。

部分实验实习条件建设还不能很好满足应用型人才培养的需要。

4. 青岛某高校

学校虽然成立了教师发展中心，但针对青年教师比例过大、专业实践能力偏弱问题尚无具体措施，导师制无激励政策，名师和团队建设尚未起步。

科研与教学结合的不够紧密。学校基本不重视教学研究，抓课堂教学的同时，忽视了教学研究，不能有效促进教师的发展及课堂教学，长此以往，教师基本上都是教书匠，忽视教学前沿的内容和方法。

5. 福建某高校

对合作教育的认识不到位，覆盖面不广，深度更不够，有不少院系领导和专业带头人对合作教育的认识还停留在签约建立实习基地这一点上。

大多数专业的人才培养仍然停留在过去比较单一的、统一的甚至唯一的培养模式上。

实习实训方面，缺少整体的深度的合作，规模也都很小，涉及的学院专业、学生都很少，真正的校企产学研合作育人，无论是深度还是广度都十分不够。

教学研究和教学改革不够。学校目前没有省部级以上教学成果，教改论文数量比较少，特别是较高水平论文数量少。

学校还没有在教学研究上下功夫，相关政策支持不够，教师开展教学研究的氛围还没有形成。

6. 海南某高校

产学研合作教育整体推进不够。

从管理机构上看，产学研合作教育工作主要由科技处负责，而科技处总共有 3 个人，1 名副处长、1 名处长助理、1 名科长，人员少而日常科研组织、指导、管理的任务重，确实难以承担全校产学研合作教育的规划、组织、协调、指导、管理工作。

从合作组带上看，与行业、企业的横向合作项目确实偏少。

据北京大学教育学院项目组近期形成的《教师职业发展调研报告》的数据显示，学校 98.3% 的教师没有主持过行业、企业的横向项目，98.6% 的教师没有参与过该类项目。

从发展现状上看，整体推进不够，产学研合作教育在不同学科专业中开展得不平衡，有的教学院尚未实质性地进行。产学研合作教育存在的这些问题，确实会影响应用型人才的培养。

产学研合作教育问题。该校主要在三亚地区签订了一批校外实习实训基地，虽然不乏亮点，但从数量到质量和合作的程度，都还难以满足应用型人才培养的实际需要，近半数还停留在协议层面。

由于该校横向应用性研究项目极少，因而缺乏产学研合作的“桥梁”，吸引合作的优势不明显，影响了产学研合作教育的开展。

政府、学校、企事业单位有效合作机制未能很好建立，尚未真正形成互利共赢的产学研合作教育的长效机制。

有工程和社会实践背景的专业基础和专业教师数量少，专业分布不均。

教师结构、学历、专业工程背景与数量远不能满足应用型本科教育的质量要求。

在双师型教师队伍构建、课程的结构域安排、学生实习实践等方面，都还存在相互脱节的问题。

（1）面向全体同学的实践教学环节相对薄弱。毕业设计实际工程应用课题少，学生设计工作量偏少，理论基础较差，动手机会少，综合能力培养需进一步加强。

（2）毕业设计的选题问题。由于指导老师基本都没有到企业进行过实践，另外科研经验也缺乏，虽然部分老师参加电子设计竞赛指导等，积累了一些实践经验，但指导教师的总体水平还有待提高，存在选题的范围小、难度偏低、与实际应用的结合不强等问题。

（3）科研实力整体显示度较低。该校教师整体科研意识较弱，科研能力较低，科研项目少。教师没有主持过省部级纵向课题的约占 76.9%，没有参与过此类课题的约占 74.6%；有 98% 的教师没有主持和参加过行业、企业的横向课题。

资料显示，36.01% 的教师没有参加任何课题，60.5% 的教师没有主持过任何校级课题，40.7% 的教师没有任何科研经历。

（4）学校教师融入地方的意识尚需提高，据资料显示，76.9% 的老师没有主持过省部级横向课题，98.6% 的教师没有参加过行业、企业横向课题，83.2% 的教师没有参与过市县级课题。

学校整体科研实力较低，表现在科研项目较少，教师科研意识还较薄弱。琼州学院 36.01% 的教师没有参加任何课题，40.7% 的教师没有任何科研经历。教师没有主持过任何校级课题的占 60.5%，没有主持过省部级纵向课题的占 76.9%，没有参与过此类课题的占 74.6%。教师融入地方的意识尚需加强。没有主持过行业、企业横向课题的教师占 98.3%，没有参与过该类课题的占 98.6%。

7. 黑龙江某高校

教职员工对产学研合作教育内涵理解不深，与企（事）业单位开展深度合作不够。科研应用实力不够，反映出专业结构、师资队伍、合作平台等应用性方向发展不足。

学校目前强调校企合作仅在建立实践实训基地和开展少数横向科研上，真正意义上的产学研合作教育尚未开展。学校具有一定的边疆区域优势，理应在与政府、企业以及文化事业单位等有更多的合作，在合作办学、合作发展、合作育人、合作就业乃至推动黑河市的科技、文化发展等方面做得更好，但目前，学校产学研合作教育工作开展的主动性不够，学校的横向项目数量与经费偏少（升本以来横向项目很少，2012 年横向科研经费为数十万元），与地方企事业单位的实质性合作不多，合作平台偏少。

应用型专业“双师型”、应用型师资缺乏。

“双师型”教师比例偏低，仅占专任教师的 14.2%。教师科研与教学的互动直接影响学校的教学质量。

“双师型”教师比重偏少，一些应用型学科缺乏有“行业背景”的教师，高水平专业带头人缺乏。

应用型教师队伍结构及“双师型”教师队伍尚未完全形成，教师的教学能力与应用型人才培养的要求还存在较大差距，实践指导能力不强。

缺少“双师型教师”。

教师中开展科研的氛围不浓，愿望不强烈，各种科研项目较少。教师的学术水平亟待提高。

通过产学研深度合作，解决应用型人才培养的师资问题和人才培养的质量问题。

部分专业教师主动适应地方经济社会发展意识不强，没有充分满足地方经济社会发展需求。部分专业的培养目标与社会需求的关联度不高，部分教师缺少应用型人才培养所必需的职业经历和技能基础，需要在培养学生的社会适应性和实践能力方面进一步探索和实践。

8. 吉林某高校

特别是实践教学能力需要尽快得到培养和提升。如何打造一支技术过硬的专任教师队伍迫在眉睫。

临床教学资源不足，临床教学管理有待加强。

9. 辽宁某高校

学校提出了“紧贴行业（区域）需求，突出应用型人才培养”和“产学研合作教育”的人才培养思路，但实行的还不够深入。特别是与企业，尤其是与外资、日资企业还没有开展实质性的、真正意义上的“校企合作定制化培养”。

教学改革需要深化。校企合作教育刚刚起步，业界参加的专业建设指导委员会尚未建立。

学院虽然在产学研合作教育方面提出了“实业 + 平台 + 基地”的实践教学模式，但产学研合作育人机制、以合作育人为特征、多文化的人才培养模式、企业反哺教育等实质性的成效不够、不明显。

实践教学需要强化。考察表明，该校实践教学占比符合规定要求，但内涵建设不够。例如，实践教学的体系性体现不够，实践教学环节设置目的需要明确，实践教学模式比较传统，合作教育刚刚起步。

实质性产学研合作有待进一步深化、实化。产学研合作还停留在实习层面。

10. 河南某高校

建设应用科学大学，技术领军人才与学术领军人才同等重要。德国应用科学大学的教授必须在企业工作 3 ~ 5 年，并有项目研发经历。德国的成功经验，值得我们思考。

教学科研能力亟待提高等。

应用型课程体系建设落实不到位。应用型课程体系建设的核心是能力本位，但目前在课程建设中，缺少建立在广泛市场调研基础上的能力提炼和课程内容重构；实践教学环节不达标。

科研工作对本科教学工作的贡献度严重不足。

与区域经济社会文化发展的融合度还比较低。

关于科研与为地方经济服务问题：

为地方经济服务是高校的一个重要职能，包括培养人才，文化传承与引领，为地方经济发展提供技术支撑三个方面。前两个方面，学校已经做了不少工作，现在需要强调第三个内容，即为地方经济发展提供技术支撑，有为才有位，才能赢取地方支持，在地方立足。为地方提供技术支撑的基础是提高科研水平。学院应该在注重教学工作的同时，重视学校的科研工作。尽管学校也有一定的科研基础，但这些基础对学校未来发展的支撑显然是很不够的。建议学校尽快召开科研工作推进会，通过加强科研工作稳定高层次人才，提高教师科研能力，从而促进学生创新思维的培养，增强为地方经济服务的能力，为从专业建设向学科建设转型提供必要的条件。主要工作包括组建科研团队，建立校院二级科研测试平台，培育国家级基金，为地方企业提供技术支撑，吸引地方企业需求。

11. 安徽某高校

部分专业实践教学体系不够完善，实习实训基地偏少。产学研合作育人机制、以合作育人为特征多元化的人才培养模式、企业反哺教育等实质性的成效不够明显。

产学研合作的平台、项目还不能很好满足学校各专业应用型人才培养的需要。

产学研合作教育整体处于初级发展阶段，广度深度不够。

学校没有充分利用民办学校机制灵活的优势，主动融入安徽经济社会发展，与企业合作不多，从学校领导到二级院系对产学研合作教育普遍缺乏系统设计和举措。

实习实训有待落实（包括经费、场地、时间、指导落实）。

12. 湖北某高校

学校中青年教师的教学能力、水平和方法等方面与公安院校本科教学和“双师型”教师素质仍然有很大的提升空间。

实践教学需要进一步加强。虽然建立了一批校内实验实训基地和校外实践教学基地，但是许多实验室利用率较低，实验室尚未实现对学生开放，综合性、设计性实验较少。

13. 湖南某高校

服务地方经济在人才培养方案中体现不够充分，没有落到实处。

应用型本科人才培养模式的探索和改革力度够，效果不明显，尤其在学生实践环节和动手能力培养方面做得还很不够。应用型人才培养模式和教学内容的研究与实践不够，以提高教学质量为核心的内涵式发展工作有待进一步加强。大多数专业的实践教学环节离应用型本科人才培养对实践教学环节的要求还存在较大的差距。

科研不到位。

学校的科研实力还很薄弱。

产学研合作教育开展不够，大部分专业不仅没有开展产学研合作教育，就连行业、企业参与专业建设的举措也没有。

产学研合作教育意识不强，效果不明显。主要表现在学校没有充分利用民办学校机制灵活的优势主动去融入湖南经济社会发展的需要，从顶层到二级学院对产学研合作教育缺乏系统设计，缺乏强有力的举措。教师的科研能力和实践能力不强，缺乏主动走出去的决心和勇气。

实践教学环节薄弱。

产学研合作教育是学校的一个薄弱环节，校企合作的广度与深度有待进一步深化。

学校的产学研合作、协同创新工作还需加强。

实践教学环节比较欠缺。实践经费投入不足，实验实习实训基地总量不够，实验室使用不合理。

学校的产学研合作育人不够。学校在产学研合作育人方面办法不多、项目少。

目前，校地合作、校企合作、校校合作不太理想，没有达到应有的效果。

实践教学环节学分所占比例文科低于20%、理科低于25%，无法满足应用型人才培养的目标要求。

教师队伍结构不佳，“双师型”教师偏少，专职实验技术人员数量极少。

教学研究不够，科研处于“兴趣导向型”，基本没有科研团队，学校也没有统筹科研团队的建设与管理，教学水平和科研能力均不能很好满足应用型本科人才培养的要求。

“双师型”教师与实验人员缺乏。教师的专业背景与所从事的教学不匹配度很高，许多教师教非所学。

具有行业、工程背景与专业从业资格和任职经历的“双师型”教师比例偏低，部分教师承担应用型专业课程的教学，存在着重理论轻实践的现象，课程教学的实践性、应用性不够突出。

服务区域经济建设和社会发展的能力还很薄弱。

14. 甘肃某高校

产学研合作教育、“双师型”教师的培养等方面体现和落实不够。

“双师型”教师数量不足，无法充分满足应用型人才培养需要。

实践教学有待加强。

15. 贵州某高校

实验技术人员数量偏少；“双师型”师资短缺。

“双师型”教师数量不多，外聘行业兼职教师不稳定。各专业“双师型”教师数量不均衡，学校虽然采用了一些政策促使教师到企业挂职，但只是刚刚开始，需要配套政策的落实。由于年轻教师偏多，教学水平参差不齐。

从毕业论文看到科研课题较少，实习实践类（中学教学方法与教学内容）较多，说明教师的科研项目少。

16. 宁夏某高校

学校关注区域、地方，关注国家对西部、革命老区、固原市城市定位、发展目标等不够。

实验技术人员数量偏少；“双师型”师资短缺。

实践教学经费投入不足。该校 2012 年教学日常运行支出占经常性预算内教育事业费拨款额与学费收入之和的比例为 13.98%，生均年教学日常运行支出为 1275.2 元，两项值均达标。但是，实际考察发现，该校实际存在实践教学经费投入不足的问题，每次实践教学活动（例如，外出写生、艺术观摩等）270 元经费投入，显然是无法支撑的。

非师范类本科专业设置与地方经济相关度不高，特色不鲜明，没有很好地考虑地方主要支柱产业等。

17. 新疆某高校

缺乏对应用型人才培养实践体系的有效构建，如何服务民族地区和行业经济发展需要的应用型人才培养体系还处在初期阶段。

学校产学研合作教育相关工作缺乏有效的统筹规划，虽然学校与企业建立了一些产学研合作协议，但产学研合作教育制度和运行机制不健全，相互协作的运行机制还不够健全，产学研合作教育协议缺乏具体落实；政府、学校、企业有效合作机制没有很好建立，合作教育的项目不多，相关工作也刚刚起步。

理论型教师多，具有实践经验的教师少；基础性学科专业教师多，应用性学科专业教师少；具有专业（行业）职业资格和任职经历的教师偏少，“双师型”教师数量不足，培养措施和途径不够。

师资队伍的结构性矛盾较为突出，尤其是实验教学队伍问题尤其突出。

无法形成梯队。“双师型”教师与实验人员缺乏。

对应当地新型工业化、农牧业现代化和新型城镇化的“三化”建设进行学科专业结构的调整还不够。

实践教学环节比较欠缺。学校实践经费投入不足，实验人员数量不够，实践教学时数开设不够，严重影响学生实习实训教学，这与应用型人才培养是不适应的。

18. 陕西某高校

产学研合作教学的机制有待建立。

产学研合作教育、校内外实践基地建设未形成有力的制度保障。

实践教学的经费投入不足，每年生均实习经费偏低，还不能有力地支撑应用型人才开展能力训练的需求。

课堂上有关实践方面的知识比较少，主要还是来源于教材，不太注重学生动手能力的培养。个别专业课，专业知识显得陈旧。

有“满堂灌”的现象，教师很少给学生提供课外阅读线索，提供的参考资料也是，课外拓展不够。

个别教师眼界不够开阔，讲课内容缺乏提炼，归纳程度不够，拓展程度有限。

缺乏按照应用型人才培养特点和成长规律的逻辑思路，结合行业产业发展需要，优化重构课程体系和教学内容，行业、企业的专门需要还没有实质性进入课程体系，实践教学体系中的试验、实践还是以理论验证而设置，针对生产、管理和学生执业需要的“能力培养”而开展的具有综合性、设计性的实践教学还没有实质性地开展起来。

应用型课程体系设计与行业发展社会需求衔接得不够紧密。虽然目前学校已经迈出了校企合作教育的步伐，比如，与中兴公司合作开办中兴学院，但也刚刚起步，专业面也还小，一些应用性很强的专业，课程体系和课程内容的设置还不能完全体现对学生职业能力培养的要求，职业元素和能力还没有充分融入教学。产学研合作教育的人才培养模式融合不深，企业依托学校进行的人才培养活动不多，合作企业规模较小，数量偏少，同时学校主动与企业合作教育缺乏深度，制度和机制尚待健全。

产学研合作教学的积极性仍需进一步提高。

实验课的基本基础和技能比较差。实习实训环节太虚，许多规定没有落实。

校外实践教学这一重要环节其质量标准和管理制度不完善。

实习实践环节教师较少，学校管理也很难跟上，绝大部分学生的实习实践单位自己寻找，学校和教师无法对学生实际的实习实践过程进行有效的管控。

学校在产学研结合方面的探索起步晚，而且主要体现在“中兴电信学院”办学上，在其他学科专业的产学研结合方面的探索还很不够，与应用型人才培养的目标有一定差距。

虽然学校已经开始重视“双师型”教师的培养，但制度还不够完善，措施也不够有力。

教师队伍存在较大问题，“双师型”教师严重不足。

针对年轻教师教学能力和科研能力提升还缺乏有力的措施，“双师型”教师数量不足。外聘教师比重大。

校内实践指导教师缺乏工程背景，职称、学历在专业间分布不均。实验室人员专业技术职称、学历偏低。实验教师队伍总量偏少，学历、职称太低，同时在专业间分布又不平衡，其中具有行业和工程背景教师偏少。

“双师型”教师还不多，教师科研基础和科研能力较弱，教研相长难以实现；教育教学研究不够普及。

主动适应地方经济社会发展需要的意识需要进一步加强。

科研服务地方经济的能力还有待培育。

19. 四川某高校

学科建设和科研促进教学的功能需要进一步加强。

特别是实践教学能力需要尽快得到培养和提升。

学校的学科基础比较薄弱，高水平的学科带头人缺乏。高水平研究课题、成果和论文较少，分布不均衡。

在师资队伍建设规划和教师培训中注重新进教师学历要求和骨干教师科研水平提高，但对教学团队建设和提升教师教学能力水平重视不够，措施不多。

学术研究的条件不足和外出深造机会少等，这些严重影响师资队伍的稳定和吸引优质人才。

实践教学能力需要尽快得到培养和提升。

校外实践、实习教学条件不足，尤其是专门为本校服务的临床教学条件紧张，如临床指导教师、实习床位等。

20. 广西某高校

实践教学体系和教学过程，整体上仍停留在传统培养模式上，改革创新主要还是在少数环节点上；尤其是应用型人才培养的实现路径上，还不十分清晰，措施不具体，推进力度也不大，表现在其主要实现路径“产学研合作教育”无实质开展。

服务于应用型人才培养的“双师型”教师队伍以及具有实践应用能力的教师数量明显不足。目前，全校有专任教师 502 人，“双师型”教师仅有 50 人，仅占专任教师数的 9. 94%，低于全国新建本科院校的平均数。

具有专业学术背景的教师更少。工科学历背景教师太少。具有工学学位的教师只有 96 人，仅占教师总数的 19. 08%，其中还包括了 16 名艺术院校毕业的工程硕士。

大多数教师缺少科研项目，学术水平提高困难。学校产学研合作教育才刚刚开展，大多数教师都没有产学研用的锻炼机会。

学校对产学研用的认识理念不深入。没有深刻地意识到产学研合作教育的重要意义；没有把产学研合作教育作为当前学校所处外部环境不利条件下教师提高研究能力、提升教学水平的重要手段；没有把产学研合作教育真正融入人才培养过程，用于改革人才培养模式，提高人才培养质量。

应加大对现有教师实践教学能力的培养和培训。

附录 D 应用型本科院校师资队伍评价指标体系（第二版）修订说明

1 数量与结构

1.1 教师数量

1.1.1 生师比

原指标说明：

全校生师比达到国家办学条件基本要求，发展态势良好。

意见汇总：

“发展态势良好”不容易操作。专家建议学校应具有可持续改进的基础和举措，老师建议应提供学校近三年数据供专家判断是否“发展态势良好”。

指标说明修改为：

全校生师比达到国家办学条件基本要求，具有可持续改进的基础和举措，发展态势良好（提供学校近三年数据）。

1.1.2 各专业教师数

原指标说明：

各专业教师数量能满足本专业的教学需要和本科教学的需要，50%以上教师周学时数≤12。

意见汇总：

8 条意见中有 4 条与“周学时”的设定是否科学合理有关，有人认为不能一刀切。专家建议，专业国家标准即将出台，在目前“周学时”不好界定的情况下，学校按照国家标准配置师资，教师教学工作量的科学性将可以得到保障。

指标说明修改为：

各专业教师数量不低于国家专业建设标准的基本要求，能满足本专业本科教学的需要。

1.1.3 兼职教师数

原指标说明：

兼职教师占教师总量的比例应在学校岗位设置规定中有明确的比例，一般不超过 30%。

意见汇总：

2 人建议将“兼职教师”改为“外聘教师”，考虑到“兼职教师”的内涵更广泛，没有采纳。

大家对兼职教师比例持不同意见，公办院校建议为 25%［与教育部办学条件要求相符（教发［2004］年 2 号）文相符］，民办院校建议为 40% 甚至更多。考虑到现行合格评估标准已实施多年，适当放宽比例的条件已经具备，修改为“一般不超过 30%”，且考虑到民办院校的特殊情况，进一步放宽了对民办院校的要求（不超过 40%）。

指标说明修改为：

拥有一支比较稳定的兼职教师队伍，兼职教师占教师总量的比例应在学校岗位设置规定中有明确的规定，一般不超过 30%（民办院校不超过 40%）。

1.2 专任教师结构

1.2.1 学历结构

未做变动。

“专任教师中具有硕士、博士学位比例≥65%，并应逐年增加比例（退休返聘，或人事代理教师满足学校教学工作量的可视为专任教师）。”

1.2.2 职称结构

原指标说明：

1. 专任教师中高级职称比例不低于教育部办学条件要求，且在各专业中结构分布合理，80% 以上专业应有高级职称专业带头人，且发展态势良好。

2. 主讲教师（不含兼职教师）中 90% 以上具有讲师及以上专业技术职务，或具有硕士、博士学位，并通过系统的岗前培训。

意见汇总：

专家认为应当明确每一个专业都要有高级职称专业带头人，这样有利于杜绝没有师资也盲目上新专业。

指标说明修改为：

1. 专任教师中高级职称比例不低于教育部办学条件要求，且在各专业中结构分布合理，各专业带头人一般应具有相应专业的高级职称。

2. 主讲教师（不含兼职教师）应具有讲师及以上专业技术职务，或具有硕士、博士学位，并通过系统的岗前培训。

1.2.3 年龄结构

未做变动。

“具有较合理的年龄梯队结构。”

1.2.4 双师结构

原指标说明：

1. 教师应能适应学校转型发展的需要，注重更新自身知识能力结构，注重双师素质的养成。

2. 有一定数量的具备专业（行业）职业资格和任职经历的教师，专业基础课和专业课中双师素质教师比例达到50%以上，并应逐步增长。

3. 教师知识和能力结构满足应用型人才培养需要。

意见汇总：

有人认为不能一刀切，对于师范类院校和文科院校来说，达到“50%”比较困难。

指标说明修改为：

1. 有一定数量的具备专业（行业）职业资格和任职经历的教师，专业基础课和专业课中双师素质教师比例达到50%以上（师范院校和文科院校可适当放宽要求），并应逐步增长。

2. 教师能主动适应学校转型发展，注重更新自身知识能力结构，注重双师素质的养成。教师知识和能力结构满足应用型人才培养需要。

1.3 兼职教师结构

1.3.1 来源结构

原指标说明：

无

意见汇总：

专家认为应用型高校必须高度重视从企业行业聘请兼职教师，才能促进产教融合。

指标说明修改为：

兼职教师应主要来自行业、企业，来自高等学校兼职教师比例不超过兼职教师数量的50%。

1.3.2 专业结构

原指标说明：

兼职教师队伍的专业结构与学校专业设置相适应，一般具有中级及以上职称，其中高级职称占30%以上。

意见汇总：

有些兼职教师，如高校聘请的行业骨干往往没有职称。

指标说明修改为：

"兼职教师队伍的专业结构与学校专业设置相适应，一般具有中级及以上职称或职务，其中高级职称或职务占30%以上。"

2 教育教学水平

2.1 师德师风

原指标：师德水平

意见汇总：

"师德"用"水平"去衡量不确切。

指标修改为：师德师风

2.1.1 师德

原指标说明：

履行教师岗位职责，教书育人，从严执教，为人师表，遵守学术道德规范。

意见汇总：

指标适宜，但很难考证，建议设定定量的限制。

指标说明修改为：

履行教师岗位职责，教书育人，从严执教，为人师表，遵守学术道德规范。近三年未发生较严重的违反师德师风和学术道德的事件。

2.1.2 教学态度

未做变动。

“尊重学生、态度认真、治学严谨。学生对教师的工作态度和治学精神满意度高。”

2.2 课堂教学

原指标：教学水平

意见汇总：

建议分别从“课堂教学”和“实践教学”两个方面进行评价。

指标修改为：课堂教学

2.2.1 教学内容

原指标说明：

教学目标明确，选用适合本专业培养目标的教材。进度适宜，观点正确，内容充实，重点突出，注意介绍本学科最新研究成果和发展动态。

意见汇总：

应注意介绍本学科（及业界的）最新研究成果和发展动态。

指标说明修改为：

熟悉应用型本科教学规律，教学目标明确，教学内容、教材选用、教学进程、学习评价适合本专业培养目标的要求。注意介绍本专业领域最新成果和发展动态。

2.2.2 教学方法

原指标说明：

树立以学生为本位的教学理念，理论联系实际。善于启发思维，能有效运用启发式、讨论式、案例式教学；能够实现师生互动。能有效利用各种教学媒体。学生评价较好。

意见汇总：

建议说明中增加对慕课、微课等新型教学方法的使用及效果评价。

指标说明修改为：

树立以学生为本位的教学理念，理论联系实际、课内课外结合。善于启发思维，能有效运用启发式、讨论式、案例式教学，实现师生有效互动。能有效利用各种教学媒体，发挥现代教学手段和教育技术的作用，提高课堂教学效果。学生评价较好。

2.2.3 教学效果

未做变动。

“教师理论教学、实践指导效果较好，学生理解和掌握了教学内容；学生相关能力得到培养和提高。学生、毕业生、同行和专家评价较好。”

2.3 实践教学

2.3.1 实践能力

原指标说明：

大多数专业基础课和专业课教师能跟踪本行业技术的发展现状和发展趋势，了解现场岗位规范和技术标准，具有较好的理论与实践相结合的能力和开拓创新精神。合作教育单位对教师的业务能力认可度较高。

意见汇总：

“业务能力”包括理论和实践能力，本观测点是实践能力，直接用实践能力可能更明确。

指标说明修改为：

大多数专业基础课和专业课教师能跟踪本行业技术的发展现状和发展趋势，了解现场岗位规范和技术标准，具有较好的理论与实践相结合的能力和开拓创新精神。合作教育单位对教师的实践能力认可度较高。

2.3.2 实践指导能力

原指标说明：

能有效地指导学生实验、实习、实训、毕业设计（论文）；能对学生的创新创业教育给予一定指导，学生评价较好。

意见汇总：

能对学生的创新创业教育给予较好的指导。

指标说明修改为：

能有效地指导学生实验、实习、实训、毕业设计（论文）；能对学生的创新创业教育给予较好指导，学生评价较好。

2.4 教学研究

2.4.1 研究项目

原指标说明：

有制度保障所有教师都能定期参加教学研究活动，多数教师能参加学校组织的教学改革立项课题。学校有省、部级及以上教学改革课题与项目。

意见汇总：

研究项目还应包括教学改革课题或教学研究项目。

指标说明修改为：

有制度保障所有教师都能定期参加教学研究活动，学校有政策措施鼓励多数教师参加学校组织的教学改革立项课题。学校有省、部级及以上教学改革课题与项目，有一定数量的教学研究论文发表，有一定数量的教材出版。

2.4.2 成果应用

原指标说明：

教学研究取得显著成果。研究成果在教学中得到实际应用，促进了教学水平和教学质量提升。

意见汇总：

“显著”太强，建议改为“明显”。

指标说明修改为：

研究成果在教学中得到实际应用，在促进教学水平和教学质量提升上产生明显效果。在近两届教学成果评选中，获有省级以上教学成果奖。

3 科学研究与社会服务

3.1 科研经费

3.1.1 科研政策

原指标：政策措施

原指标说明：

学校有鼓励教师开展科学研究和技术开发的政策措施。

指标修改为：科研政策

指标说明修改为：

学校有鼓励教师开展科学研究和技术开发的政策措施并实施有效。

3.1.2 科研项目

原指标：科研成果

原指标说明：

多数专业课和专业基础课教师能结合地方经济和社会发展的实际，开展科学研究和技术开发。有省、部级及以上立项课题，有较多的地、市级项目和横向科研课题，并产生有影响的社会效益和经济效益。

指标修改为：科研政策

指标说明修改为：

多数专业课和专业基础课教师能结合地方经济和社会发展的实际，开展科学研究和技术开发，近三年参与各类科研可申报的教师不低于教师总数的50%。有省、部级及以上立项课题，有较多的地、市级项目和横向科研课题，并产生有影响的社会效益和经济效益。

3.1.3 科研经费

原指标说明：

年科研经费数、年产学研合作经费数及教师人均科研经费数不低于本地区同类院校平均水平。

意见汇总：

“不低于本地区同类院校平均水平”不好测算，学校只有在规章制度上确立了年收入的多少用于科研经费，才能保证经费的到位，新建本科院校尤其应该注重横向科研的经费投入。

指标说明修改为：

年科研经费收入不低于学校年度总收入的15%，且产学研合作的科研经费不低于科研经费的60%。

3.2 科研成果

原指标：科研项目、专利与论文

意见汇总：

建议将“科研项目”与“专利与论文”合并。

指标修改为：科研成果

3.2.1 科技奖励

新指标

指标说明：

每年均有3项以上地厅级以上的科技成果奖，近三年应获得省级以上科技成果奖。

3.2.2 成果及应用

新指标

意见汇总：

对理工科要求专利数量，对文科要求咨询报告数量。建议将此指标改为“科研成果”，科技成果转化与推广应用应作为重点。

指标说明：

1. 教师积极参与发明创造，每年获得的专利授权数不低于专任教师数量的20%，其中发明专利应占专利数量的15%以上，并有一定数量的专利被转让。

注：文科类院校主要以咨询报告数代替专利数。

2. 学校每年有一定数量的高水平论文发表。

3. 有一定的与行业或企业合作开发的案例和项目，科技成果转化与推广应用取得明显成效。

3.2.3 科研反哺教学

新指标

意见汇总：

建议增加科研对教学的支撑，应用型高校需要科教融合。

指标说明：

教师主动将科研成果转化为教学成果，在教学内容更新、教材建设、实验室建设、毕业设计选题、学生创业创新指导等方面取得明显实效。

3.3 社会服务

3.3.1 社会培训

原指标说明：

面向行业、企业开展社会培训，学校每年培训人次数不低于在校学生人数的三分之一。

意见汇总：

限定“学校每年培训人次数不低于在校学生人数的三分之一”缺少确定依据。用“继续教育”比社会培训适应面更宽，既适应工科也适应文科，有利于终身学习、全民学习社会的构建。

指标说明修改为：

1. 学校有效地开展了服务于全民学习、终身学习的继续教育工作。

2. 能面向行业、企业开展社会培训，行业企业评价较好。

3.3.2 产学研合作

未做变动。

“产学研深度融合，大多数教师能够与行业和企业合作开展技术研发与技术改造；能够为地方政府提供决策咨询；能够结合地域文化特点开展文化传承与创新活动。”

4 教师发展

4.1 发展规划

4.1.1 规划及落实

原指标说明：

学校有针对本校实际情况制定的教师发展规划，二级院系有实施计划。学校有机构、有经费保障教师发展规划的落实。学校营造了教师专业发展的良好氛围。

意见汇总：

应在教师培养与发展、教师评价体系科学合理政策方面加强鼓励引导。

指标说明修改为：

学校有针对本校实际情况制定的教师发展规划，二级院系有实施计划。学校设置了教师发展中心，有经费保障教师发展规划的落实。有检查、监督、评价机制。学校营造了教师专业发展的良好氛围。

4.2.1 专业能力提升

原指标：双师素质提高

原指标说明：

学校有加强教师双师素质提高的政策与措施，效果显著，发展态势好。

意见汇总：

“双师素质”有争议。

建议高校努力提升青年教师专业发展能力。推动高校设立教师教学发展中心，开展教师培训、产学交流、教学研究、教学咨询、评估管理以及职业发展咨询等，帮助青年教师专业成长。

应增加教师的职业生涯（从入职到退休）教育与干预，提高自我职业生存能力。

缺少教师队伍国际化培养，教师出国（境）外研修学习的占比，数量。

指标修改为：专业能力提升。

指标说明修改为：

学校注重教师专业能力的提升，有鼓励教师开展学术交流、进修学习、国（境）外访学、科研训练、实践能力提升等制度，有经费保障，效果显著。教师满意度较高。

4.2.2 教学能力提升

原指标说明：

学校有效落实教师发展规划，开展了各种有关提高教师教学水平、教学能力的培养培训活动，教师反映良好。

意见汇总：

指标说明中除了“教学水平、教学能力”外建议能加进“教师素养”。

指标说明修改为：

学校开展了各种提高教师素养、教学水平、教学能力的培养培训活动，注重现代教育理念、教学方法以及信息技术的应用。教师评价较好。

4.2.3 青年教师培养

原指标说明：

学校及二级院系应根据每位青年教师的具体情况制订相应的培养培训计划，在学位提升、教学能力提高、科研训练、企业锻炼、访学交流、专业发展等方面有规划、有措施、有成效。青年教师评价较好。

意见汇总：

所谓“事业留人”意应为青年教师搭建学术发展平台。

指标说明修改为：

1. 学校有针对青年教师发展的培养计划，为青年教师的学术发展搭建平台。

2. 二级院系应根据每位青年教师的具体情况制定相应的职业生涯发展规划，引导青年教师将个体发展目标与学校中长期目标相结合。在学位提升、专业能力提升、教学能力提升等方面有规划、有措施、有成效。青年教师评价较好。

4. 2. 4 兼职教师培训

未做变动。

“有兼职教师上课前培训制度，教学质量有保障。”

4. 2. 5 团队建设

原指标说明：

有计划地开展了专业带头人、学科带头人、教学团队和研究团队建设，发展态势良好（提供近三年数据）。

意见汇总：

增加教师团队文化建设，提高团队凝聚力和教师的归属感。需要系统考虑对各学科专业教学科研团队形成阶梯式教学队伍培养和建设。

指标说明修改为：

有计划地开展了专业带头人、学科带头人、教学团队和研究团队建设，并形成阶梯式结构。注重团队文化建设，提高团队凝聚力和教师归属感。

4. 3 教师评价

4. 3. 1 专任教师评价

原指标说明：

有规范的教师评价机制，定期进行利益相关方评价（学生评价、自我评价、同行评价、专家评价、合作单位评价），有条件可不定期地进行第三方评价。

意见汇总：

应强化对教师评价结果的应用，建议“4. 3”中能补充对教师激励与退出机制的考评。

指标说明修改为：

有规范的教师评价机制，特别应加强对教师教学质量的评价，定期进行利益相关方评价（学生评价、自我评价、同行评价、专家评价、合作单位评价），有条件可不定期地进行第三方评价。评价结果应与激励机制和教师进退挂钩。

4. 3. 2 兼职教师评价

原指标说明：

对兼职教师有教学效果的考核评价制度，并把考核评价结果与聘任制度挂钩。兼职教师教学效果较好，学生满意度较高。

意见汇总：

对兼职教师有管理制度和教学效果的考核评价制度。

指标说明修改为：

对兼职教师有管理制度和教学效果的考核评价制度，并把考核评价结果与聘任制度挂钩。兼职教师教学效果较好，学生满意度较高。

4.3.3 教师满意度

新指标

意见汇总：

建议增加“教师满意度”，教师对学校师资队伍的评价。

指标说明修改为：

教师有畅通的表达诉求的渠道。教师对学校教师队伍建设的政策、工作环境、生活保障及个人生涯发展满意度较高。

附录 E　应用型本科院校师资队伍评价指标体系（第三版）修订说明

1 数量与结构

1.1 教师数量

1.1.1 生师比

指标说明：

未做变动。

全校生师比达到国家办学条件基本要求，具有可持续改进的基础和举措，发展态势良好（提供学校近三年数据）。

1.1.2 各专业教师数

指标说明：

未做变动。

各专业教师数量不低于国家专业建设标准的基本要求，能满足本专业本科教学的需要。

1.1.3 兼职教师数

指标说明：

未做变动。

拥有一支比较稳定的兼职教师队伍，兼职教师占教师总量的比例应在学校岗位设置规定中有明确的规定，一般不超过 30%（民办院校不超过 40%）。

数据说明：

大家对兼职教师比例持不同意见，公办院校建议为 25%［与教育部办学条件要求相符（教发［2004］年 2 号）文相符］，民办院校建议为 40% 甚至更多。考虑到现行合格评估标准已实施多年，适当放宽比例的条件已经具备，修改为“一般不超过 30%”，且考虑到民办院校的特殊情况，进一步放宽了对民办院校的要求（不超过40%）。

1.2 专任教师结构

1.2.1 学历结构

指标说明：

未做变动。

“专任教师中具有硕士、博士学位比例≥65%，并应逐年增加比例（退休返聘，或人事代理教师满足学校教学工作量的可视为专任教师）。”

数据说明：

现行合格评估方案规定：专任教师中具有硕士、博士学位比例≥50%，2014年新建本科院校教学质量监测报告显示，全国312所新建本科院校平均值为66.8%，因此，本指标规定不小于65%，符合大多数应用型本科院校现状。

“专任教师中具有硕士、博士学位比例≥65%，并应逐年增加比例（退休返聘，或人事代理教师满足学校教学工作量的可视为专任教师）。”

1.2.2 职称结构

指标说明：

未做变动。

1. 专任教师中高级职称比例不低于教育部办学条件要求，且在各专业中结构分布合理，各专业带头人一般应具有相应专业的高级职称。

2. 主讲教师（不含兼职教师）应具有讲师及以上专业技术职务，或具有硕士、博士学位，并通过系统的岗前培训。

1.2.3 年龄结构

指标说明：

未做变动。

“具有较合理的年龄梯队结构。”

1.2.4 双师双能型教师结构

原指标：双师结构

原指标说明：

1. 教师应能适应学校转型发展的需要，注重更新自身知识能力结构，注重双师素质的养成。

2. 有一定数量的具备专业（行业）职业资格和任职经历的教师，专业基础课和专业课中双师素质教师比例达到50%以上，并应逐步增长。

3. 教师知识和能力结构满足应用型人才培养需要。

意见汇总：

按照2015年10月21日三部委发布的转型发展指导意见中提出的“加强双师双能型师资队伍”要求进行相应修正。

指标改为：双师双能型教师结构

指标说明修改为：

1. 改革教师聘任制度和评价办法，积极引进行业公认专才，聘请企业优秀专业技术人才、管理人才和高技能人才作为专业建设带头人、担任专兼职教师。

2. 教师能主动适应学校转型发展，注重更新自身知识能力结构，注重双师双能素质的养成，教师知识和能力结构满足应用型人才培养需要。

3. 专业基础课和专业课中“双师双能型”教师比例达到50%以上（师范院校和文科院校可适当放宽要求），并应逐步增长。

数据说明：

参考了目前“高职高专人才培养工作评估方案”：专业基础课和专业课中双师素质教师比例达到50%。

1.3 兼职教师结构

1.3.1 来源结构

指标说明：

未做变动。

兼职教师应主要来自行业、企业，来自高等学校兼职教师比例不超过兼职教师数量的50%。

1.3.2 专业结构

原指标说明：

“兼职教师队伍的专业结构与学校专业设置相适应，一般具有中级及以上职称或职务，其中高级职称或职务占30%以上。”

意见汇总：

兼职教师要强调“互补性”，在指标说明中增加了相关内涵的说明。

指标说明修改为：

“兼职教师与本校自有教师应形成互补。其专业结构与学校专业设置相适应，一般具有中级及以上职称或职务，其中高级职称或职务占30%以上。”

数据说明：

根据“高职高专人才培养工作评估方案”中的优秀标准：兼职教师一般具有中级以上职称，其中高级职称占30%以上。

2 教育教学水平

2.1 师德师风

未做变动。

2.1.1 师德

原指标说明：

履行教师岗位职责，教书育人，从严执教，为人师表，遵守学术道德规范。近三年未发生较严重的违反师德师风和学术道德的事件。

意见汇总：

林健老师认为此指标应该体现教师无论课上还是课下都是为人师表、育人为先。

指标说明修改为：

履行教师岗位职责，为人师表，遵守学术道德规范。教书育人，积极参加学生指导与服务。近三年未发生较严重的违反师德师风和学术道德的事件。

2.1.2 教学态度

指标说明：

未做变动。

“尊重学生、态度认真、治学严谨。学生对教师的工作态度和治学精神满意度高。”

2.2 课堂教学

未做变动。

2.2.1 教学内容

指标说明：

未做变动。

熟悉应用型本科教学规律，教学目标明确，教学内容、教材选用、教学进程、学习评价适合本专业培养目标的要求。注意介绍本专业领域最新成果和发展动态。

2.2.2 教学方法

指标说明：

未做变动。

树立以学生为本位的教学理念，理论联系实际、课内课外结合。善于启发思维，能有效运用启发式、讨论式、案例式教学，实现师生有效互动。能有效利用各种教学媒体，发挥现代教学手段和教育技术的作用，提高课堂教学效果。学生评价较好。

2.2.3 教学效果

指标说明：

未做变动。

“教师理论教学、实践指导效果较好，学生理解和掌握了教学内容；学生相关能力得到培养和提高。学生、毕业生、同行和专家评价较好。”

2.3 实践教学

2.3.1 实践能力

指标说明：

未做变动。

大多数专业基础课和专业课教师能跟踪本行业技术的发展现状和发展趋势，了解现场岗位规范和技术标准，具有较好的理论与实践相结合的能力和开拓创新精神。合作教育单位对教师的实践能力认可度较高。

2.3.2 实践教学能力

原指标：实践指导能力

指标修改为：实践教学能力

指标说明：

未做变动。

能有效地指导学生实验、实习、实训、毕业设计（论文）；能对学生的创新创业教育给予较好指导，学生评价较好。

2.4 教学研究

2.4.1 教研项目

原指标：研究项目

指标修改为：教研项目

指标说明：

未做变动。

有制度保障所有教师都能定期参加教学研究活动，学校有政策措施鼓励多数教师参加学校组织的教学改革立项课题。学校有省、部级及以上教学改革课题与项目，有一定数量的教学研究论文发表，有一定数量的教材出版。

2.4.2 教研成果应用

原指标：成果应用

指标修改为：教研成果应用

指标说明：

未做变动。

研究成果在教学中得到实际应用，在促进教学水平和教学质量提升产生明显效果。在近两届教学成果评选中，获有省级以上教学成果奖。

3 科学研究与社会服务

3.1 科研政策与经费

原指标：科研经费

指标修改为：科研政策与经费

意见汇总：

林健老师认为二级指标“科研经费”与三级指标“科研经费”使用同一表述不科学。原三级指标“科研政策”位于二级指标“科研经费”下不合理，科研政策不但科研经费需要，科研成果、社会服务等都需要，应作为二级指标。

3.1.1 科研政策

指标说明：

未做变动。

学校有鼓励教师开展科学研究和技术开发的政策措施，并实施有效。

3.1.2 科研项目

原指标：科研成果

原指标说明：

多数专业课和专业基础课教师能结合地方经济和社会发展的实际，开展科学研究和技术开发。有省、部级及以上立项课题，有较多的地、市级项目和横向科研课题，并产生有影响的社会效益和经济效益。

林健老师建议区分纵向课题和横向课题，因为这类学校更应注重横向课题。

指标修改为：科研政策

指标说明修改为：

1. 多数专业课和专业基础课教师能结合地方经济和社会发展的实际，开展科学研究和技术开发，近三年参与各类科研可申报的教师不低于教师总数的 50%。

2. 有国家或省级或省、部级纵向立项课题，并产生有影响的社会效益。

3. 有较多政府与非政府的横向科研课题，并产生有影响的社会效益和经济效益。

数据说明：

“50%”旨在落实转型发展的意见，体现和引导多数教师服务地方经济和社会发展，在征求意见时没有异议。

3.1.3 科研经费

指标说明：

未做变动。

年科研经费收入不低于学校年度总收入的 15%，且产学研合作的科研经费不低于科研经费的 60%。

数据说明：

设置年科研经费占学校年度总收入的比重（15%）是为了加强科研工作，更好地落实高校职能。产学合作教育的科研经费（60%）体现了转型发展的要求，这两个数字是由新建本科院校严欣平校长提出，征求意见时没有异议。

3.2 科研成果

未做变动。

3.2.1 科技奖励

指标说明：

未做变动。

每年均有3项以上地厅级以上的科技成果奖，近三年应获得省级以上科技成果奖。

数据说明：

“每年3项”和“近三年获得省级及以上科技成果奖”由专家提出，体现了服务地方经济发展的质量和水平的要求。

3.2.2 成果及应用

指标说明：

未做变动。

1. 教师积极参与发明创造，每年获得的专利授权数不低于专任教师数量的20%，其中发明专利应占专利数量的15%以上，并有一定数量的专利被转让。

注：文科类院校主要以咨询报告数代替专利数。

2. 学校每年有一定数量的高水平论文发表。

3. 有一定的与行业或企业合作开发的案例和项目，科技成果转化与推广应用取得明显成效。

数据说明：

“20%”和“15%”都是由专家提出，体现转型发展的要求，征求意见时无异议。

3.2.3 科研反哺教学

指标说明：

未做变动。

教师主动将科研成果主动转化为教学成果，在教学内容更新、教材建设、实验室建设、毕业设计选题、学生创业创新指导等方面取得明显实效。

3.3 社会服务

3.3.1 社会培训

指标说明：

未做变动。

1. 学校有效地开展了服务于全民学习、终身学习的继续教育工作。

2. 能面向行业、企业开展社会培训，行业、企业评价较好。

3.3.2 产学研合作

指标说明：

未做变动。

“产学研深度融合，大多数教师能够与行业和企业合作开展技术研发与技术改造；能够为地方政府提供决策咨询；能够结合地域文化特点开展文化传承与创新活动。”

4 教师发展

4.1 发展规划

4.1.1 规划制定

原指标：规划及落实

原指标说明：

学校有针对本校实际情况制定的教师发展规划，二级院系有实施计划。学校有机构、有经费保障教师发展规划的落实。学校营造了教师专业发展的良好氛围。

意见汇总：

建议原三级指标“规划及落实”拆分为二：规划制定、规划落实。三级指标是二级指标分解而来，只有一个不科学。

应在教师培养与发展、教师评价体系科学合理政策方面加强鼓励引导。

指标改为：规划制定

指标说明修改为：

学校有针对本校实际情况制定的教师发展规划，二级院系有实施计划。

4.1.2 规划落实

指标说明：

学校设置了教师发展中心，有经费保障教师发展规划的落实。有检查、监督、评价机制。学校营造了教师专业发展的良好氛围。

4.2 培养培训

意见汇总：

三级指标不能交叉，“青年教师培养”、“兼职教师培训”与“专业能力提升”、“教学能力提升”有重合交叉。建议 4.2 下三级指标重新划分，变更为：教师职业生涯规划、教学能力提升、科研与实践能力提升、团队建设。

4.2.1 教师职业生涯规划

新指标

意见汇总：

每位教师都应有其生涯规划，尤其青年教师入职后，学校对教师的引导非常重要。

建议增加“设立老教师指导的导师制”。

指标说明修改为：

二级院系应根据每位教师，特别是青年教师的具体情况制定相应的职业生涯发展规划，并设立老教师指导的导师制，引导教师将个体发展目标与学校中长期目标相结合。在学位提升、专业能力提升、教学能力提升等方面有措施、有成效。教师评价较好。

4.2.2 教学能力提升

原指标说明：

学校开展了各种提高教师素养、教学水平、教学能力的培养培训活动，注重现代教育理念、教学方法以及信息技术的应用。教师评价较好。

意见汇总：

现代教学的理念、方法也应在教学中体现。

指标说明修改为：

1. 学校及二级院系开展了各种提高教师素养、教学水平、教学能力的培养培训活动，注重现代教育理念、教学方法以及信息技术的应用。教师评价较好。

2. 有兼职教师上课前培训制度，教学质量有保障。

4.2.3 科研与实践能力提升

原指标：双师素质提高

原指标说明：

学校有加强教师双师素质提高的政策与措施，效果显著，发展态势好。

意见汇总：

“双师素质”有争议。

建议高校努力提升青年教师专业发展能力。推动高校设立教师教学发展中心，开展教师培训、产学交流、教学研究、教学咨询、评估管理以及职业发展咨询等，帮助青年教师专业成长。

应增加教师的职业生涯（从入职到退休）教育与干预，提高自我职业生存能力。

缺少教师队伍国际化培养，教师出国（境）外研修学习的占比，数量。

按照 2015 年 10 月 21 日三部委发布的转型发展指导意见中提出的“加强双师双能型师资队伍”的要求进行相应修正。

指标修改为：科研与实践能力提升

指标说明修改为：

1. 学校注重为教师学术发展和实践能力提升搭建平台。有鼓励教师开展学术交流、进修学习、国（境）外访学、科研训练等制度，有计划地选送教师到企业接受培训、挂职工作和实践锻炼。有经费保障，效果显著。

2. 学校通过教学评价、绩效考核、职务（职称）评聘、薪酬激励等制度改革，增强教师提高实践能力的主动性、积极性。

4.2.4 兼职教师培训

指标说明：

未做变动。

“有兼职教师上课前培训制度，教学质量有保障。”

4.2.5 团队建设

指标说明：

未做变动。

有计划地开展了专业带头人、学科带头人、教学团队和研究团队建设，并形成阶梯式结构。注重团队文化建设，提高团队凝聚力和教师归属感。

4.3 教师评价

4.3.1 专任教师评价

指标说明：

未做变动。

有规范的教师评价机制，特别应加强对教师教学质量的评价，定期进行利益相关方评价（学生评价、自我评价、同行评价、专家评价、合作单位评价），有条件可不定期地进行第三方评价。评价结果应与激励机制和教师进退挂钩。

4.3.2 兼职教师评价

指标说明：

未做变动。

对兼职教师有管理制度和教学效果的考核评价制度，并把考核评价结果与聘任制度挂钩。兼职教师教学效果较好，学生满意度较高。

4.3.3 教师满意度

指标说明：

未做变动。

教师有畅通的表达诉求的渠道。教师对学校教师队伍建设的政策、工作环境、生活保障及个人生涯发展满意度较高。

附录 F　应用型本科院校师资队伍评价打分表

学校名：________________　　打分时间：________________

院系名：________________　　□专家个人用表　□专家组用表

表 F.1　应用型本科院校师资队伍评价打分表

一级指标	分值	二级指标	分值	三级指标	分值
1. 数量与结构		1.1 教师数量		1.1.1 生师比	
				1.1.2 各专业教师数	
				1.1.3 兼职教师数	
		1.2 专任教师结构		1.2.1 学历结构	
				1.2.2 职称结构	
				1.2.3 年龄结构	
				1.2.4 双师双能型教师结构	
		1.3 兼职教师结构		1.3.1 来源结构	
				1.3.2 专业结构	
2. 教育教学水平		2.1 师德师风		2.1.1 师德	
				2.1.2 教学态度	
		2.2 课堂教学		2.2.1 教学内容	
				2.2.2 教学方法	
				2.2.3 教学效果	
		2.3 实践教学		2.3.1 实践能力	
				2.3.2 实践教学能力	
		2.4 教学研究		2.4.1 教研项目	
				2.4.2 教研成果应用	
3. 科学研究与社会服务		3.1 科研政策与经费		3.1.1 科研政策	
				3.1.2 科研项目	
				3.1.3 科研经费	
		3.2 科研成果		3.2.1 科技奖励	
				3.2.2 成果及应用	

续表

一级指标	分值	二级指标	分值	三级指标	分值
				3. 2. 3 科研反哺教学	
		3. 3 社会服务		3. 3. 1 社会培训	
				3. 3. 2 产学研合作	
4. 教师发展		4. 1 发展规划		4. 1. 1 规划制定	
				4. 1. 2 规划落实	
		4. 2 培养培训		4. 2. 1 教师职业生涯规划	
				4. 2. 2 教学能力提升	
				4. 2. 3 科研与实践能力提升	
				4. 2. 4 团队建设	
		4. 3 教师评价		4. 3. 1 专任教师评价	
				4. 3. 2 兼职教师评价	
				4. 3. 3 教师满意度	

注：每位专家只对三级指标打分（5 好，4 较好，3 一般，2 较差，1 差）。专家组汇总每位专家的分数后，用算数平均值计算得出三、二、一级指标分数。

附录 G　重庆科技学院评测数据

1. 若干教学基本状态数据比对

表 G.1　生师比

统计数据	重庆科技学院	全国新建本科院校①
生师比	17.93	20

表 G.2　专任教师年龄结构

学校类型	30 岁以下	30～39 岁	40～49 岁	50～59 岁	60 岁以上
重庆科技学院	8.4%	53.3%	30.7%	7.1%	0.0%
全国普通高校②	14.5%	42.4%	26.9%	14.3%	1.9%

表 G.3　专任教师学历结构

学校类型	硕士	博士	硕士及以上
重庆科技学院	60.7%	23.5%	84.2%
新建本科院校③	58.4%	9.1%	67.5%

表 G.4　专任教师职称结构

学校类型	副高以上
重庆科技学院	46.5%
新建本科院校③	34.2%

表 G.5　"双师型"专任教师

学校类型	双师型专任教师占比
重庆科技学院	24.6%
新建本科院校③	20.3%

---

① 资料来源：《全国新建本科院校教学质量监测报告（2014 年度）》. 教育科学出版社.

② 资料来源：《2014 年中国教育事业发展统计简况》. 教育部发展规划司编写.

③ 资料来源：《中国高等教育质量报告》79～84 页，对截至 2013 年 121 所老本科高校、394 所新建本科院校的数据统计。

2.9 个二级院系专家组打分均值统计

表 G.6　二级院系专家组打分均值表

一级指标	平均分值	二级指标	平均分值	三级指标	平均分值
1. 数量与结构	4.02	1.1 教师数量	3.75	1.1.1 生师比	3.82
				1.1.2 各专业教师数	3.93
				1.1.3 兼职教师数	3.51
		1.2 专任教师结构	4.30	1.2.1 学历结构	4.57
				1.2.2 职称结构	4.18
				1.2.3 年龄结构	4.26
				1.2.4 “双师双能型”教师结构	4.18
		1.3 兼职教师结构	4.02	1.3.1 来源结构	4.00
				1.3.2 专业结构	4.04
2. 教育教学水平	4.27	2.1 师德师风	4.53	2.1.1 师德	4.67
				2.1.2 教学态度	4.39
		2.2 课堂教学	4.25	2.2.1 教学内容	4.50
				2.2.2 教学方法	4.17
				2.2.3 教学效果	4.07
		2.3 实践教学	4.04	2.3.1 实践能力	3.97
				2.3.2 实践教学能力	4.11
		2.4 教学研究		2.4.1 教研项目	
				2.4.2 教研成果应用	
3. 科学研究与社会服务	3.97	3.1 科研政策与经费	4.18	3.1.1 科研政策	4.26
				3.1.2 科研项目	4.10
				3.1.3 科研经费	
		3.2 科研成果	3.59	3.2.1 科技奖励	
				3.2.2 成果及应用	3.50
				3.2.3 科研反哺教学	3.68
		3.3 社会服务	4.14	3.3.1 社会培训	
				3.3.2 产学研合作	4.14
4. 教师发展	4.14	4.1 发展规划	4.33	4.1.1 规划制定	4.33
				4.1.2 规划落实	
		4.2 培养培训	3.97	4.2.1 教师职业生涯规划	3.99
				4.2.2 教学能力提升	4.04
				4.2.3 科研与实践能力提升	3.94
				4.2.4 团队建设	3.90
		4.3 教师评价	4.13	4.3.1 专任教师评价	4.32
				4.3.2 兼职教师评价	3.93
				4.3.3 教师满意度	4.13

注：汇总每位专家的分数后，用算数平均值计算得出三、二、一级指标分数；涂灰单元格不用汇总。

3. 各二级院系专家组打分情况统计

表 G.7　“安全工程学院”专家组打分表

一级指标	分值	二级指标	分值	三级指标	分值
1. 数量与结构	4.0	1.1 教师数量	4	1.1.1 生师比	4.0
				1.1.2 各专业教师数	4.0
				1.1.3 兼职教师数	4.0
		1.2 专任教师结构	4.4	1.2.1 学历结构	4.7
				1.2.2 职称结构	4.3
				1.2.3 年龄结构	4.3
				1.2.4 双师双能型教师结构	4.3
		1.3 兼职教师结构	3.8	1.3.1 来源结构	4.0
				1.3.2 专业结构	3.7
2. 教育教学水平	4.4	2.1 师德师风	4.8	2.1.1 师德	5.0
				2.1.2 教学态度	4.7
		2.2 课堂教学	4	2.2.1 教学内容	4.0
				2.2.2 教学方法	4.0
				2.2.3 教学效果	4.0
		2.3 实践教学	4.5	2.3.1 实践能力	4.7
				2.3.2 实践教学能力	4.3
		2.4 教学研究		2.4.1 教研项目	
				2.4.2 教研成果应用	
3. 科学研究与社会服务	3.9	3.1 科研政策与经费	3.8	3.1.1 科研政策	4.0
				3.1.2 科研项目	3.7
				3.1.3 科研经费	
		3.2 科研成果	3.8	3.2.1 科技奖励	
				3.2.2 成果及应用	3.7
				3.2.3 科研反哺教学	4.0
		3.3 社会服务	4.3	3.3.1 社会培训	
				3.3.2 产学研合作	4.3
4. 教师发展	4.0	4.1 发展规划	4.3	4.1.1 规划制定	4.3
				4.1.2 规划落实	

续表

一级指标	分值	二级指标	分值	三级指标	分值
4. 教师发展	4.0	4.2 培养培训	4	4.2.1 教师职业生涯规划	3.7
				4.2.2 教学能力提升	3.7
				4.2.3 科研与实践能力提升	4.7
				4.2.4 团队建设	4.0
		4.3 教师评价	3.9	4.3.1 专任教师评价	4.0
				4.3.2 兼职教师评价	3.7
				4.3.3 教师满意度	4.0

注：汇总每位专家的分数后，用算数平均值计算得出三、二、一级指标分数；涂灰单元格不用汇总。

表 G.8 “工商管理学院”专家组打分表

一级指标	分值	二级指标	分值	三级指标	分值
1. 数量与结构	3.48	1.1 教师数量	2.77	1.1.1 生师比	3
				1.1.2 各专业教师数	3.66
				1.1.3 兼职教师数	1.66
		1.2 专任教师结构	4.50	1.2.1 学历结构	5
				1.2.2 职称结构	4.66
				1.2.3 年龄结构	4.33
				1.2.4 双师双能型教师结构	4
		1.3 兼职教师结构	3.17	1.3.1 来源结构	3
				1.3.2 专业结构	3.33
2. 教育教学水平	4.24	2.1 师德师风	4.50	2.1.1 师德	4.66
				2.1.2 教学态度	4.33
		2.2 课堂教学	4.22	2.2.1 教学内容	4.66
				2.2.2 教学方法	4
				2.2.3 教学效果	4
		2.3 实践教学	4	2.3.1 实践能力	4
				2.3.2 实践教学能力	4
		2.4 教学研究		2.4.1 教研项目	
				2.4.2 教研成果应用	

续表

一级指标	分值	二级指标	分值	三级指标	分值
3. 科学研究与社会服务	3.94	3.1 科研政策与经费	4.16	3.1.1 科研政策	4.33
				3.1.2 科研项目	4
				3.1.3 科研经费	
		3.2 科研成果	3.67	3.2.1 科技奖励	
				3.2.2 成果及应用	3.33
				3.2.3 科研反哺教学	4
		3.3 社会服务	4	3.3.1 社会培训	
				3.3.2 产学研合作	4
4. 教师发展	3.82	4.1 发展规划	4	4.1.1 规划制定	4
				4.1.2 规划落实	
		4.2 培养培训	3.58	4.2.1 教师职业生涯规划	3.33
				4.2.2 教学能力提升	3.66
				4.2.3 科研与实践能力提升	3.66
				4.2.4 团队建设	3.66
		4.3 教师评价	3.89	4.3.1 专任教师评价	4.33
				4.3.2 兼职教师评价	4
				4.3.3 教师满意度	3.33

注：汇总每位专家的分数后，用算数平均值计算得出三、二、一级指标分数；涂灰单元格不用汇总。

表G.9　“化学工程学院”专家组打分表

一级指标	分值	二级指标	分值	三级指标	分值
1. 数量与结构	4.4	1.1 教师数量	4.2	1.1.1 生师比	3.7
				1.1.2 各专业教师数	4.7
				1.1.3 兼职教师数	4.3
		1.2 专任教师结构	4.4	1.2.1 学历结构	5.0
				1.2.2 职称结构	4.7
				1.2.3 年龄结构	3.7
				1.2.4 双师双能型教师结构	4.3
		1.3 兼职教师结构	4.7	1.3.1 来源结构	4.3
				1.3.2 专业结构	5.0

续表

一级指标	分值	二级指标	分值	三级指标	分值
2. 教育教学水平	4.33	2.1 师德师风	4.5	2.1.1 师德	5.0
				2.1.2 教学态度	4.0
		2.2 课堂教学	4.3	2.2.1 教学内容	4.7
				2.2.2 教学方法	4.0
				2.2.3 教学效果	4.3
		2.3 实践教学	4.2	2.3.1 实践能力	4.0
				2.3.2 实践教学能力	4.3
		2.4 教学研究		2.4.1 教研项目	
				2.4.2 教研成果应用	
3. 科学研究与社会服务	4.25	3.1 科研政策与经费	4.65	3.1.1 科研政策	5.0
				3.1.2 科研项目	4.3
				3.1.3 科研经费	
		3.2 科研成果	3.8	3.2.1 科技奖励	
				3.2.2 成果及应用	3.3
				3.2.3 科研反哺教学	4.3
		3.3 社会服务	4.3	3.3.1 社会培训	
				3.3.2 产学研合作	4.3
4. 教师发展	4.6	4.1 发展规划	5	4.1.1 规划制定	5.0
				4.1.2 规划落实	
		4.2 培养培训	4.4	4.2.1 教师职业生涯规划	4.7
				4.2.2 教学能力提升	4.7
				4.2.3 科研与实践能力提升	4.0
				4.2.4 团队建设	4.3
		4.3 教师评价	4.4	4.3.1 专任教师评价	4.7
				4.3.2 兼职教师评价	3.7
				4.3.3 教师满意度	4.7

注：汇总每位专家的分数后，用算数平均值计算得出三、二、一级指标分数；涂灰单元格不用汇总。

表 G. 10　“机械与动力工程学院”专家组打分表

一级指标	分值	二级指标	分值	三级指标	分值
1. 数量与结构	4. 18	1. 1 教师数量	3. 89	1. 1. 1 生师比	3. 67
				1. 1. 2 各专业教师数	4
				1. 1. 3 兼职教师数	4
		1. 2 专任教师结构	4. 33	1. 2. 1 学历结构	4
				1. 2. 2 职称结构	4. 67
				1. 2. 3 年龄结构	4. 33
				1. 2. 4 双师双能型教师结构	4. 33
		1. 3 兼职教师结构	4. 33	1. 3. 1 来源结构	4. 33
				1. 3. 2 专业结构	4. 33
2. 教育教学水平	4. 01	2. 1 师德师风	4. 08	2. 1. 1 师德	4
				2. 1. 2 教学态度	4. 17
		2. 2 课堂教学	3. 78	2. 2. 1 教学内容	3. 83
				2. 2. 2 教学方法	3. 83
				2. 2. 3 教学效果	3. 67
		2. 3 实践教学	4. 17	2. 3. 1 实践能力	4. 33
				2. 3. 2 实践教学能力	4
		2. 4 教学研究		2. 4. 1 教研项目	
				2. 4. 2 教研成果应用	
3. 科学研究与社会服务	4. 06	3. 1 科研政策与经费	4. 67	3. 1. 1 科研政策	4. 67
				3. 1. 2 科研项目	4. 67
				3. 1. 3 科研经费	
		3. 2 科研成果	3. 5	3. 2. 1 科技奖励	
				3. 2. 2 成果及应用	3. 83
				3. 2. 3 科研反哺教学	3. 17
		3. 3 社会服务	4	3. 3. 1 社会培训	
				3. 3. 2 产学研合作	4
4. 教师发展	4	4. 1 发展规划	4. 33	4. 1. 1 规划制定	4. 33
				4. 1. 2 规划落实	
		4. 2 培养培训	3. 79	4. 2. 1 教师职业生涯规划	3. 50
				4. 2. 2 教学能力提升	4

续表

一级指标	分值	二级指标	分值	三级指标	分值
4. 教师发展	4	4.2 培养培训	3.79	4.2.3 科研与实践能力提升	3.83
				4.2.4 团队建设	3.83
		4.3 教师评价	3.89	4.3.1 专任教师评价	3.83
				4.3.2 兼职教师评价	3.67
				4.3.3 教师满意度	4.17

注：汇总每位专家的分数后，用算数平均值计算得出三、二、一级指标分数；涂灰单元格不用汇总。

表 G.11 “建筑工程学院”专家组打分表

一级指标	分值	二级指标	分值	三级指标	分值
1. 数量与结构	2.94	1.1 教师数量	2.33	1.1.1 生师比	3
				1.1.2 各专业教师数	2
				1.1.3 兼职教师数	2
		1.2 专任教师结构	3.5	1.2.1 学历结构	3
				1.2.2 职称结构	3
				1.2.3 年龄结构	3
				1.2.4 双师双能型教师结构	5
		1.3 兼职教师结构	3	1.3.1 来源结构	3
				1.3.2 专业结构	3
2. 教育教学水平	4	2.1 师德师风	4	2.1.1 师德	4
				2.1.2 教学态度	4
		2.2 课堂教学	4	2.2.1 教学内容	4
				2.2.2 教学方法	4
				2.2.3 教学效果	4
		2.3 实践教学	4	2.3.1 实践能力	4
				2.3.2 实践教学能力	4
		2.4 教学研究		2.4.1 教研项目	
				2.4.2 教研成果应用	
3. 科学研究与社会服务	2.67	3.1 科研政策与经费	3	3.1.1 科研政策	3
				3.1.2 科研项目	3
				3.1.3 科研经费	
		3.2 科研成果	2	3.2.1 科技奖励	
				3.2.2 成果及应用	2
				3.2.3 科研反哺教学	2

续表

一级指标	分值	二级指标	分值	三级指标	分值
3. 科学研究与社会服务	2.67	3.3 社会服务	3	3.3.1 社会培训	
				3.3.2 产学研合作	3
4. 教师发展	2.94	4.1 发展规划	3	4.1.1 规划制定	3
				4.1.2 规划落实	
		4.2 培养培训	2.5	4.2.1 教师职业生涯规划	3
				4.2.2 教学能力提升	3
				4.2.3 科研与实践能力提升	2
				4.2.4 团队建设	2
		4.3 教师评价	3.33	4.3.1 专任教师评价	4
				4.3.2 兼职教师评价	3
				4.3.3 教师满意度	3

注：汇总每位专家的分数后，用算数平均值计算得出三、二、一级指标分数；涂灰单元格不用汇总。

表 G.12 “人文艺术学院”专家组打分表

一级指标	分值	二级指标	分值	三级指标	分值
1. 数量与结构	4.3	1.1 教师数量	4.7	1.1.1 生师比	5
				1.1.2 各专业教师数	5
				1.1.3 兼职教师数	4
		1.2 专任教师结构	4.7	1.2.1 学历结构	5
				1.2.2 职称结构	4
				1.2.3 年龄结构	5
				1.2.4 双师双能型教师结构	3
		1.3 兼职教师结构	3.5	1.3.1 来源结构	4
				1.3.2 专业结构	3
2. 教育教学水平	4.3	2.1 师德师风	5	2.1.1 师德	5
				2.1.2 教学态度	5
		2.2 课堂教学	4.3	2.2.1 教学内容	5
				2.2.2 教学方法	4
				2.2.3 教学效果	4
		2.3 实践教学	3.5	2.3.1 实践能力	3
				2.3.2 实践教学能力	4
		2.4 教学研究		2.4.1 教研项目	
				2.4.2 教研成果应用	

续表

一级指标	分值	二级指标	分值	三级指标	分值
3. 科学研究与社会服务	4.5	3.1 科研政策与经费	4.5	3.1.1 科研政策	4
				3.1.2 科研项目	5
				3.1.3 科研经费	
		3.2 科研成果	4	3.2.1 科技奖励	
				3.2.2 成果及应用	4
				3.2.3 科研反哺教学	4
		3.3 社会服务	5	3.3.1 社会培训	
				3.3.2 产学研合作	5
4. 教师发展	4.4	4.1 发展规划	4	4.1.1 规划制定	
				4.1.2 规划落实	
		4.2 培养培训	4.5	4.2.1 教师职业生涯规划	5
				4.2.2 教学能力提升	
				4.2.3 科研与实践能力提升	5
				4.2.4 团队建设	4
		4.3 教师评价	4.7	4.3.1 专任教师评价	5
				4.3.2 兼职教师评价	4
				4.3.3 教师满意度	5

注：汇总每位专家的分数后，用算数平均值计算得出三、二、一级指标分数；涂灰单元格不用汇总。

表 G.13 “电气与信息工程学院”专家组打分表

一级指标	分值	二级指标	分值	三级指标	分值
1. 数量与结构	4.48	1.1 教师数量	4.11	1.1.1 生师比	4.00
				1.1.2 各专业教师数	4.67
				1.1.3 兼职教师数	3.67
		1.2 专任教师结构	4.67	1.2.1 学历结构	5.00
				1.2.2 职称结构	4.33
				1.2.3 年龄结构	4.67
				1.2.4 双师双能型教师结构	4.67
		1.3 兼职教师结构	4.67	1.3.1 来源结构	4.33
				1.3.2 专业结构	5.00

续表

一级指标	分值	二级指标	分值	三级指标	分值
2. 教育教学水平	4.47	2.1 师德师风	4.5	2.1.1 师德	
				2.1.2 教学态度	4.33
		2.2 课堂教学	4.56	2.2.1 教学内容	5.00
				2.2.2 教学方法	4.67
				2.2.3 教学效果	4.00
		2.3 实践教学	4.34	2.3.1 实践能力	4.00
				2.3.2 实践教学能力	4.67
		2.4 教学研究		2.4.1 教研项目	
				2.4.2 教研成果应用	
3. 科学研究与社会服务	4.45	3.1 科研政策与经费	4.67	3.1.1 科研政策	
				3.1.2 科研项目	4.67
				3.1.3 科研经费	
		3.2 科研成果	4.34	3.2.1 科技奖励	
				3.2.2 成果及应用	4.33
				3.2.3 科研反哺教学	4.33
		3.3 社会服务	4.33	3.3.1 社会培训	
				3.3.2 产学研合作	4.33
4. 教师发展	4.34	4.1 发展规划	4.67	4.1.1 规划制定	
				4.1.2 规划落实	
		4.2 培养培训	4.25	4.2.1 教师职业生涯规划	
				4.2.2 教学能力提升	4.67
				4.2.3 科研与实践能力提升	4.00
				4.2.4 团队建设	4.33
		4.3 教师评价	4.11	4.3.1 专任教师评价	4.00
				4.3.2 兼职教师评价	4.33
				4.3.3 教师满意度	4.00

注：汇总每位专家的分数后，用算数平均值计算得出三、二、一级指标分数；涂灰单元格不用汇总。

表 G. 14　“石油与天然气工程学院”专家组打分表

一级指标	分值	二级指标	分值	三级指标	分值
1. 数量与结构	4. 22	1. 1 教师数量	3. 77	1. 1. 1 生师比	3. 7
				1. 1. 2 各专业教师数	3. 3
				1. 1. 3 兼职教师数	4. 3
		1. 2 专任教师结构	4. 4	1. 2. 1 学历结构	4. 7
				1. 2. 2 职称结构	4. 3
				1. 2. 3 年龄结构	4. 3
				1. 2. 4 双师双能型教师结构	4. 3
		1. 3 兼职教师结构	4. 5	1. 3. 1 来源结构	4. 3
				1. 3. 2 专业结构	4. 7
2. 教育教学水平	4. 63	2. 1 师德师风	5	2. 1. 1 师德	5. 0
				2. 1. 2 教学态度	5. 0
		2. 2 课堂教学	4. 9	2. 2. 1 教学内容	5. 0
				2. 2. 2 教学方法	5. 0
				2. 2. 3 教学效果	4. 7
		2. 3 实践教学	4	2. 3. 1 实践能力	4. 0
				2. 3. 2 实践教学能力	4. 0
		2. 4 教学研究		2. 4. 1 教研项目	
				2. 4. 2 教研成果应用	
3. 科学研究与社会服务	3. 5	3. 1 科研政策与经费	3. 65	3. 1. 1 科研政策	4. 0
				3. 1. 2 科研项目	3. 3
				3. 1. 3 科研经费	
		3. 2 科研成果	2. 85	3. 2. 1 科技奖励	
				3. 2. 2 成果及应用	2. 7
				3. 2. 3 科研反哺教学	3. 0
		3. 3 社会服务	4	3. 3. 1 社会培训	
				3. 3. 2 产学研合作	4. 0
4. 教师发展	4. 6	4. 1 发展规划	4. 7	4. 1. 1 规划制定	4. 7
				4. 1. 2 规划落实	

续表

一级指标	分值	二级指标	分值	三级指标	分值
4. 教师发展	4.6	4.2 培养培训	4.4	4.2.1 教师职业生涯规划	4.7
				4.2.2 教学能力提升	4.3
				4.2.3 科研与实践能力提升	4.3
				4.2.4 团队建设	4.3
		4.3 教师评价	4.7	4.3.1 专任教师评价	4.7
				4.3.2 兼职教师评价	4.7
				4.3.3 教师满意度	4.7

注：汇总每位专家的分数后，用算数平均值计算得出三、二、一级指标分数；涂灰单元格不用汇总。

表G.15　“冶金与动力工程学院”专家组打分表

一级指标	分值	二级指标	分值	三级指标	分值
1. 数量与结构	4.2	1.1 教师数量	4	1.1.1 生师比	4.3
				1.1.2 各专业教师数	4.0
				1.1.3 兼职教师数	3.7
		1.2 专任教师结构	4.2	1.2.1 学历结构	4.7
				1.2.2 职称结构	3.7
				1.2.3 年龄结构	4.7
				1.2.4 双师双能型教师结构	3.7
		1.3 兼职教师结构	4.5	1.3.1 来源结构	4.7
				1.3.2 专业结构	4.3
2. 教育教学水平	4.05	2.1 师德师风	4.35	2.1.1 师德	4.7
				2.1.2 教学态度	4
		2.2 课堂教学	4.1	2.2.1 教学内容	4.3
				2.2.2 教学方法	4.0
				2.2.3 教学效果	4.0
		2.3 实践教学	3.7	2.3.1 实践能力	3.7
				2.3.2 实践教学能力	3.7
		2.4 教学研究		2.4.1 教研项目	
				2.4.2 教研成果应用	

续表

一级指标	分值	二级指标	分值	三级指标	分值
3. 科学研究与社会服务	4.37	3.1 科研政策与经费	4.5	3.1.1 科研政策	4.7
				3.1.2 科研项目	4.3
				3.1.3 科研经费	
		3.2 科研成果	4.3	3.2.1 科技奖励	
				3.2.2 成果及应用	4.3
				3.2.3 科研反哺教学	4.3
		3.3 社会服务	4.3	3.3.1 社会培训	
				3.3.2 产学研合作	4.3
4. 教师发展	4.52	4.1 发展规划	5	4.1.1 规划制定	5
				4.1.2 规划落实	
		4.2 培养培训	4.25	4.2.1 教师职业生涯规划	4
				4.2.2 教学能力提升	4.3
				4.2.3 科研与实践能力提升	4
				4.2.4 团队建设	4.7
		4.3 教师评价	4.3	4.3.1 专任教师评价	4.3
				4.3.2 兼职教师评价	4.3
				4.3.3 教师满意度	4.3

注：汇总每位专家的分数后，用算数平均值计算得出三、二、一级指标分数；涂灰单元格不用汇总。

4. 重庆科技学院专家组打分情况

表 G.16 重庆科技学院专家组打分表

一级指标	分值	二级指标	分值	三级指标	分值
1. 数量与结构	4.19	1.1 教师数量	3.93	1.1.1 生师比	4
				1.1.2 各专业教师数	3.8
				1.1.3 兼职教师数	4
		1.2 专任教师结构	4.45	1.2.1 学历结构	4.6
				1.2.2 职称结构	4.6
				1.2.3 年龄结构	4.8
				1.2.4 双师双能型教师结构	3.8
		1.3 兼职教师结构	4.2	1.3.1 来源结构	4
				1.3.2 专业结构	4.4

续表

一级指标	分值	二级指标	分值	三级指标	分值
2. 教育教学水平	3.73	2.1 师德师风	3.6	2.1.1 师德	3.6
				2.1.2 教学态度	3.6
		2.2 课堂教学	3.73	2.2.1 教学内容	3.8
				2.2.2 教学方法	3.6
				2.2.3 教学效果	3.8
		2.3 实践教学	3.8	2.3.1 实践能力	4
				2.3.2 实践教学能力	3.6
		2.4 教学研究	3.8	2.4.1 教研项目	4.2
				2.4.2 教研成果应用	3.4
3. 科学研究与社会服务	4.41	3.1 科研政策与经费	4.73	3.1.1 科研政策	4.8
				3.1.2 科研项目	4.6
				3.1.3 科研经费	4.8
		3.2 科研成果	4.2	3.2.1 科技奖励	4.8
				3.2.2 成果及应用	4.4
				3.2.3 科研反哺教学	3.4
		3.3 社会服务	4.3	3.3.1 社会培训	4.2
				3.3.2 产学研合作	4.4
4. 教师发展	3.8	4.1 发展规划	3.9	4.1.1 规划制定	4
				4.1.2 规划落实	3.8
		4.2 培养培训	3.7	4.2.1 教师职业生涯规划	3.6
				4.2.2 教学能力提升	3.6
				4.2.3 科研与实践能力提升	4.2
				4.2.4 团队建设	3.4
		4.3 教师评价	3.8	4.3.1 专任教师评价	4
				4.3.2 兼职教师评价	3.4
				4.3.3 教师满意度	4

附录 H　海口经济学院评测数据

1. 若干教学基本状态数据比对

表 H.1　生师比

统计数据	海口经济学院	全国新建本科院校①
生师比	20.6	20

表 H.2　专任教师年龄结构

学校类型	30 岁以下	30～39 岁	40～49 岁	50～59 岁	60 岁以上
海口经济学院	24.2%	50.6%	9.2%	8.9%	7.1%
全国普通高校②	14.5%	42.4%	26.9%	14.3%	1.9%

表 H.3　专任教师学历结构

学校类型	硕士以上	本科	专科及以下
海口经济学院	53.0%	12%	4%
新建本科院校①	66.8%	25.9%	7.3%

表 H.4　专任教师职称结构

学校类型	副高以上	中级	初级	其他
海口经济学院	25.6%	52.9%	11.5%	10.0%
新建本科院校①	34.2%	43.5%	14.8%	7.5%

表 H.5　“双师型”专任教师

学校类型	双师型专任教师占比
海口经济学院	21.8%
新建本科院校③	20.3%

① 资料来源：《全国新建本科院校教学质量监测报告（2014 年度）》. 教育科学出版社.

② 资料来源：《2014 年中国教育事业发展统计简况》. 教育部发展规划司编写.

③ 资料来源：《中国高等教育质量报告》84 页，对截至 2013 年 121 所老本科高校、394 所新建本科院校的数据统计。

2.6 个二级院系专家组打分均值统计

表 H.6 二级院系专家组打分均值表

一级指标	分值	二级指标	分值	三级指标	分值
1. 数量与结构	3.8	1.1 教师数量	3.54	1.1.1 生师比	3.17
				1.1.2 各专业教师数	3.56
				1.1.3 兼职教师数	3.89
		1.2 专任教师结构	3.82	1.2.1 学历结构	4.22
				1.2.2 职称结构	3.67
				1.2.3 年龄结构	3.89
				1.2.4 双师双能型教师结构	3.50
		1.3 兼职教师结构	4.06	1.3.1 来源结构	4.06
				1.3.2 专业结构	4.06
2. 教育教学水平	4.11	2.1 师德师风	4.50	2.1.1 师德	4.56
				2.1.2 教学态度	4.45
		2.2 课堂教学	4.04	2.2.1 教学内容	4.17
				2.2.2 教学方法	3.89
				2.2.3 教学效果	4.06
		2.3 实践教学	3.81	2.3.1 实践能力	3.78
				2.3.2 实践教学能力	3.83
		2.4 教学研究		2.4.1 教研项目	
				2.4.2 教研成果应用	
3. 科学研究与社会服务	3.45	3.1 科研政策与经费	3.78	3.1.1 科研政策	4.00
				3.1.2 科研项目	3.56
				3.1.3 科研经费	
		3.2 科研成果	3.17	3.2.1 科技奖励	
				3.2.2 成果及应用	2.95
				3.2.3 科研反哺教学	3.39
		3.3 社会服务	3.39	3.3.1 社会培训	
				3.3.2 产学研合作	3.39
4. 教师发展	3.78	4.1 发展规划	3.72	4.1.1 规划制定	3.72
				4.1.2 规划落实	

续表

一级指标	分值	二级指标	分值	三级指标	分值
4. 教师发展	3.78	4.2 培养培训	3.82	4.2.1 教师职业生涯规划	3.78
				4.2.2 教学能力提升	3.78
				4.2.3 科研与实践能力提升	3.78
				4.2.4 团队建设	3.95
		4.3 教师评价	3.80	4.3.1 专任教师评价	4.00
				4.3.2 兼职教师评价	3.61
				4.3.3 教师满意度	3.78

注：汇总每位专家的分数后，用算数平均值计算得出三、二、一级指标分数；涂灰单元格不用汇总。

3. 各二级院系专家组打分情况统计

表 H.7 “财务会计学院”专家组打分表

一级指标	分值	二级指标	分值	三级指标	分值
1. 数量与结构	4.07	1.1 教师数量	3.22	1.1.1 生师比	2.33
				1.1.2 各专业教师数	3
				1.1.3 兼职教师数	4.33
		1.2 专任教师结构	4.33	1.2.1 学历结构	5
				1.2.2 职称结构	4.33
				1.2.3 年龄结构	4.33
				1.2.4 双师双能型教师结构	3.67
		1.3 兼职教师结构	4.67	1.3.1 来源结构	4.67
				1.3.2 专业结构	4.67
2. 教育教学水平	4.52	2.1 师德师风	5	2.1.1 师德	5
				2.1.2 教学态度	5
		2.2 课堂教学	4.55	2.2.1 教学内容	5
				2.2.2 教学方法	4.33
				2.2.3 教学效果	4.33
		2.3 实践教学	4	2.3.1 实践能力	4.33
				2.3.2 实践教学能力	3.67
		2.4 教学研究		2.4.1 教研项目	
				2.4.2 教研成果应用	

续表

一级指标	分值	二级指标	分值	三级指标	分值
3. 科学研究与社会服务	3.5	3.1 科研政策与经费	4.34	3.1.1 科研政策	4.67
				3.1.2 科研项目	4
				3.1.3 科研经费	
		3.2 科研成果	3.17	3.2.1 科技奖励	
				3.2.2 成果及应用	3.33
				3.2.3 科研反哺教学	3
		3.3 社会服务	3	3.3.1 社会培训	
				3.3.2 产学研合作	3
4. 教师发展	3.92	4.1 发展规划	4	4.1.1 规划制定	4
				4.1.2 规划落实	
		4.2 培养培训	3.75	4.2.1 教师职业生涯规划	4
				4.2.2 教学能力提升	3.67
				4.2.3 科研与实践能力提升	3.67
				4.2.4 团队建设	3.67
		4.3 教师评价	4	4.3.1 专任教师评价	4
				4.3.2 兼职教师评价	4
				4.3.3 教师满意度	4

注：汇总每位专家的分数后，用算数平均值计算得出三、二、一级指标分数；涂灰单元格不用汇总。

表 H.8　“传媒学院”专家组打分表

一级指标	分值	二级指标	分值	三级指标	分值
1. 数量与结构	4.11	1.1 教师数量	4.33	1.1.1 生师比	4.33
				1.1.2 各专业教师数	4
				1.1.3 兼职教师数	4.67
		1.2 专任教师结构	3.83	1.2.1 学历结构	4.67
				1.2.2 职称结构	3.33
				1.2.3 年龄结构	3.33
				1.2.4 双师双能型教师结构	4
		1.3 兼职教师结构	4.17	1.3.1 来源结构	4.33
				1.3.2 专业结构	4

续表

<table>
<tr><th>一级指标</th><th>分值</th><th>二级指标</th><th>分值</th><th>三级指标</th><th>分值</th></tr>
<tr><td rowspan="9">2. 教育教学水平</td><td rowspan="9">4.26</td><td rowspan="2">2.1 师德师风</td><td rowspan="2">4.5</td><td>2.1.1 师德</td><td>4.33</td></tr>
<tr><td>2.1.2 教学态度</td><td>4.67</td></tr>
<tr><td rowspan="3">2.2 课堂教学</td><td rowspan="3">4.11</td><td>2.2.1 教学内容</td><td>4.33</td></tr>
<tr><td>2.2.2 教学方法</td><td>4</td></tr>
<tr><td>2.2.3 教学效果</td><td>4</td></tr>
<tr><td rowspan="2">2.3 实践教学</td><td rowspan="2">4.17</td><td>2.3.1 实践能力</td><td>4</td></tr>
<tr><td>2.3.2 实践教学能力</td><td>4.33</td></tr>
<tr><td rowspan="2">2.4 教学研究</td><td rowspan="2"></td><td>2.4.1 教研项目</td><td></td></tr>
<tr><td>2.4.2 教研成果应用</td><td></td></tr>
<tr><td rowspan="8">3. 科学研究与社会服务</td><td rowspan="8">3.17</td><td rowspan="3">3.1 科研政策与经费</td><td rowspan="3">3.5</td><td>3.1.1 科研政策</td><td>3.67</td></tr>
<tr><td>3.1.2 科研项目</td><td>3.33</td></tr>
<tr><td>3.1.3 科研经费</td><td></td></tr>
<tr><td rowspan="3">3.2 科研成果</td><td rowspan="3">3</td><td>3.2.1 科技奖励</td><td></td></tr>
<tr><td>3.2.2 成果及应用</td><td>2.67</td></tr>
<tr><td>3.2.3 科研反哺教学</td><td>3.33</td></tr>
<tr><td rowspan="2">3.3 社会服务</td><td rowspan="2">3</td><td>3.3.1 社会培训</td><td></td></tr>
<tr><td>3.3.2 产学研合作</td><td>3</td></tr>
<tr><td rowspan="9">4. 教师发展</td><td rowspan="9">4.22</td><td rowspan="2">4.1 发展规划</td><td rowspan="2">4.33</td><td>4.1.1 规划制定</td><td>4.33</td></tr>
<tr><td>4.1.2 规划落实</td><td></td></tr>
<tr><td rowspan="4">4.2 培养培训</td><td rowspan="4">4.33</td><td>4.2.1 教师职业生涯规划</td><td>4</td></tr>
<tr><td>4.2.2 教学能力提升</td><td>4.33</td></tr>
<tr><td>4.2.3 科研与实践能力提升</td><td>4</td></tr>
<tr><td>4.2.4 团队建设</td><td>5</td></tr>
<tr><td rowspan="3">4.3 教师评价</td><td rowspan="3">4</td><td>4.3.1 专任教师评价</td><td>4.33</td></tr>
<tr><td>4.3.2 兼职教师评价</td><td>3.67</td></tr>
<tr><td>4.3.3 教师满意度</td><td>4</td></tr>
</table>

注：汇总每位专家的分数后，用算数平均值计算得出三、二、一级指标分数；涂灰单元格不用汇总。

表 H.9　“工商管理学院”专家组打分表

一级指标	分值	二级指标	分值	三级指标	分值
1. 数量与结构	3.1	1.1 教师数量	2.78	1.1.1 生师比	2.33
				1.1.2 各专业教师数	2.33
				1.1.3 兼职教师数	3.67
		1.2 专任教师结构	3.34	1.2.1 学历结构	3.67
				1.2.2 职称结构	3
				1.2.3 年龄结构	3.67
				1.2.4 双师双能型教师结构	3
		1.3 兼职教师结构	3.17	1.3.1 来源结构	3.33
				1.3.2 专业结构	3
2. 教育教学水平	3.67	2.1 师德师风	4.17	2.1.1 师德	4.33
				2.1.2 教学态度	4
		2.2 课堂教学	3.33	2.2.1 教学内容	3.33
				2.2.2 教学方法	3.33
				2.2.3 教学效果	3.33
		2.3 实践教学	3.5	2.3.1 实践能力	3
				2.3.2 实践教学能力	4
		2.4 教学研究		2.4.1 教研项目	
				2.4.2 教研成果应用	
3. 科学研究与社会服务	2.84	3.1 科研政策与经费	3.34	3.1.1 科研政策	3.67
				3.1.2 科研项目	3
				3.1.3 科研经费	
		3.2 科研成果	2.5	3.2.1 科技奖励	
				3.2.2 成果及应用	2.33
				3.2.3 科研反哺教学	2.67
		3.3 社会服务	2.67	3.3.1 社会培训	2.67
				3.3.2 产学研合作	
4. 教师发展	2.98	4.1 发展规划	2.67	4.1.1 规划制定	2.67
				4.1.2 规划落实	
		4.2 培养培训	3.17	4.2.1 教师职业生涯规划	2.67
				4.2.2 教学能力提升	3.67
				4.2.3 科研与实践能力提升	3
				4.2.4 团队建设	3.33

续表

一级指标	分值	二级指标	分值	三级指标	分值
4. 教师发展	2.98	4.3 教师评价	3.11	4.3.1 专任教师评价	3.67
				4.3.2 兼职教师评价	3
				4.3.3 教师满意度	2.67

注：汇总每位专家的分数后，用算数平均值计算得出三、二、一级指标分数；涂灰单元格不用汇总。

表 H.10 “经济贸易学院”专家组打分表

一级指标	分值	二级指标	分值	二级指标	分值
1. 数量与结构	3.54	1.1 教师数量	3.44	1.1.1 生师比	3
				1.1.2 各专业教师数	4
				1.1.3 兼职教师数	3.33
		1.2 专任教师结构	3.5	1.2.1 学历结构	3.67
				1.2.2 职称结构	3.33
				1.2.3 年龄结构	4
				1.2.4 双师双能型教师结构	3
		1.3 兼职教师结构	3.67	1.3.1 来源结构	3.33
				1.3.2 专业结构	4
2. 教育教学水平	4	2.1 师德师风	4.33	2.1.1 师德	4.33
				2.1.2 教学态度	4.33
		2.2 课堂教学	4	2.2.1 教学内容	4
				2.2.2 教学方法	4
				2.2.3 教学效果	4
		2.3 实践教学	3.67	2.3.1 实践能力	3.67
				2.3.2 实践教学能力	3.67
		2.4 教学研究		2.4.1 教研项目	
				2.4.2 教研成果应用	
3. 科学研究与社会服务	3.22	3.1 科研政策与经费	3.5	3.1.1 科研政策	3.67
				3.1.2 科研项目	3.33
				3.1.3 科研经费	
		3.2 科研成果	2.84	3.2.1 科技奖励	
				3.2.2 成果及应用	2.67
				3.2.3 科研反哺教学	3
		3.3 社会服务	3.33	3.3.1 社会培训	
				3.3.2 产学研合作	3.33

续表

一级指标	分值	二级指标	分值	三级指标	分值
4. 教师发展	3.86	4.1 发展规划	4.33	4.1.1 规划制定	4.33
				4.1.2 规划落实	
		4.2 培养培训	3.59	4.2.1 教师职业生涯规划	3.67
				4.2.2 教学能力提升	3.67
				4.2.3 科研与实践能力提升	3.67
				4.2.4 团队建设	3.33
		4.3 教师评价	3.67	4.3.1 专任教师评价	4
				4.3.2 兼职教师评价	3
				4.3.3 教师满意度	4

注：汇总每位专家的分数后，用算数平均值计算得出三、二、一级指标分数；涂灰单元格不用汇总。

表 H.11 “旅游与民航管理学院”专家组打分表

一级指标	分值	二级指标	分值	三级指标	分值
1. 数量与结构	3.79	1.1 教师数量	3.78	1.1.1 生师比	3.33
				1.1.2 各专业教师数	4
				1.1.3 兼职教师数	4
		1.2 专任教师结构	3.75	1.2.1 学历结构	4
				1.2.2 职称结构	3.67
				1.2.3 年龄结构	3.67
				1.2.4 双师双能型教师结构	3.67
		1.3 兼职教师结构	3.84	1.3.1 来源结构	3.67
				1.3.2 专业结构	4
2. 教育教学水平	4.02	2.1 师德师风	4.67	2.1.1 师德	4.67
				2.1.2 教学态度	4.67
		2.2 课堂教学	3.89	2.2.1 教学内容	4.33
				2.2.2 教学方法	3.67
				2.2.3 教学效果	3.67
		2.3 实践教学	3.5	2.3.1 实践能力	3.67
				2.3.2 实践教学能力	3.33
		2.4 教学研究		2.4.1 教研项目	
				2.4.2 教研成果应用	

续表

一级指标	分值	二级指标	分值	三级指标	分值
3. 科学研究与社会服务	3.61	3.1 科研政策与经费	4	3.1.1 科研政策	4.33
				3.1.2 科研项目	3.67
				3.1.3 科研经费	
		3.2 科研成果	3.17	3.2.1 科技奖励	
				3.2.2 成果及应用	3
				3.2.3 科研反哺教学	3.33
		3.3 社会服务	3.67	3.3.1 社会培训	
				3.3.2 产学研合作	3.67
4. 教师发展	3.69	4.1 发展规划	3.67	4.1.1 规划制定	3.67
				4.1.2 规划落实	
4. 教师发展	3.69	4.2 培养培训	3.5	4.2.1 教师职业生涯规划	3.67
				4.2.2 教学能力提升	3.33
				4.2.3 科研与实践能力提升	3.33
				4.2.4 团队建设	3.67
		4.3 教师评价	3.89	4.3.1 专任教师评价	4
				4.3.2 兼职教师评价	3.67
				4.3.3 教师满意度	4

注：汇总每位专家的分数后，用算数平均值计算得出三、二、一级指标分数；涂灰单元格不用汇总。

表 H.12 “艺术设计学院”专家组打分表

一级指标	分值	二级指标	分值	三级指标	分值
1. 数量与结构	4.23	1.1 教师数量	3.67	1.1.1 生师比	3.67
				1.1.2 各专业教师数	4
				1.1.3 兼职教师数	3.33
		1.2 专任教师结构	4.17	1.2.1 学历结构	4.33
				1.2.2 职称结构	4.33
				1.2.3 年龄结构	4.33
				1.2.4 双师双能型教师结构	3.67
		1.3 兼职教师结构	4.84	1.3.1 来源结构	5
				1.3.2 专业结构	4.67

续表

一级指标	分值	二级指标	分值	三级指标	分值
2. 教育教学水平	4.22	2.1 师德师风	4.34	2.1.1 师德	4.67
				2.1.2 教学态度	4
		2.2 课堂教学	4.33	2.2.1 教学内容	4
				2.2.2 教学方法	4
				2.2.3 教学效果	5
		2.3 实践教学	4	2.3.1 实践能力	4
				2.3.2 实践教学能力	4
		2.4 教学研究		2.4.1 教研项目	
				2.4.2 教研成果应用	
3. 科学研究与社会服务	4.33	3.1 科研政策与经费	4	3.1.1 科研政策	4
				3.1.2 科研项目	4
				3.1.3 科研经费	
		3.2 科研成果	4.34	3.2.1 科技奖励	
				3.2.2 成果及应用	3.67
				3.2.3 科研反哺教学	5
		3.3 社会服务	4.67	3.3.1 社会培训	
				3.3.2 产学研合作	4.67
4. 教师发展	4.01	4.1 发展规划	3.33	4.1.1 规划制定	3.33
				4.1.2 规划落实	
		4.2 培养培训	4.59	4.2.1 教师职业生涯规划	4.67
				4.2.2 教学能力提升	4
				4.2.3 科研与实践能力提升	5
				4.2.4 团队建设	4.67
		4.3 教师评价	4.11	4.3.1 专任教师评价	4
				4.3.2 兼职教师评价	4.33
				4.3.3 教师满意度	4

注：汇总每位专家的分数后，用算数平均值计算得出三、二、一级指标分数；涂灰单元格不用汇总。

4. 海口经济学院专家组打分情况

表 H. 13 海口经济学院专家组打分表

一级指标	分值	二级指标	分值	三级指标	分值
1. 数量与结构	3. 77	1. 1 教师数量	3. 89	1. 1. 1 生师比	4. 17
				1. 1. 2 各专业教师数	3. 67
				1. 1. 3 兼职教师数	3. 83
		1. 2 专任教师结构	3. 67	1. 2. 1 学历结构	4. 17
				1. 2. 2 职称结构	3. 33
				1. 2. 3 年龄结构	3. 67
				1. 2. 4 双师双能型教师结构	3. 5
		1. 3 兼职教师结构	3. 75	1. 3. 1 来源结构	3. 67
				1. 3. 2 专业结构	3. 83
2. 教育教学水平	3. 61	2. 1 师德师风	4. 42	2. 1. 1 师德	4. 5
				2. 1. 2 教学态度	4. 33
		2. 2 课堂教学	3. 5	2. 2. 1 教学内容	3. 67
				2. 2. 2 教学方法	3. 33
				2. 2. 3 教学效果	3. 5
		2. 3 实践教学	3	2. 3. 1 实践能力	3
				2. 3. 2 实践教学能力	3
		2. 4 教学研究	3. 5	2. 4. 1 教研项目	3. 83
				2. 4. 2 教研成果应用	3. 17
3. 科学研究与社会服务	3. 26	3. 1 科研政策与经费	3. 28	3. 1. 1 科研政策	3. 67
				3. 1. 2 科研项目	3. 17
				3. 1. 3 科研经费	3
		3. 2 科研成果	2. 83	3. 2. 1 科技奖励	3. 17
				3. 2. 2 成果及应用	2. 5
				3. 2. 3 科研反哺教学	2. 83
		3. 3 社会服务	3. 67	3. 3. 1 社会培训	4. 33
				3. 3. 2 产学研合作	3

续表

一级指标	分值	二级指标	分值	三级指标	分值
4. 教师发展	3.7	4.1 发展规划	3.75	4.1.1 规划制定	4
				4.1.2 规划落实	3.5
		4.2 培养培训	3.67	4.2.1 教师职业生涯规划	3.67
				4.2.2 教学能力提升	3.67
				4.2.3 科研与实践能力提升	3.67
				4.2.4 团队建设	3.67
		4.3 教师评价	3.67	4.3.1 专任教师评价	3.67
				4.3.2 兼职教师评价	3.5
				4.3.3 教师满意度	3.83

附录I 哈尔滨理工大学评测数据

1. 若干教学基本状态数据比对

表I.1 生师比

统计数据	哈尔滨理工大学	全国普通本科高校①	“211 工程”高校②
生师比	19.7	17.73	16.97

表I.2 专任教师年龄结构

学校类型	35 岁及以下	36～45 岁	46～55 岁	56 岁及以上
哈尔滨理工大学	38%	32%	25%	5%
老本科高校③	29.9%	40.0%	24.7%	5.4%

表I.3 专任教师学历结构

学校类型	博士	硕士	本科	专科及以下
哈尔滨理工大学	35%	49%	12%	4%
老本科高校②	25.2%	51.4%	20.2%	2.9%

表I.4 专任教师职称结构

学校类型	正高职称	副高职称	高级职称总计
哈尔滨理工大学	23%	33%	56%
老本科高校②	14.6%	32.1%	46.7%

---

① 资料来源：统计数据摘自 2014 年中国教育事业发展统计简况，指标数据根据统计数据计算得出。

② 资料来源：《全国“211 工程”高校本科教学质量报告（2012 年度）》，对 2012 年度 112 所“211 工程”高校（不包括军事院校）的数据统计.

③ 资料来源：《中国高等教育质量报告》79～84 页，对 2013 年度 121 所老本科高校的数据统计。

表Ⅰ.5 “双师型”专任教师

学校类型	“双师型”专任教师占比
哈尔滨理工大学	16%
老本科高校	14%
新建本科院校①	20.3%

2.14 个二级院系专家组打分均值统计

表Ⅰ.6 二级院系专家组打分均值表

一级指标	分值	二级指标	分值	三级指标	分值
1. 数量与结构	4.40	1.1 教师数量	4.17	1.1.1 生师比	4.02
				1.1.2 各专业教师数	4.33
				1.1.3 兼职教师数	4.17
		1.2 专任教师结构	4.56	1.2.1 学历结构	4.98
				1.2.2 职称结构	4.92
				1.2.3 年龄结构	4.47
				1.2.4 双师双能型教师结构	3.88
		1.3 兼职教师结构	4.45	1.3.1 来源结构	4.52
				1.3.2 专业结构	4.38
2. 教育教学水平	4.53	2.1 师德师风	4.83	2.1.1 师德	4.93
				2.1.2 教学态度	4.73
		2.2 课堂教学	4.51	2.2.1 教学内容	4.64
				2.2.2 教学方法	4.44
				2.2.3 教学效果	4.45
		2.3 实践教学	4.26	2.3.1 实践能力	4.16
				2.3.2 实践教学能力	4.36
		2.4 教学研究		2.4.1 教研项目	
				2.4.2 教研成果应用	
3. 科学研究与社会服务	4.07	3.1 科研政策与经费	4.25	3.1.1 科研政策	4.31
				3.1.2 科研项目	4.19
				3.1.3 科研经费	
		3.2 科研成果	4.02	3.2.1 科技奖励	
				3.2.2 成果及应用	3.85
				3.2.3 科研反哺教学	4.19

① 资料来源：《中国高等教育质量报告》84 页，对截至 2013 年 121 所老本科高校、394 所新建本科院校的数据统计。

续表

一级指标	分值	二级指标	分值	三级指标	分值
		3.3 社会服务	3.95	3.3.1 社会培训	
				3.3.2 产学研合作	3.95
4. 教师发展	4.34	4.1 发展规划	4.50	4.1.1 规划制定	4.50
				4.1.2 规划落实	
		4.2 培养培训	4.39	4.2.1 教师职业生涯规划	4.38
				4.2.2 教学能力提升	4.39
				4.2.3 科研与实践能力提升	4.46
				4.2.4 团队建设	4.33
		4.3 教师评价	4.13	4.3.1 专任教师评价	4.25
				4.3.2 兼职教师评价	3.92
				4.3.3 教师满意度	4.23

注：汇总每位专家的分数后，用算数平均值计算得出三、二、一级指标分数；涂灰单元格不用汇总。

3. 各二级院系专家组打分情况统计

表 I.7 “材料科学与工程学院”专家组打分表

一级指标	分值	二级指标	分值	三级指标	分值
1. 数量与结构	4.5	1.1 教师数量	3.9	1.1.1 生师比	3
				1.1.2 各专业教师数	4
				1.1.3 兼职教师数	4.67
		1.2 专任教师结构	4.75	1.2.1 学历结构	5
				1.2.2 职称结构	5
				1.2.3 年龄结构	4.67
				1.2.4 双师双能型教师结构	4.33
		1.3 兼职教师结构	5	1.3.1 来源结构	5
				1.3.2 专业结构	5
2. 教育教学水平	4.6	2.1 师德师风	5	2.1.1 师德	5
				2.1.2 教学态度	5
		2.2 课堂教学	4.33	2.2.1 教学内容	4.33
				2.2.2 教学方法	4
				2.2.3 教学效果	4.67
		2.3 实践教学	4.33	2.3.1 实践能力	4
				2.3.2 实践教学能力	4.67
		2.4 教学研究		2.4.1 教研项目	
				2.4.2 教研成果应用	

续表

一级指标	分值	二级指标	分值	三级指标	分值
3. 科学研究与社会服务	4.2	3.1 科研政策与经费	4.5	3.1.1 科研政策	4.33
				3.1.2 科研项目	4.67
				3.1.3 科研经费	
		3.2 科研成果	4.17	3.2.1 科技奖励	
				3.2.2 成果及应用	4
				3.2.3 科研反哺教学	4.33
		3.3 社会服务	4	3.3.1 社会培训	
				3.3.2 产学研合作	4
4. 教师发展	4.4	4.1 发展规划	4.67	4.1.1 规划制定	4.67
				4.1.2 规划落实	
		4.2 培养培训	4.5	4.2.1 教师职业生涯规划	4
				4.2.2 教学能力提升	4.33
				4.2.3 科研与实践能力提升	5
				4.2.4 团队建设	4.67
		4.3 教师评价	4.11	4.3.1 专任教师评价	4.67
				4.3.2 兼职教师评价	3
				4.3.3 教师满意度	4.67

注：汇总每位专家的分数后，用算数平均值计算得出三、二、一级指标分数；涂灰单元格不用汇总。

表 I.8　“测控技术与通信工程学院”专家组打分表

一级指标	分值	二级指标	分值	三级指标	分值
1. 数量与结构	4.4	1.1 教师数量	4.6	1.1.1 生师比	5
				1.1.2 各专业教师数	4.7
				1.1.3 兼职教师数	4
		1.2 专任教师结构	4.75	1.2.1 学历结构	5
				1.2.2 职称结构	5
				1.2.3 年龄结构	4.7
				1.2.4 双师双能型教师结构	4.3
		1.3 兼职教师结构	3.85	1.3.1 来源结构	3.7
				1.3.2 专业结构	4

续表

一级指标	分值	二级指标	分值	三级指标	分值
2. 教育教学水平	4.4	2.1 师德师风	4.5	2.1.1 师德	4.7
				2.1.2 教学态度	4.3
		2.2 课堂教学	4.3	2.2.1 教学内容	4.3
				2.2.2 教学方法	4.3
				2.2.3 教学效果	4.3
		2.3 实践教学	4.5	2.3.1 实践能力	4.3
				2.3.2 实践教学能力	4.7
		2.4 教学研究		2.4.1 教研项目	
				2.4.2 教研成果应用	
3. 科学研究与社会服务	4	3.1 科研政策与经费	3.85	3.1.1 科研政策	4
				3.1.2 科研项目	3.7
				3.1.3 科研经费	
		3.2 科研成果	4	3.2.1 科技奖励	
				3.2.2 成果及应用	4.3
				3.2.3 科研反哺教学	4.3
		3.3 社会服务	4.3	3.3.1 社会培训	
				3.3.2 产学研合作	4.3
4. 教师发展	4.3	4.1 发展规划	4.3	4.1.1 规划制定	4.3
				4.1.2 规划落实	
		4.2 培养培训	4.3	4.2.1 教师职业生涯规划	4.3
				4.2.2 教学能力提升	4.3
				4.2.3 科研与实践能力提升	4.3
				4.2.4 团队建设	4.3
		4.3 教师评价	4.3	4.3.1 专任教师评价	4.3
				4.3.2 兼职教师评价	4.3
				4.3.3 教师满意度	4.3

注：汇总每位专家的分数后，用算数平均值计算得出三、二、一级指标分数；涂灰单元格不用汇总。

表Ⅰ.9 “电气与电子工程学院”专家组打分表

一级指标	分值	二级指标	分值	三级指标	分值
1. 数量与结构	4.6	1.1 教师数量	3.89	1.1.1 生师比	3
				1.1.2 各专业教师数	4
				1.1.3 兼职教师数	4.67
		1.2 专任教师结构	4.83	1.2.1 学历结构	5
				1.2.2 职称结构	5
				1.2.3 年龄结构	5
				1.2.4 双师双能型教师结构	4.33
		1.3 兼职教师结构	5	1.3.1 来源结构	5
				1.3.2 专业结构	5
2. 教育教学水平	5	2.1 师德师风	5	2.1.1 师德	5
				2.1.2 教学态度	5
		2.2 课堂教学	4.89	2.2.1 教学内容	5
				2.2.2 教学方法	4.67
				2.2.3 教学效果	5
		2.3 实践教学	5	2.3.1 实践能力	5
				2.3.2 实践教学能力	5
		2.4 教学研究		2.4.1 教研项目	
				2.4.2 教研成果应用	
3. 科学研究与社会服务	4.67	3.1 科研政策与经费	5	3.1.1 科研政策	5
				3.1.2 科研项目	5
				3.1.3 科研经费	
		3.2 科研成果	4.57	3.2.1 科技奖励	
				3.2.2 成果及应用	4.33
				3.2.3 科研反哺教学	5
		3.3 社会服务	4.33	3.3.1 社会培训	
				3.3.2 产学研合作	4.33
4. 教师发展	4.6	4.1 发展规划	5	4.1.1 规划制定	5
				4.1.2 规划落实	
		4.2 培养培训	4.75	4.2.1 教师职业生涯规划	5
				4.2.2 教学能力提升	4
				4.2.3 科研与实践能力提升	5
				4.2.4 团队建设	5
		4.3 教师评价	4	4.3.1 专任教师评价	4
				4.3.2 兼职教师评价	4
				4.3.3 教师满意度	4

注：汇总每位专家的分数后，用算数平均值计算得出三、二、一级指标分数；涂灰单元格不用汇总。

表 I.10 "法学院"专家组打分表

一级指标	分值	二级指标	分值	三级指标	分值
1. 数量与结构	4.6	1.1 教师数量	4.9	1.1.1 生师比	5
				1.1.2 各专业教师数	5
				1.1.3 兼职教师数	4.7
		1.2 专任教师结构	4.7	1.2.1 学历结构	5
				1.2.2 职称结构	5
				1.2.3 年龄结构	4.7
				1.2.4 双师双能型教师结构	4
		1.3 兼职教师结构	4.4	1.3.1 来源结构	4
				1.3.2 专业结构	4.7
2. 教育教学水平	4.6	2.1 师德师风	5	2.1.1 师德	5
				2.1.2 教学态度	5
		2.2 课堂教学	4.3	2.2.1 教学内容	5
				2.2.2 教学方法	4.3
				2.2.3 教学效果	4
		2.3 实践教学	4.3	2.3.1 实践能力	4.3
				2.3.2 实践教学能力	4.3
		2.4 教学研究		2.4.1 教研项目	
				2.4.2 教研成果应用	
3. 科学研究与社会服务	3.8	3.1 科研政策与经费	3.9	3.1.1 科研政策	3.7
				3.1.2 科研项目	4
				3.1.3 科研经费	
		3.2 科研成果	3.7	3.2.1 科技奖励	
				3.2.2 成果及应用	3.33
				3.2.3 科研反哺教学	4
		3.3 社会服务	4	3.3.1 社会培训	
				3.3.2 产学研合作	4
4. 教师发展	4	4.1 发展规划	4	4.1.1 规划制定	4
				4.1.2 规划落实	
		4.2 培养培训	4	4.2.1 教师职业生涯规划	4
				4.2.2 教学能力提升	4
				4.2.3 科研与实践能力提升	4
				4.2.4 团队建设	4
		4.3 教师评价	4	4.3.1 专任教师评价	4
				4.3.2 兼职教师评价	4
				4.3.3 教师满意度	4

注：汇总每位专家的分数后，用算数平均值计算得出三、二、一级指标分数；涂灰单元格不用汇总。

表Ⅰ.11 “管理学院”专家组打分表

一级指标	分值	二级指标	分值	三级指标	分值
1. 数量与结构	4.7	1.1 教师数量	4.3	1.1.1 生师比	4
				1.1.2 各专业教师数	4
				1.1.3 兼职教师数	5
		1.2 专任教师结构	4.8	1.2.1 学历结构	5
				1.2.2 职称结构	5
				1.2.3 年龄结构	5
				1.2.4 双师双能型教师结构	4
		1.3 兼职教师结构	5	1.3.1 来源结构	5
				1.3.2 专业结构	5
2. 教育教学水平	4.7	2.1 师德师风	5	2.1.1 师德	5
				2.1.2 教学态度	5
		2.2 课堂教学	5	2.2.1 教学内容	5
				2.2.2 教学方法	5
				2.2.3 教学效果	5
		2.3 实践教学	4	2.3.1 实践能力	4
				2.3.2 实践教学能力	4
		2.4 教学研究		2.4.1 教研项目	
				2.4.2 教研成果应用	
3. 科学研究与社会服务	4.5	3.1 科研政策与经费	5	3.1.1 科研政策	5
				3.1.2 科研项目	5
				3.1.3 科研经费	
		3.2 科研成果	4.5	3.2.1 科技奖励	
				3.2.2 成果及应用	4
				3.2.3 科研反哺教学	5
		3.3 社会服务	4	3.3.1 社会培训	
				3.3.2 产学研合作	4
4. 教师发展	5	4.1 发展规划	5	4.1.1 规划制定	5
		4.2 培养培训	5	4.2.1 教师职业生涯规划	5
				4.2.2 教学能力提升	5
				4.2.3 科研与实践能力提升	5
				4.2.4 团队建设	5
		4.3 教师评价	5	4.3.1 专任教师评价	5
				4.3.2 兼职教师评价	5
				4.3.3 教师满意度	5

注：汇总每位专家的分数后，用算数平均值计算得出三、二、一级指标分数；涂灰单元格不用汇总。

表 I. 12　“化学与环境工程学院”专家组打分表

一级指标	分值	二级指标	分值	三级指标	分值
1. 数量与结构	3. 7	1. 1 教师数量	3. 7	1. 1. 1 生师比	4
				1. 1. 2 各专业教师数	4
				1. 1. 3 兼职教师数	3
		1. 2 专任教师结构	4. 1	1. 2. 1 学历结构	5
				1. 2. 2 职称结构	4. 67
				1. 2. 3 年龄结构	3. 67
				1. 2. 4 双师双能型教师结构	3
		1. 3 兼职教师结构	3. 2	1. 3. 1 来源结构	3. 33
				1. 3. 2 专业结构	3
2. 教育教学水平	4. 3	2. 1 师德师风	5	2. 1. 1 师德	5
				2. 1. 2 教学态度	5
		2. 2 课堂教学	4	2. 2. 1 教学内容	4
				2. 2. 2 教学方法	4
				2. 2. 3 教学效果	4
		2. 3 实践教学	3. 8	2. 3. 1 实践能力	3. 67
				2. 3. 2 实践教学能力	4
		2. 4 教学研究		2. 4. 1 教研项目	
				2. 4. 2 教研成果应用	
3. 科学研究与社会服务	3. 6	3. 1 科研政策与经费	3. 7	3. 1. 1 科研政策	4
				3. 1. 2 科研项目	3. 33
				3. 1. 3 科研经费	
		3. 2 科研成果	3. 5	3. 2. 1 科技奖励	
				3. 2. 2 成果及应用	3
				3. 2. 3 科研反哺教学	4
		3. 3 社会服务	3. 67	3. 3. 1 社会培训	
				3. 3. 2 产学研合作	3. 67
4. 教师发展	4. 3	4. 1 发展规划	5	4. 1. 1 规划制定	5
				4. 1. 2 规划落实	
		4. 2 培养培训	4	4. 2. 1 教师职业生涯规划	4
				4. 2. 2 教学能力提升	4
				4. 2. 3 科研与实践能力提升	4
				4. 2. 4 团队建设	4
		4. 3 教师评价	3. 8	4. 3. 1 专任教师评价	4. 33
				4. 3. 2 兼职教师评价	3
				4. 3. 3 教师满意度	4

注：汇总每位专家的分数后，用算数平均值计算得出三、二、一级指标分数；涂灰单元格不用汇总。

表Ⅰ.13　“机械动力工程学院”专家组打分表

一级指标	分值	二级指标	分值	三级指标	分值
1. 数量与结构	4.7	1.1 教师数量	5	1.1.1 生师比	5
				1.1.2 各专业教师数	5
				1.1.3 兼职教师数	5
		1.2 专任教师结构	4.3	1.2.1 学历结构	5
				1.2.2 职称结构	5
				1.2.3 年龄结构	4
				1.2.4 双师双能型教师结构	3
		1.3 兼职教师结构	4.8	1.3.1 来源结构	4.67
				1.3.2 专业结构	5
2. 教育教学水平	4.5	2.1 师德师风	5	2.1.1 师德	5
				2.1.2 教学态度	5
		2.2 课堂教学	4.6	2.2.1 教学内容	5
				2.2.2 教学方法	4.67
				2.2.3 教学效果	4
		2.3 实践教学	4	2.3.1 实践能力	4
				2.3.2 实践教学能力	4
		2.4 教学研究		2.4.1 教研项目	
				2.4.2 教研成果应用	
3. 科学研究与社会服务	4.3	3.1 科研政策与经费	4.5	3.1.1 科研政策	5
				3.1.2 科研项目	4
				3.1.3 科研经费	
		3.2 科研成果	4.3	3.2.1 科技奖励	
				3.2.2 成果及应用	4
				3.2.3 科研反哺教学	4.67
		3.3 社会服务	4	3.3.1 社会培训	
				3.3.2 产学研合作	4
4. 教师发展	4.7	4.1 发展规划	5	4.1.1 规划制定	5
				4.1.2 规划落实	
		4.2 培养培训	4.9	4.2.1 教师职业生涯规划	4.67
				4.2.2 教学能力提升	5
				4.2.3 科研与实践能力提升	5
				4.2.4 团队建设	5
		4.3 教师评价	4.2	4.3.1 专任教师评价	4.67
				4.3.2 兼职教师评价	4
				4.3.3 教师满意度	4

注：汇总每位专家的分数后，用算数平均值计算得出三、二、一级指标分数；涂灰单元格不用汇总。

表 I. 14 “计算机科学与技术学院”专家组打分表

一级指标	分值	二级指标	分值	三级指标	分值
1. 数量与结构	4. 6	1. 1 教师数量	5	1. 1. 1 生师比	5
				1. 1. 2 各专业教师数	5
				1. 1. 3 兼职教师数	5
		1. 2 专任教师结构	4. 8	1. 2. 1 学历结构	5
				1. 2. 2 职称结构	5
				1. 2. 3 年龄结构	5
				1. 2. 4 双师双能型教师结构	4
		1. 3 兼职教师结构	4	1. 3. 1 来源结构	5
				1. 3. 2 专业结构	3
2. 教育教学水平	4. 9	2. 1 师德师风	4. 9	2. 1. 1 师德	5
				2. 1. 2 教学态度	4. 7
		2. 2 课堂教学	5	2. 2. 1 教学内容	5
				2. 2. 2 教学方法	5
				2. 2. 3 教学效果	5
		2. 3 实践教学	4. 9	2. 3. 1 实践能力	4. 7
				2. 3. 2 实践教学能力	5
		2. 4 教学研究		2. 4. 1 教研项目	
				2. 4. 2 教研成果应用	
3. 科学研究与社会服务	4. 7	3. 1 科研政策与经费	5	3. 1. 1 科研政策	5
				3. 1. 2 科研项目	5
				3. 1. 3 科研经费	
		3. 2 科研成果	4. 7	3. 2. 1 科技奖励	
				3. 2. 2 成果及应用	4. 3
				3. 2. 3 科研反哺教学	5
		3. 3 社会服务	4. 3	3. 3. 1 社会培训	
				3. 3. 2 产学研合作	4. 3
4. 教师发展	4. 4	4. 1 发展规划	4. 7	4. 1. 1 规划制定	4. 7
				4. 1. 2 规划落实	
		4. 2 培养培训	4. 6	4. 2. 1 教师职业生涯规划	4. 7
				4. 2. 2 教学能力提升	4. 3
				4. 2. 3 科研与实践能力提升	4. 7
				4. 2. 4 团队建设	4. 7
		4. 3 教师评价	4	4. 3. 1 专任教师评价	4
				4. 3. 2 兼职教师评价	4
				4. 3. 3 教师满意度	4

注：汇总每位专家的分数后，用算数平均值计算得出三、二、一级指标分数；涂灰单元格不用汇总。

表Ⅰ.15　“建筑工程学院”专家组打分表

一级指标	分值	二级指标	分值	三级指标	分值
1. 数量与结构	4.2	1.1 教师数量	4	1.1.1 生师比	4
				1.1.2 各专业教师数	3.3
				1.1.3 兼职教师数	4.6
		1.2 专任教师结构	4.2	1.2.1 学历结构	5
				1.2.2 职称结构	4.6
				1.2.3 年龄结构	4.3
				1.2.4 双师双能型教师结构	3
		1.3 兼职教师结构	4.3	1.3.1 来源结构	4.3
				1.3.2 专业结构	4.3
2. 教育教学水平	4.5	2.1 师德师风	4.8	2.1.1 师德	5
				2.1.2 教学态度	4.6
		2.2 课堂教学	4.6	2.2.1 教学内容	5
				2.2.2 教学方法	4.6
				2.2.3 教学效果	4.3
		2.3 实践教学	4.2	2.3.1 实践能力	4
				2.3.2 实践教学能力	4.3
		2.4 教学研究		2.4.1 教研项目	
				2.4.2 教研成果应用	
3. 科学研究与社会服务	3.9	3.1 科研政策与经费	4.2	3.1.1 科研政策	4
				3.1.2 科研项目	4.3
				3.1.3 科研经费	
		3.2 科研成果	3.4	3.2.1 科技奖励	
				3.2.2 成果及应用	3.7
				3.2.3 科研反哺教学	3
		3.3 社会服务	3	3.3.1 社会培训	
				3.3.2 产学研合作	3
4. 教师发展	4.3	4.1 发展规划	4.6	4.1.1 规划制定	4.6
				4.1.2 规划落实	
		4.2 培养培训	4	4.2.1 教师职业生涯规划	4
				4.2.2 教学能力提升	4.3
				4.2.3 科研与实践能力提升	3.7
				4.2.4 团队建设	4
		4.3 教师评价	4.2	4.3.1 专任教师评价	4.6
				4.3.2 兼职教师评价	4
				4.3.3 教师满意度	4

注：汇总每位专家的分数后，用算数平均值计算得出三、二、一级指标分数；涂灰单元格不用汇总。

表 I.16　“经济学院”专家组打分表

一级指标	分值	二级指标	分值	三级指标	分值
1. 数量与结构	4.4	1.1 教师数量	3.9	1.1.1 生师比	3
				1.1.2 各专业教师数	4.3
				1.1.3 兼职教师数	4.4
		1.2 专任教师结构	4.3	1.2.1 学历结构	5
				1.2.2 职称结构	5
				1.2.3 年龄结构	3.3
				1.2.4 双师双能型教师结构	3.7
		1.3 兼职教师结构	5	1.3.1 来源结构	5
				1.3.2 专业结构	5
2. 教育教学水平	4	2.1 师德师风	4.2	2.1.1 师德	4.3
				2.1.2 教学态度	4
		2.2 课堂教学	4	2.2.1 教学内容	4
				2.2.2 教学方法	4
				2.2.3 教学效果	4
		2.3 实践教学	3.7	2.3.1 实践能力	3.6
				2.3.2 实践教学能力	3.7
		2.4 教学研究		2.4.1 教研项目	
				2.4.2 教研成果应用	
3. 科学研究与社会服务	3.1	3.1 科研政策与经费	3.4	3.1.1 科研政策	3
				3.1.2 科研项目	3.7
				3.1.3 科研经费	
		3.2 科研成果	3	3.2.1 科技奖励	
				3.2.2 成果及应用	3
				3.2.3 科研反哺教学	3
		3.3 社会服务	3	3.3.1 社会培训	
				3.3.2 产学研合作	3
4. 教师发展	3.9	4.1 发展规划	3.7	4.1.1 规划制定	3.7
				4.1.2 规划落实	
		4.2 培养培训	3.8	4.2.1 教师职业生涯规划	3.7
				4.2.2 教学能力提升	4.3
				4.2.3 科研与实践能力提升	4
				4.2.4 团队建设	3.3
		4.3 教师评价	4.3	4.3.1 专任教师评价	4.6
				4.3.2 兼职教师评价	4.3
				4.3.3 教师满意度	4

注：汇总每位专家的分数后，用算数平均值计算得出三、二、一级指标分数；涂灰单元格不用汇总。

表Ⅰ.17 “软件学院”专家组打分表

<table>
<tr><th>一级指标</th><th>分值</th><th>二级指标</th><th>分值</th><th>三级指标</th><th>分值</th></tr>
<tr><td rowspan="9">1. 数量与结构</td><td rowspan="9">4.5</td><td rowspan="3">1.1 教师数量</td><td rowspan="3">3.9</td><td>1.1.1 生师比</td><td>3.3</td></tr>
<tr><td>1.1.2 各专业教师数</td><td>4</td></tr>
<tr><td>1.1.3 兼职教师数</td><td>4.3</td></tr>
<tr><td rowspan="4">1.2 专任教师结构</td><td rowspan="4">4.7</td><td>1.2.1 学历结构</td><td>5</td></tr>
<tr><td>1.2.2 职称结构</td><td>5</td></tr>
<tr><td>1.2.3 年龄结构</td><td>4.3</td></tr>
<tr><td>1.2.4 双师双能型教师结构</td><td>4.6</td></tr>
<tr><td rowspan="2">1.3 兼职教师结构</td><td rowspan="2">5</td><td>1.3.1 来源结构</td><td>5</td></tr>
<tr><td>1.3.2 专业结构</td><td>5</td></tr>
<tr><td rowspan="9">2. 教育教学水平</td><td rowspan="9">4.6</td><td rowspan="2">2.1 师德师风</td><td rowspan="2">5</td><td>2.1.1 师德</td><td>5</td></tr>
<tr><td>2.1.2 教学态度</td><td>5</td></tr>
<tr><td rowspan="3">2.2 课堂教学</td><td rowspan="3">4.5</td><td>2.2.1 教学内容</td><td>5</td></tr>
<tr><td>2.2.2 教学方法</td><td>4.3</td></tr>
<tr><td>2.2.3 教学效果</td><td>4.3</td></tr>
<tr><td rowspan="2">2.3 实践教学</td><td rowspan="2">4.3</td><td>2.3.1 实践能力</td><td>4.3</td></tr>
<tr><td>2.3.2 实践教学能力</td><td>4.3</td></tr>
<tr><td rowspan="2">2.4 教学研究</td><td rowspan="2"></td><td>2.4.1 教研项目</td><td></td></tr>
<tr><td>2.4.2 教研成果应用</td><td></td></tr>
<tr><td rowspan="8">3. 科学研究与社会服务</td><td rowspan="8">4.0</td><td rowspan="3">3.1 科研政策与经费</td><td rowspan="3">3.8</td><td>3.1.1 科研政策</td><td>3.6</td></tr>
<tr><td>3.1.2 科研项目</td><td>4</td></tr>
<tr><td>3.1.3 科研经费</td><td></td></tr>
<tr><td rowspan="3">3.2 科研成果</td><td rowspan="3">4</td><td>3.2.1 科技奖励</td><td></td></tr>
<tr><td>3.2.2 成果及应用</td><td>4</td></tr>
<tr><td>3.2.3 科研反哺教学</td><td>4</td></tr>
<tr><td rowspan="2">3.3 社会服务</td><td rowspan="2">4.3</td><td>3.3.1 社会培训</td><td></td></tr>
<tr><td>3.3.2 产学研合作</td><td>4.3</td></tr>
<tr><td rowspan="9">4. 教师发展</td><td rowspan="9">4.4</td><td rowspan="2">4.1 发展规划</td><td rowspan="2">5</td><td>4.1.1 规划制定</td><td>5</td></tr>
<tr><td>4.1.2 规划落实</td><td></td></tr>
<tr><td rowspan="4">4.2 培养培训</td><td rowspan="4">4.7</td><td>4.2.1 教师职业生涯规划</td><td>5</td></tr>
<tr><td>4.2.2 教学能力提升</td><td>4.6</td></tr>
<tr><td>4.2.3 科研与实践能力提升</td><td>5</td></tr>
<tr><td>4.2.4 团队建设</td><td>4</td></tr>
<tr><td rowspan="3">4.3 教师评价</td><td rowspan="3">3.6</td><td>4.3.1 专任教师评价</td><td>3</td></tr>
<tr><td>4.3.2 兼职教师评价</td><td>3.3</td></tr>
<tr><td>4.3.3 教师满意度</td><td>4.6</td></tr>
</table>

注：汇总每位专家的分数后，用算数平均值计算得出三、二、一级指标分数；涂灰单元格不用汇总。

表 I. 18 “艺术学院”专家组打分表

一级指标	分值	二级指标	分值	三级指标	分值
1. 数量与结构	4. 4	1. 1 教师数量	3. 7	1. 1. 1 生师比	4
				1. 1. 2 各专业教师数	5
				1. 1. 3 兼职教师数	2
		1. 2 专任教师结构	5	1. 2. 1 学历结构	5
				1. 2. 2 职称结构	5
				1. 2. 3 年龄结构	5
				1. 2. 4 双师双能型教师结构	5
		1. 3 兼职教师结构	4. 5	1. 3. 1 来源结构	5
				1. 3. 2 专业结构	4
2. 教育教学水平	5	2. 1 师德师风	5	2. 1. 1 师德	5
				2. 1. 2 教学态度	5
		2. 2 课堂教学	5	2. 2. 1 教学内容	5
				2. 2. 2 教学方法	5
				2. 2. 3 教学效果	5
		2. 3 实践教学	5	2. 3. 1 实践能力	5
				2. 3. 2 实践教学能力	5
		2. 4 教学研究		2. 4. 1 教研项目	
				2. 4. 2 教研成果应用	
3. 科学研究与社会服务	4. 7	3. 1 科研政策与经费	4. 5	3. 1. 1 科研政策	5
				3. 1. 2 科研项目	4
				3. 1. 3 科研经费	
		3. 2 科研成果	4. 5	3. 2. 1 科技奖励	
				3. 2. 2 成果及应用	4
				3. 2. 3 科研反哺教学	5
		3. 3 社会服务	5	3. 3. 1 社会培训	
				3. 3. 2 产学研合作	5
4. 教师发展	4. 6	4. 1 发展规划	4	4. 1. 1 规划制定	4
				4. 1. 2 规划落实	
		4. 2 培养培训	5	4. 2. 1 教师职业生涯规划	5
				4. 2. 2 教学能力提升	5
				4. 2. 3 科研与实践能力提升	5
				4. 2. 4 团队建设	5
		4. 3 教师评价	4. 7	4. 3. 1 专任教师评价	4
				4. 3. 2 兼职教师评价	5
				4. 3. 3 教师满意度	5

注：汇总每位专家的分数后，用算数平均值计算得出三、二、一级指标分数；涂灰单元格不用汇总。

表Ⅰ.19 “应用科学学院”专家组打分表

一级指标	分值	二级指标	分值	三级指标	分值
1. 数量与结构	4.19	1.1 教师数量	4.33	1.1.1 生师比	5
				1.1.2 各专业教师数	4.33
				1.1.3 兼职教师数	3.33
		1.2 专任教师结构	4.5	1.2.1 学历结构	5
				1.2.2 职称结构	5
				1.2.3 年龄结构	4.67
				1.2.4 双师双能型教师结构	3.33
		1.3 兼职教师结构	3.83	1.3.1 来源结构	4
				1.3.2 专业结构	3.67
2. 教育教学水平	4.31	2.1 师德师风	4.83	2.1.1 师德	5
				2.1.2 教学态度	4.67
		2.2 课堂教学	4.44	2.2.1 教学内容	4.33
				2.2.2 教学方法	4.33
				2.2.3 教学效果	4.67
		2.3 实践教学	3.67	2.3.1 实践能力	3.33
				2.3.2 实践教学能力	4
		2.4 教学研究		2.4.1 教研项目	
				2.4.2 教研成果应用	
3. 科学研究与社会服务	3.89	3.1 科研政策与经费	4.5	3.1.1 科研政策	5
				3.1.2 科研项目	4
				3.1.3 科研经费	
		3.2 科研成果	3.8	3.2.1 科技奖励	
				3.2.2 成果及应用	4
				3.2.3 科研反哺教学	3.67
		3.3 社会服务	3.33	3.3.1 社会培训	
				3.3.2 产学研合作	3.33
4. 教师发展	3.93	4.1 发展规划	3.67	4.1.1 规划制定	3.67
				4.1.2 规划落实	
		4.2 培养培训	4	4.2.1 教师职业生涯规划	4
				4.2.2 教学能力提升	4
				4.2.3 科研与实践能力提升	4
				4.2.4 团队建设	4
		4.3 教师评价	4.11	4.3.1 专任教师评价	4.67
				4.3.2 兼职教师评价	3.67
				4.3.3 教师满意度	4

注：汇总每位专家的分数后，用算数平均值计算得出三、二、一级指标分数；涂灰单元格不用汇总。

表 I. 20 “自动化学院”专家组打分表

一级指标	分值	二级指标	分值	三级指标	分值
1. 数量与结构	4.2	1.1 教师数量	3.6	1.1.1 生师比	3
				1.1.2 各专业教师数	4
				1.1.3 兼职教师数	3.67
		1.2 专任教师结构	4.3	1.2.1 学历结构	4.67
				1.2.2 职称结构	4.67
				1.2.3 年龄结构	4.33
				1.2.4 双师双能型教师结构	3.67
		1.3 兼职教师结构	4.5	1.3.1 来源结构	4.33
				1.3.2 专业结构	4.67
2. 教育教学水平	4.2	2.1 师德师风	4.5	2.1.1 师德	5
				2.1.2 教学态度	4
		2.2 课堂教学	4	2.2.1 教学内容	4
				2.2.2 教学方法	4
				2.2.3 教学效果	4
		2.3 实践教学	4	2.3.1 实践能力	4
				2.3.2 实践教学能力	4
		2.4 教学研究		2.4.1 教研项目	
				2.4.2 教研成果应用	
3. 科学研究与社会服务	3.9	3.1 科研政策与经费	3.8	3.1.1 科研政策	3.67
				3.1.2 科研项目	4
				3.1.3 科研经费	
		3.2 科研成果	3.8	3.2.1 科技奖励	
				3.2.2 成果及应用	4
				3.2.3 科研反哺教学	3.67
		3.3 社会服务	4	3.3.1 社会培训	
				3.3.2 产学研合作	4
4. 教师发展	3.9	4.1 发展规划	4.33	4.1.1 规划制定	4.33
				4.1.2 规划落实	
		4.2 培养培训	3.9	4.2.1 教师职业生涯规划	4
				4.2.2 教学能力提升	4.33
				4.2.3 科研与实践能力提升	3.67
				4.2.4 团队建设	3.67
		4.3 教师评价	3.6	4.3.1 专任教师评价	3.67
				4.3.2 兼职教师评价	3.33
				4.3.3 教师满意度	3.67

注：汇总每位专家的分数后，用算数平均值计算得出三、二、一级指标分数；涂灰单元格不用汇总。

4. 哈尔滨理工大学专家组打分情况

表Ⅰ.21 哈尔滨理工大学专家组打分表

一级指标	分值	二级指标	分值	三级指标	分值
1. 数量与结构	4.6	1.1 教师数量	4.2	1.1.1 生师比	4
				1.1.2 各专业教师数	4.4
				1.1.3 兼职教师数	4.2
		1.2 专任教师结构	4.6	1.2.1 学历结构	5
				1.2.2 职称结构	5
				1.2.3 年龄结构	4.6
				1.2.4 双师双能型教师结构	3.8
		1.3 兼职教师结构	5	1.3.1 来源结构	5
				1.3.2 专业结构	5
2. 教育教学水平	4.61	2.1 师德师风	4.4	2.1.1 师德	4.4
				2.1.2 教学态度	4.4
		2.2 课堂教学	4.53	2.2.1 教学内容	4.4
				2.2.2 教学方法	4.6
				2.2.3 教学效果	4.6
		2.3 实践教学	4.5	2.3.1 实践能力	4.4
				2.3.2 实践教学能力	4.6
		2.4 教学研究	5	2.4.1 教研项目	5
				2.4.2 教研成果应用	5
3. 科学研究与社会服务	4.69	3.1 科研政策与经费	4.6	3.1.1 科研政策	4.8
				3.1.2 科研项目	4.6
				3.1.3 科研经费	4.4
		3.2 科研成果	4.87	3.2.1 科技奖励	4.8
				3.2.2 成果及应用	4.8
				3.2.3 科研反哺教学	5
		3.3 社会服务	4.6	3.3.1 社会培训	4.4
				3.3.2 产学研合作	4.8

续表

一级指标	分值	二级指标	分值	三级指标	分值
4. 教师发展	4.69	4.1 发展规划	4.7	4.1.1 规划制定	5
				4.1.2 规划落实	4.4
		4.2 培养培训	4.7	4.2.1 教师职业生涯规划	4.6
				4.2.2 教学能力提升	4.6
				4.2.3 科研与实践能力提升	4.8
				4.2.4 团队建设	4.8
		4.3 教师评价	4.67	4.3.1 专任教师评价	4.8
				4.3.2 兼职教师评价	4.6
				4.3.3 教师满意度	4.6

附录J 应用型本科院校师资队伍评价指标体系（第四版）

表J.1 应用型本科院校师资队伍评价指标框架（第四版）

一级指标	二级指标	三级指标
1. 数量与结构	1.1 教师数量	1.1.1 生师比
		1.1.2 各专业教师数
		1.1.3 兼职教师数
	1.2 专任教师结构	1.2.1 学历结构
		1.2.2 职称结构
		1.2.3 年龄结构
		1.2.4 双师双能型教师结构
	1.3 兼职教师结构	1.3.1 来源结构
		1.3.2 专业结构
2. 教育教学水平	2.1 师德师风	2.1.1 师德
		2.1.2 教学态度
	2.2 课堂教学	2.2.1 教学内容
		2.2.2 教学方法
		2.2.3 教学效果
	2.3 实践教学	2.3.1 实践能力
		2.3.2 实践教学能力
	2.4 教学研究	2.4.1 教研项目
		2.4.2 教研成果应用

续表

一级指标	二级指标	三级指标
3. 科学研究与社会服务	*3.1 科研政策*与经费	3.1.1 科研政策
		3.1.2 科研项目
		3.1.3 科研经费
	3.2 科研成果	3.2.1 科技奖励
		3.2.2 成果及应用
		3.2.3 科研反哺教学
	3.3 社会服务	3.3.1 社会培训
		3.3.2 产学研合作
4. 教师发展	4.1 发展规划	*4.1.1 规划制定*
		4.1.2 规划落实
	4.2 培养培训	*4.2.1 教师职业生涯规划*
		4.2.2 教学能力提升
		4.2.3 科研与实践能力提升
		4.2.4 团队建设
	4.3 教师评价	4.3.1 专任教师评价
		4.3.2 兼职教师评价
		4.3.3 教师满意度

注：*斜体部分*是与通常的教师队伍评价的差异之处。

表 J.2　应用型本科院校师资队伍评价指标体系（第四版）

一级指标	二级指标	三级指标	指标说明
1. 数量与结构	1.1 教师数量	1.1.1 生师比	全校生师比达到国家办学条件基本要求，具有可持续改进的基础和举措，发展态势良好（提供学校近三年数据）。
		1.1.2 各专业教师数	各专业教师数量不低于国家专业建设标准的基本要求，能满足本专业本科教学的需要。
		1.1.3 兼职教师数	拥有一支比较稳定的兼职教师队伍，兼职教师占教师总量的比例应在学校岗位设置规定中有明确的规定，一般不超过30%（民办院校不超过40%）。（注：兼职教师是指学校正式聘任的，已独立承担某一门专业课教学或实践教学任务的校外教师或行业、企业中实践经验丰富的名师专家、高级技术人员或能工巧匠。）

续表

一级指标	二级指标	三级指标	指标说明
	1.2 专任教师结构	1.2.1 学历结构	专任教师中具有硕士、博士学位比例≥65%，并应逐年增加比例（退休返聘，或人事代理教师满足学校教学工作量的可视为专任教师）。
		1.2.2 职称结构	1. 专任教师中高级职称比例不低于教育部办学条件要求，且在各专业中结构分布合理，各专业带头人一般应具有相应专业的高级职称。 2. 主讲教师（不含兼职教师）应具有讲师及以上专业技术职务，或具有硕士、博士学位，并通过系统的岗前培训。
		1.2.3 年龄结构	具有较合理的年龄梯队结构。
		1.2.4 “双师双能型”教师结构	*1. 改革教师聘任制度和评价办法，积极引进行业公认专才，聘请企业优秀专业技术人才、管理人才和高技能人才作为专业建设带头人、担任专兼职教师。* 2. 教师能主动适应学校转型发展，注重更新自身知识能力结构，注重双师双能素质的养成，教师知识和能力结构满足应用型人才培养需要。 3. 专业基础课和专业课中双师双能型教师比例达到50%以上（师范院校和文科院校可适当放宽要求），并应逐步增长。
	1.3 兼职教师结构	1.3.1 来源结构	兼职教师应主要来自行业企业，来自高等学校兼职教师比例不超过兼职教师数量的50%。
		1.3.2 专业结构	兼职教师与本校自有教师应形成互补。其专业结构与学校专业设置相适应，一般具有中级及以上职称或职务，其中高级职称或职务占30%以上。
2. 教育教学水平	2.1 师德师风	2.1.1 师德	履行教师岗位职责，为人师表，遵守学术道德规范。教书育人，积极参加学生指导与服务。近三年未发生较严重的违反师德师风和学术道德的事件。
		2.1.2 教学态度	尊重学生、态度认真、从严执教，治学严谨。学生对教师的工作态度和治学精神满意度高。
	2.2 课堂教学	2.2.1 教学内容	熟悉应用型本科教学规律，教学目标明确，教学内容、教材选用、教学进程、学习评价适合本专业培养目标的要求。注意介绍本专业领域最新成果和发展动态。
		2.2.2 教学方法	树立以学生为本位的教学理念，理论联系实际、课内外相结合。善于启发思维，能有效运用启发式、讨论式、案例式教学，实现师生有效互动。能有效利用各种教学媒体，发挥现代教学手段和教育技术的作用，提高课堂教学效果。学生评价较好。
		2.2.3 教学效果	教师理论教学、实践指导效果较好，学生理解和掌握了教学内容；学生相关能力得到培养和提高。学生、毕业生、同行和专家评价较好。

续表

一级指标	二级指标	三级指标	指标说明
2. 教育教学水平	2.3 实践教学	2.3.1 实践能力	大多数专业基础课和专业课教师有行业、企业的实践经历，能跟踪本行业技术的发展现状和发展趋势，了解现场岗位规范和技术标准，具有较好的理论与实践相结合的能力和开拓创新精神。合作教育单位对教师的实践能力认可度较高。
		2.3.2 实践教学能力	能有效地指导学生实验、实习、实训、毕业设计（论文）；能对学生的创新创业教育给予较好指导，学生评价较好。
	2.4 教学研究	2.4.1 教研项目	有制度保障所有教师都能定期参加教学研究活动，学校有政策措施鼓励多数教师参加学校组织的教学改革立项课题。学校有省、部级及以上教学改革课题与项目，有一定数量的教学研究论文发表，有一定数量的教材出版。
		2.4.2 教研成果应用	研究成果在教学中得到实际应用，在促进教学水平和教学质量提升产生明显效果。在近两届教学成果评选中，获有省级以上教学成果奖。
3. 科学研究与社会服务	3.1 科研政策与经费	3.1.1 科研政策	学校有鼓励教师开展科学研究和技术开发的政策措施，并实施有效。
		3.1.2 科研项目	1. 多数专业课和专业基础课教师能结合地方经济和社会发展的实际，开展科学研究和技术开发，近三年参与各类科研可申报的教师不低于教师总数的50%。 *2. 有国家或省部级纵向立项课题，并产生有影响的社会效益。* *3. 有较多的横向科研课题，并产生有影响的社会效益和经济效益。*
		3.1.3 科研经费	年科研经费收入不低于学校年度总收入的15%，且产学研合作的科研经费不低于科研经费总数的60%。
	3.2 科研成果	3.2.1 科技奖励	每年均有3项以上地厅级以上的科技成果奖，近三年应获得省级及以上科技成果奖。
		3.2.2 成果及应用	1. 教师积极参与发明创造，每年获得的专利授权数不低于专任教师数量的20%，其中发明专利应占专利数量的15%以上，并有一定数量的专利被转让。 *注：文科类院校以该专业的科研成果数量代替专利数。* 2. 学校每年有一定数量的高水平论文发表。 3. 有一定的与行业或企业合作开发的案例和项目，科技成果转化与推广应用取得明显成效。
		3.2.3 科研反哺教学	教师主动将科研成果主动转化为教学成果，在教学内容更新、教材建设、实验室建设、毕业设计选题、学生创业创新指导等方面取得明显实效。

续表

一级指标	二级指标	三级指标	指标说明
	3.3 社会服务	3.3.1 社会培训	1. 学校有效地开展了服务于全民学习、终身学习的继续教育工作。 2. 能面向行业、企业开展社会培训，行业企业评价较好。
		3.3.2 产学研合作	产学研深度融合，大多数教师能够与行业和企业合作开展技术研发与技术改造；能够为地方政府提供决策咨询；能够结合地域文化特点开展文化传承与创新活动。
4. 教师发展	4.1 发展规划	*4.1.1 规划制定*	*学校有针对本校实际情况制定的教师发展规划，二级院系有实施计划。*
		4.1.2 规划落实	*学校设置了教师发展中心，有经费保障教师发展规划的落实。有检查、监督、评价机制。学校营造了教师专业发展的良好氛围。*
	4.2 培养培训	*4.2.1 教师职业生涯规划*	*二级院系应根据每位教师，特别是青年教师的具体情况制定相应的职业生涯发展规划，并设立老教师指导的导师制，引导教师将个体发展目标与学校中长期目标相结合。在学位提升、专业能力提升、教学能力提升等方面有措施、有成效。教师评价较好。*
		4.2.2 教学能力提升	1. 学校及二级院系开展了各种提高教师素养、教学水平、教学能力的培养培训活动，注重现代教育理念、教学方法以及信息技术的应用。教师评价较好。 *2. 有兼职教师上课前培训制度，教学质量有保障。*
		4.2.3 科研与实践能力提升	*1. 学校注重为教师学术发展和实践能力提升搭建平台。有鼓励教师开展学术交流、进修学习、国（境）外访学、科研训练等制度，有计划地选送教师到企业接受培训、挂职工作和实践锻炼。有经费保障，效果显著。* *2. 学校通过教学评价、绩效考核、职务（职称）评聘、薪酬激励等制度改革，增强教师提高实践能力的主动性和积极性。*
		4.2.4 团队建设	有计划地开展了专业带头人、学科带头人、教学团队和研究团队建设，并形成阶梯式结构。注重团队文化建设，提高团队凝聚力和教师归属感。
	4.3 教师评价	4.3.1 专任教师评价	有规范的教师评价机制，特别应加强对教师教学质量的评价，定期进行利益相关方评价（学生评价、自我评价、同行评价、专家评价、合作单位评价），有条件的可不定期地进行第三方评价。评价结果应与激励机制和教师进退挂钩。
		4.3.2 兼职教师评价	对兼职教师有管理制度和教学效果的考核评价制度，并把考核评价结果与聘任制度挂钩。兼职教师教学效果较好，学生满意度较高。
		4.3.3 教师满意度	教师有畅通的表达诉求的渠道。教师对学校教师队伍建设的政策、工作环境、生活保障及个人生涯发展满意度较高。

注：*斜体部分*是与通常的教师队伍评价的差异之处

参考文献

[1] 爱弥儿·涂尔干．教育思想的演进［M］．李康，译．上海人民出版社．2003.

[2] 别敦荣．论大学核心竞争力及其提升路径．复旦教育论坛．2004（1）．55～60.

[3] 曹育南．德国高等职业技术教育的特点及其启示［J］．张洁．河南职业技术师范学院学报（职业教育版）．2002（5）．

[4] 陈宝华．英国高等教育体制变迁及其启示．高教探索．2009. 4.

[5] 陈东冬．新建本科院校课程教学质量调研．中国大学教学．2013. 8.

[6] 陈东冬，李志宏．新建本科院校师资队伍评价体系研究．国家教育行政学院学报．2016（5）：67－72.

[7] 陈蕙均．我国科技大学评鉴后续调查研究［硕士论文］．台湾师范大学．2009. 23～24.

[8] 陈水生．摆脱高等职业教育师资队伍建设困境的思考［J］．成人教育．2006（8）．

[9] 陈素娜．英国大学教师发展的特色及其启示．范怡红．理工高教研究．2009. 4. Vol28－2.

[10] 陈新民．区域经济视野下的新建本科院校转型研究［M］．浙江大学出版社．2014. 11.

[11] 陈玉琨．教育评估的理论与技术［M］．广东高等教育出版社．1987

[12] 陈玉琨．教育评价学［M］．人民教育出版社．1999.

[13] 陈长江．德国职业教育的特点及启示［J］．科技创业月刊．2005（2）．

[14] 德国职教师资的培养方式．中国教育网．2001. 8. 23. http：//www. edu. cn/ying_ de_ 290/20060323/t20060323_ 12289. shtml.

[15] 方丰．新建本科院校师资队伍引进培养与管理方式探索与实践——以

重庆科技学院为例．方丰重庆科技学院学报（社会科学版）.2013.10.

［16］冯理郑．德国应用科学大学（FH）办学特色的分析与研究［D］［硕士学位论文］．华东师范大学.2010.4.

［17］葛艳娜．中德应用型本科师资队伍建设比较研究．路姝娟．上海第二工业大学学报.2011.12.Vol.28.No.4.

［18］顾永安．新建本科院校转型发展论［M］．中国社会科学出版社.2012.

［19］顾永安．新建本科院校转型发展研究的几个重要结论．常熟理工学院学报.2012.12.No.12.

［20］黄宇鸿．新建本科院校转型期师资队伍建设刍论．钦州学院学报.2013.12，Vol.28 No.12.

［21］蒋建洲．发展性教育评价制度的理论与实践研究［M］．湖南师范大学出版社.2001.

［22］教育部、国家发展改革委、财政部、人力资源社会保障部、农业部、国务院扶贫办．现代职业教育体系建设规划（2014—2020年）．中华人民共和国教育部网站.2014.6.16.http：//www.moe.edu.cn/publicfiles/business/htmlfiles/moe/moe_ 630/201406/170737.html.

［23］教育部、国家发展改革委、财政部、人力资源社会保障部、农业部、国务院扶贫办．关于引导部分地方普通本科高校向应用型转变的指导意见．中华人民共和国教育部网站，2015.11.16.http：//www.gov.cn/xinwen/2015-11/16/content_ 5013165.htm.

［24］教育部、国家发展改革委、财政部．教育部国家发展改革委财政部关于深化教师教育改革的意见（教师［2012］13号）．中华人民共和国教育部网站．2012.9.6.http：//www.moe.edu.cn/publicfiles/business/htmlfiles/moe/s3735/201212/xxgk_ 145544.html.

［25］教育部.2015年全国高等学校名单．中华人民共和国教育部网站．2015.5.21.http：//www.moe.edu.cn/srcsite/A03/moe_ 634/201505/t20150521_ 189479.html.

［26］教育部．普通高等学校基本办学条件指标（试行）的通知．中华人民共和国教育部网站.2004.2.6.http：//www.moe.edu.cn/publicfiles/business/htmlfiles/moe/s7050/201412/xxgk_ 180515.html.

［27］教育部．全面提高高等教育质量的若干意见（教高［2012］4号）．中

华人民共和国中央人民政府网站 . 2012. 4. 20. http：//www. gov. cn/zwgk/2012 – 04/20/content_ 2118168. htm.

［28］教育部：关于地方本科高校转型发展的指导意见．中国大学网站．2015. 11. 17. http：//www. cunet. com. cn/gaozhao/HTML/225752. html.

［29］教育部发展规划司编．中国教育事业发展统计简况（2013年）. 2014. 4.

［30］教育部发展规划司编．中国教育事业发展统计简况（2014年）. 2015. 4.

［31］教育部发展规划司编．中国教育事业发展统计简况（2015年）. 2016. 4.

［32］教育部高等教育教学评估中心编．全国“211 工程”高校本科教学质量报告（2012 年度）. 2013. 6.

［33］教育部高等教育教学评估中心编．合格评估 36 问 . 2013. 11.

［34］教育部高等教育教学评估中心编．普通高等学校本科教学工作合格评估参评学校培训讲义 . 2013. 11.

［35］教育部高等教育教学评估中心编．全国新建本科院校合格评估报告（2012 年度）．教育部高等教育教学评估中心 . 2013. 4.

［36］教育部高等教育教学评估中心编．全国新建本科院校合格评估报告（2013 年度）．教育部高等教育教学评估中心 . 2014. 4.

［37］教育部高等教育教学评估中心编．全国新建本科院校教学质量监测报告（2012 年度）. 2013. 4.

［38］教育部高等教育教学评估中心编．全国新建本科院校教学质量监测报告（2013 年度）. 2014. 7.

［39］教育部高等教育教学评估中心编．全国新建本科院校教学质量监测报告（2014 年度）．教育科学出版社 . 2016.

［40］教育部高等教育教学评估中心编．审核评估工作指南［M］．教育科学出版社 . 2014.

［41］教育部高等教育教学评估中心编．审核评估一点通［M］．教育科学出版社 . 2014.

［42］教育部高等教育教学评估中心编．新型大学新成就——百所新建本科院校合格评估绩效报告［M］．教育科学出版社 . 2015.

［43］教育部高等教育教学评估中心编．中国高等教育质量报告（2014 年度）［M］．教育科学出版社．2016.

［44］教育部高等教育教学评估中心编．中国工程教育质量报告（2013 年度）［M］．2014.

［45］教育部高等教育教学评估中心编．中国工程教育质量报告（2014 年度）［M］．教育科学出版社．2016.

［46］教育部高等教育司编．高职高专院校人才培养工作水平评估［M］．人民邮电出版社．2004.

［47］九三学社中央宣传部对九三学社中央副主席丛斌的专访．九三学社中央委员会网站．2014. 9. 26. http：//www. 93. gov. cn/html/93gov/xwjc/snyw/140926080229753924. html.

［48］李晓军．本科技术教育人才培养的比较研究［博士论文］．华东师范大学．2009. 5.

［49］李延保．中国高校本科教学评估报告（1985—2008）［M］．高等教育出版社．2009.

［50］李智．英国高等教育入学率近 50% 执政党达到教育目标．中国网．2013. 4. 26. http：//www. china. com. cn/international/txt/2013 – 04/26/content_28665264. htm.

［51］林健．战略视角下的大学管理［M］．高等教育出版社．2005.

［52］林健．卓越工程师培养——工程教育系统性改革研究［M］．清华大学出版社．2013.

［53］刘芳．地方院校青年教师科研现状及对策研究．［期刊］才智．2014 – 09 – 05.

［54］刘振天．地方本科院校转型发展与高等教育认识论及方法论诉求．中国高教研究．2014. 6.

［55］吕菊芳．美国高校“生师比”的实证分析及思考—基于 2009 年《美国与世界报道》排行榜院校的研究．现代教育科学．2011. 3.

［56］马费成，张勤．国内外知识管理研究热点—基于词频的通积分［J］．情报学报．2006（2）：163 – 171.

［57］孟凡静．高校生师比初探．朱若羽．高校教育研究，2008. 13.

［58］缪群道．地方新建本科高校师资队伍建设的思考与实践．许徐．合肥学

院网站 . 2012. 9. 5. http：//www. hfuu. edu. cn/s/85/t/330/65/d6/info26070. htm.

［59］牟延林 . 新建本科院校怎样实现“二次转型”. 中国教育报 . 2013. 7. 19.

［60］潘发勤 . 英国高等教育：优势、挑战与对策［J］. 比较教育研究 . 2004（2）.

［61］全国教育科学规划领导小组办公室 . “高等教育大众化背景下新建本科院校转型发展研究”成果报告 . 大学（学术版）. 2012. 9.

［62］台湾“行政院”：《技术及职业校院法》. 台湾“教育部”全球资讯网 . 1998. 7. http：//www. edu. tw.

［63］台湾“行政院”：《修正大学法》. 台湾“教育部”全球资讯网 . 2005. 5. http：//www. edu. tw.

［64］台湾“教育部”：《科技大学一览表》. 台湾“教育部”技术及职业教育司网 . 2012. 10. http：//tve. cyu. edu. tw.

［65］泰勒 . 课程与教学的基本原理［M］. 施良方，译 . 人民教育出版社 . 1994. 85.

［66］王承绪 . 英国高等教育发展的历史和现行体制述略 . 教育论丛 . 1983. 5. 1.

［67］王凤玉 . 试论美国师范教育的转型 . 教育研究 . 2006. 1.

［68］王娟 . 论人力资源理论视野下高校师资队伍管理机制的创新 . 电子制作 . 2014. 10.

［69］王立人等 . 国际视野中的本科应用型人才培养［M］. 浙江大学出版社 . 2008. 13.

［70］王前新 . 新建本科院校运行机制研究［M］. 刘欣 . 北京科学出版社 . 2007.

［71］王孙禺 . 高等教育组织与管理［M］. 高等教育出版社 . 2008.

［72］王维坤 . 应用技术大学：新建本科院校转型发展的现状、动因与路径 . 现代教育管理 . 2014. 7.

［73］王战军 . 学位与研究生教育评价理论与方法［M］. 高等教育出版社 . 2012.

［74］吴冬梅 . 人力资源的五次创新 . 企业经济 . 2012. 11.

［75］吴岩 . 构建中国特色高等教育质量保障体系［M］. 教育科学出版

社．2014.

［76］吴岩．国际高等教育质量保障体系新视野［M］．教育科学出版社．2014.

［77］习近平．做党和人民满意的好老师．光明日报．2014. 9. 10.

［78］辛志杰．台湾高等职业教育考察印象．职教论坛．总期 2009.

［79］许霆．新建本科院校转型发展与队伍建设．常熟理工学院学报（教育科学）．2012. 6.

［80］杨妍．基于应用型人才培养的地方本科院校师资队伍建设策略．李立群．职业技术教育．2014. 5. Vol35.

［81］袁贵仁．全面深化综合改革，全面加强依法治教加快推进教育现代化．中华人民共和国教育部网站．2015. 1. 23. http：//www. moe. edu. cn/publicfiles/business/htmlfiles/moe/moe_ 1485/201501/183322. html.

［82］岳昌君．教育计量学［M］．北京大学出版社．2009.

［83］詹火生．英国学术自由之研究．高教丛书—研究类（8）．杨莹．教育部委托专案研究报告．民 81.

［84］张翠琴．德国应用科技大学（FH）研究［硕士学位论文］．西南大学，2008. 5.

［85］张建新．从二元制到一元制—英国高等教育体制变迁的动因研究．陈学飞．北京大学应用技术大学（学院）联盟．地方本科院校转型发展实践与政策研究报告．2013. 11. http：//max. book118. com/html/2014/0415/7691145. shtm.

［86］张婕．高校本科教学评估及其改进——对 117 名地方高校领导的问卷调查．教育研究．2010. 8.

［87］张艳梅．二战后德国经济腾飞原因探究．王永佳，张北辰．现代经济信息．2012. 2. 8.

［88］赵晓茜．借鉴德国应用技术大学工程管理专业教学模式．探索现代应用型教育的转型之路．教育视野．2013. 9.

［89］中国工程教育专业认证协会编．工程教育认证一点通［M］．教育科学出版社．2015.

［90］周衍安．台湾科技大学的若干特点．教育评论．2013. 3.

［91］Basic and Structural Data 2005［R］．BMBF，2005：89 –95.

［92］C Moser. The Robbins Report 25 Years After – and the future of the universities. Oxford Review of Education. 1988, 14 (1): 5 - 20.

[93] Egon, G. Guba & Yvonna, S. Lincoln. Fourth generation evaluation. Newbury Park, Calif. : Sage Publications, 1989. 148.

[94] Joint Committee on Standards for Educational Evaluation, Standards for Evaluations of Eduacational Programs, Projects and Materials, 1981.

[95] Stufflebeam, D. L. & Shinkfield, A. J. , Systematic Evaluation, 1985.

[96] Walford, G. (1991) . Changing relationship between government and higher education in Britain. In G. Neave & F. A. Van Vught (Eds), Prometheus bound: The changing relationship between government and higher education in Western Europ (165 - 183) . Oxford: Pergamon, 12.

后　记

教育部评估中心是一个催人奋进的单位。评估中心肩负着构建中国高等教育质量保障体系的职责，这些年在构建“一平台、两支柱、三保证”的中国特色高等教育质量保障体系的进程中笔者亲临其中，特别是在与国际高等教育质量保障的理念同频共振、国际实质等效等方面作出的努力和取得的成绩深深地感染着、影响着，也熏陶着笔者。评估中心提出“一想三能”（想干事、能干事、能干成事、能干成大事）和“四会两商”（会写、会说、会做、会研，智商、情商），并努力为大家营造研究氛围、创造研究条件，也让笔者不仅仅满足于日常的事务性工作，开始在做中学、在学中思。正是这样的环境，促使自己对一些问题深入思考。

评估的工作经历让笔者有机会参与到评估教材的编写，也有机会多次跟随专家进校考察，考察中发现这些2000年以后组建的新建本科院校虽然已经明确了地方性、应用型的办学定位，但在具体落实上还存在较大差距。究其原因，教师队伍是影响学校发展的关键之所在。因此，如何有针对性地加强师资队伍建设，如何对其进行科学的评价，这是笔者研究和撰写本书的初衷。本书主要在以下几方面进行了深入探索：

一是对境内外应用型本科院校的师资队伍情况进行了梳理，对我国新建本科院校教师的课堂教学、实践教学、科研和社会服务等方面进行了调研，对本科教学工作合格评估的数据进行了统计，从而得出我国新建本科院校师资队伍的整体情况。在此基础上结合国家提出的转型发展的要求，从政府和学校两个层面提出了师资队伍建设的重点路径，希望能为新建本科院校的师资队伍建设提供一些参考。

二是在认真分析既往各类教师评价方案的基础上，吸收其合理内涵，结合新建本科院校的实际情况和学校转型发展的要求，研制出一套适用于应用型本科院校的师资队伍评价指标体系。这一指标体系在建构过程中突出了五方面内容：一是强调“双师双能型”教师队伍建设；二是规范管理兼职教师聘任、培训与评价；三是强化应用型科学研究和成果转化，引导学校提升社会服务能力；四是体现办学以教师为本的理念，关注教师的发展和诉求；五是在教师质量评价中体现学校、学生、合作单位等利益相关方的诉求。

三是本研究立足于新建本科院校，但不局限于新建本科院校，所建构的师资队伍评价指标体系具有应用型特征，不仅适应于新建本科院校，其核心评价内容也适合于具有应用型特征的面临转型发展的其他地方普通本科院校，研究成果具有延展性。在评价实测的三所高校中，哈尔滨理工大学即为这种类型的学校，评测取得了令人满意的结果，这对于所有面临转型发展的高校都会有一定的参考价值。

诚然，受研究条件和本人能力的限制，本研究还存在一些局限性，包括在转型发展视角下如何科学地开展教育领域公共决策模式研究，如何评价高等教育改革中的相关重要问题，诸如这类新型大学的基础课、公共课教师设置问题和能力建设与评价问题，以及民办高校教师的特殊性问题等。这些问题随着实践的深入，通过将来的研究工作可以逐步解决。

本书是国家自然科学基金重点项目《基于若干领域政策实践的中国公共决策模式及其现代化路径研究》（项目编号：71233005）子课题“中国教育政策决策模式研究”的部分研究成果，在笔者清华大学博士论文的基础上修订而成。清华大学王孙禺教授、教育部评估中心李志宏研究员对研究的内容和本书的出版给予了悉心指导和大力支持。

在研究过程中得到了清华大学教育研究院史静寰、林健、袁本涛、李越、李曼丽、王晓阳、李锋亮、罗燕等诸位老师在学术方面的许多有益指导，正是由于他们的帮助，使得本研究得以顺利进行。

在研究过程中还得到了陈啸、严欣平、赵国刚、陈小虎、张德江、丛玉豪、孔建益、洪艺敏、李望国、朱林生、别敦荣、顾永安等一批国内知名评估专家的热情帮助，他们在设计和完善评价指标体系上提出来许多宝贵的意见；在问卷调查和实测过程中得到了哈尔滨理工大学、海口经济学院、重庆科技学院、合肥学院等22所高校的鼎力支持，他们结合学校实际提出了许多有价值的修改意见。

在研究过程中还得到了评估中心的领导和同事们的许多指导和帮助，刘振天教授在政策的把握与实践的有机结合方面给予了许多指导意见。

非常荣幸，评估中心主任吴岩教授能为本书作序。他宽阔的视野和方法论的指导使笔者受益匪浅，他对下属的成长给予的真诚帮扶，令人感动。

人民出版社巴能强先生一直关注本书的撰写和出版，并给予许多专业指导意见。

对大家的帮助和支持，在此一并表示诚挚的谢意。

陈东冬
2017 年 3 月 25 日

图书在版编目（CIP）数据

转型视角下新建本科院校师资队伍评价体系研究 / 陈东冬著. —北京：人民出版社，2017.6
ISBN 978-7-01-017732-8

Ⅰ.①转… Ⅱ.①陈… Ⅲ.①高等学校—师资队伍建设—研究—中国 Ⅳ.①G645.12

中国版本图书馆 CIP 数据核字（2017）第 117693 号

转型视角下新建本科院校师资队伍评价体系研究

ZHUANXING SHIJIAO XIA XINJIAN BENKE YUANXIAO SHIZI DUIWU PINGJIA TIXI YANJIU

陈东冬　著

责任编辑 巴能强
出版发行 人民出版社
地　　址 北京市东城区隆福寺街 99 号金隆基大厦
邮　　编 100706
邮购电话 （010）65250042　65258589
印　　刷 环球东方（北京）印务有限公司
经　　销 新华书店
版　　次 2017 年 6 月第 1 版　2017 年 6 月北京第 1 次印刷
开　　本 710 毫米×1000 毫米　1/16
印　　张 15.75
字　　数 210 千字
书　　号 ISBN 978-7-01-017732-8
定　　价 48.00 元